新 视 界

始于未知　去往浩瀚

前　言

　　应对全球气候变化、加快落实《联合国 2030 年可持续发展议程》，实现更加强劲、绿色、健康的发展是全球面临的时代课题。气候变化是人类发展过程中产生的问题，也只能通过可持续发展来解决，但当前，世界经济复苏脆弱、气候变化挑战突出、局部地区冲突升级、能源危机问题凸显，落实应对气候变化《巴黎协定》和《联合国 2030 年可持续发展议程》的全球行动紧迫性持续上升。国家主席习近平在多个国际场合强调，世界各国要深化绿色伙伴关系，加强绿色金融、环境技术、清洁能源等领域的对话和合作，共同应对气候变化等紧迫全球性挑战。新时代十年，中国为推动全球气候治理进程作出了历史性贡献。2020 年 9 月，国家主席习近平在第七十五届联合国大会一般性辩论上明确提出了"3060"双碳目标，承诺中国将积极推进经济绿色转型、不断自主提高应对气候变化贡献度的实际行动。2021 年 9 月，国家主席习近平在北京以视频方式在第七十六届联合国大会一般性辩论发起全球发展倡议，呼吁国际社会在气候变化和绿色发展等领域开展合作，并同联合国 2030 年可持续发展议程深入对接，共同推进全球发展事业。

　　绿色技术是实现气候中和、碳达峰碳中和目标，推动经济社会绿色低碳转型发展的重要支撑。事实上，国际上主要经济体均已制定面向碳中和的科技战略和计划，加快布局绿色技术创新。欧盟以《欧洲绿色协议》为基础，协调"地平线欧洲"等多个科学计划，聚焦可再生能源发电技术、电网基础设施与输电技术、碳捕集利用与封存等重点领域，形成技术研发优势，推动本地产业化。美国通过"变革性清洁能源解决方案"，强调在氢能、下一代建筑材料、电池储能、碳捕集利用与封存等领域降低成本,并确保新技术产品在本国生产和商业化应用。中国在《科技支撑碳达峰碳中和实施方案(2022—2030年)》中,提出了能源绿色低碳转型科技支撑行动、低碳与零碳工业流程再造技术突破行动等10项具体行动,引导和推动"低碳""零碳""负碳"科技研发、示范与转移转化,为实现碳中和目标提供技术支撑。全球绿色技术发展要公平竞争,更需要紧密合作。中国作为世界上最大的发展中国家,更需要主动融入全球绿色技术创新网络,不断提升自身能力。

在此背景下,这本旨在推进绿色技术国际合作的书诞生了。

首先,本书着眼于解决国内企业开展绿色技术国际转移转化时对当地法律、政策和技术标准不熟悉的问题。近年来,中国企业对外合作态势积极,但在具体项目推进过程中,对不同国家或地区的环境政策、法律法规以及绿色标准差异不熟悉不了解,常常成为国内企业的顾虑和困扰。为解决这一问题,本书结合近年来,中国与"一带一路"沿线国家的国际合作紧密程度,以及当地投资环境与政策的稳定性、未来合作前景,选取新加坡、泰国、越南、哈萨克斯坦、乌兹别克斯坦、以色列六个国家为研究对象;在领域方面,中国与上述国家的合作主要聚焦在绿色能源、基础设施、绿色建筑等领域,本书结合各个国家重点支持产业,分别确定技术领域,作为政策和技术标准的研究对象。本书完成了截至2022年初,对六个国家与绿色技术有关的法律、法规、政策、倡议、计划、标准等文件的梳理与汇总,并分别进行了国别差异性分析,提出了技术合作的风险防范建议。研究表明,尽管每个国家国情不同,但对于绿色技术的合作普遍态度积极,并伴随有鼓励措施,支持方式与力度大小存在差异。绿色技术的国际合作政策障碍不大,但在技术上仍有风险,需要区别对待。

其次,本书的推出也是进一步深化绿色技术银行建设的需要。绿色技术银行,是在绿色发展领域落实2030年可持续发展议程的"技术银行",是汇聚适用绿色技术,强化科技与金融结合、加快科技成果转移转化和产业化的综合性服务平台。2016年9月,李克强总理在纽约联合国总部主持召开"可持续发展目标:共同努力改造我们的世界——中国主张"座谈会,宣布发布的《中国落实2030年可持续发展议程国别方案》,明确了建设绿色"技术银行"的目标。科技部与上海市政府召开专题部市会商,决定在上海"先行先试",全面建设绿色技术银行。2017年"一带一路"国际合作高峰论坛后,绿色技术银行工作被科技部纳入《关于落实习近平主席在"一带一路"国际合作高峰论坛科技创新倡议的实施方案》。自正式运行以来,绿色技术银行在构建绿色技术分类及评价标准,建设信息、转移转化、金融等三大平台,以"技术+金融"的模式推动绿色技术的集成、创新与产业化,开展国际国内绿色技术合作等方面取得了良好的成效。本书是伴随着绿色技术银行面向"一带一路"沿线国家,开展绿色技术国际合作的需要而产生的,同时也是服务于绿色"一带一路"建设的重要成果。

第三,本书重在宣传中国绿色发展理念,积极探索融入全球绿色技术创新体系的途径。中国式现代化是人与自然和谐共生的现代化,中国不仅将实现绿色低碳转型发展、应对气候变化作为自身可持续发展的内在要求,还将积极融入全球绿色技术创新体系,在全球主要经济体普遍关注的氢能、可再生能源、碳捕集利用与封存等重点领域,积极拓展与有关国家、有影响力的双边和多边机制的合作,借鉴与吸收发达国家先进技术与管理经验,与发展中国家协同推进绿色低碳技术研发和产业化应用。科技合作,政策、标准先行,本书主动顺应绿色发展趋势,积极推动绿色技术政策互联互通、绿色技术标准互学互鉴,共同书写可持续发展的篇章。

最后,本书的研究和撰写得到了科学技术部、上海市科学技术委员会的悉心指导。上海科学技术交流中心(绿色技术银行管理中心)作为支撑单位,为本书的顺利出版提供了大力支持和重要保障。由于时间和能力原因,本书难免存在诸多疏漏,例如对于各国政策解读不到位等,恳请读者给予批评指正,今后将进一步完善。

目　录

绪　论

自"一带一路"倡议提出以来,我国大力倡导绿色发展理念,加强同世界各国在生态环境和应对气候变化方面的合作,绿色成为"一带一路"建设的主基调。早在 2013 年 9 月,国家主席习近平在哈萨克斯坦纳扎尔巴耶夫大学首提丝绸之路经济带构想时,就明确阐述了绿色发展的理念。2015 年 3 月发布的《推动共建丝绸之路经济带和 21 世纪海上丝绸之路的愿景与行动》,也明确指出,在投资贸易中突出生态文明理念,加强生态环境、生物多样性和应对气候变化合作,共建"绿色丝绸之路"。面对日益凸显的全球气候问题,2020 年 9 月,习近平主席代表中国向国际社会作出了"二氧化碳排放力争于 2030 年前达到峰值,努力争取 2060 年前实现碳中和"的庄严承诺,并提出全球发展倡议,坚持以人民为中心,坚持普惠包容、创新驱动、人与自然和谐共生,加快落实联合国 2030 年可持续发展议程,推动实现更加强劲、绿色、健康的全球发展。

绿色技术推广与应用是在"一带一路"建设中落实绿色发展理念的重要举措。在 2017 年 4 月,环境保护部、外交部、发展改革委、商务部发布的《关于推进绿色"一带一路"建设的指导意见》明确提出"建设绿色技术银行,加强绿色、先进、适用技术在'一带一路'沿线发展中国家转移转化"的任务;2022 年 4 月,国家发展改革委、外交部、生态环境部、商务部发布的《关于推进共建"一带一路"绿色发展的意见》也提出"加强绿色科技合作,加强绿色技术科技攻关和推广应用,建设'一带一路'绿色技术储备库,推动绿色科技合作网络与基地建设"的任务。这需要我们持续弘扬绿色创新发展理念,不断依托科技赋能绿色未来,加强绿色技术创新活力。为此,大力推动绿色技术交流与合作,成为我国推进"一带一路"倡议、实现"双碳"目标的重要内容,正逢其时。

近年来,随着"一带一路"建设的深入,"中国标准走出去"加速在海外落地,在电力工程、交通运输、通信建设、石油化工等多个领域表现突出,不仅提升了项目所在国基础设施建设的标准体系,也为当地经济发展和居民生活带来实实在在的好处。最新统计显示,"一带一路"沿线国家在建的重点基础设施建设项目执行中国标准的占比超过三分之一,为高质量共建"一带一路"提供技术支撑。"中国标准"为中国企业"走出去"拓宽了道路,但我们也必须认识到,"走出去"企业仍然面临着项目所在国的法律法规、政策、社会环境、文化等诸多问题,尤其是在生态经济大背景下的绿色发展要求。

为此,本书选取"一带一路"沿线六个国家(新加坡、越南、泰国、哈萨克斯坦、乌兹别克斯坦、以色列)开展绿色技术相关法律法规(投资、环保、知识产权等)和标准政策的相关研究。

一、我国绿色技术相关法律概况

我国并没有针对绿色技术的专门法律,而是体现在各类法律和众多条文中。投资法方面,2019 年 3 月 15 日审议通过、2020 年 1 月 1 日施行的《中华人民共和国外商投资法》,将原有的"外资三法"合一,对外资明确了"准入前国民待遇 + 负面清单 + 外资促进政策"的管理模式,并建立外商投资信息报告制度和安全审查制度;2019 年 12 月 26 日公布、2020 年 1 月 1 日施行的《中华人民共和国外商投资法实施条例》,细化外商投资法的投资促进和保护措施,有效适应了新形势下对扩大对外开放和促进外商投资的需求,并辅以国务院和有关部门制定的大量行政法规、部门规章和规范性法律文件,以及各省、自治区、直辖市等有立法权的地方政府制定的大量地方性法律、地方性规章和规范性法律文件,共同形成了我国的外商投资管理体制。根据新法,外商投资企业的组织形式、组织机构及其活动准则,适用《中华人民共和国公司法》《中华人民共和国合伙企业法》等法律的规定;在税收促进的优惠政策方面,国家层面上内外资企业一视同仁,对政府资金安排、土地供应、税费减免、资质许可、标准制定、项目申报、人力资源政策等全方面平等对待外商投资企业和内资企业，而县级以上地方人民政府可以根据法律、行政法规、地方性法规的规定，在法定权限内制定费用减免、用地指标保障、公共服务提供等方面的外商投资促进和便利化政策措施。此外，新法还设定了《鼓励外商投资目录》，对目录内的产业进行企业所得税减免、关税免征等政策优惠。在绿色技术发展方面，根据《鼓励外商投资目录》(2020 版)，我国将高技术绿色电池制造、绿色农畜产品(乳、肉、绒、皮毛、粮油、马铃薯、果蔬)生产加工、与快递服务相关科技装备及绿色包装的研发应用、绿色物流设施设备的研发应用等纳入目录，并提供免征关税、减征企业所得税、优先供应土地等优惠；此外，根据《环境保护、节能节水项目企业所得税优惠目录》《资源综合利用企业所得税优惠目录》，对符合要求的企业施行前三年免征企业所得税，后三年减半征收企业所得税的优惠。

环境保护法方面，目前我国环保法律体系可以分为基本法以及环境污染防治法、自然资源保护法、生态环境保护法和资源循环利用法四类单行法。其中，基本法即为《中华人民共和国环境保护法》，该法在2014 年 4 月 24 日最新一次修订通过，被誉为我国史上最严环境保护法。受到我国经济发展模式的影响，我国将污染防治类法律和生态保护类法律作为环保法律体系，环境污染防治类法主要包括《中华人民共和国水污染防治法》《中华人民共和国大气污染防治法》《中华人民共和国环境噪声污染防治法》《中华人民共和国固体废物污染环境防治法》《中华人民共和国放射性污染防治法》等；生态保护类法主要包括《中华人民共和国野生动物保护法》《中华人民共和国防沙治沙法》《中华人民共和国水土保持法》等。此外，我国还设立了自然资源保护类法，主要包括《中华人民共和国水法》《中华人民共和国森林法》《中华人民共和国矿产资源法》《中华人民共和国草原法》等；资源循环利用类法主要包括《中华人民共和国清洁生产促进法》《中华人民共和国节约能源法》《中华人民共和国可再生能源法》等。绿色技术作为加强环境保护的有力措施，我国在环保法律中大力推进。《中华人民共和国环境保护法》就明确规定"国家采取有利于节约和循环利用资源、保护和改善环境、促进人与自然和谐的经济、技术政策和措施,使经济社会发展与环境保护相协调;国家支持环境保护科学技术研究、开发和应用,鼓励环境保护产业发展,促进环境保护信息化建设,提高环境保护科学技术水平",并明确提出"国家采取财政、税收、价格、政府采购等方面的政策和措施,鼓励和支持环境保护技术装备、资源综合利用和环境服务等环境保护产业的发展;企业应当优先使用清洁能源,采用资源利用率高、污染物排放量少的工艺、设备以及废弃物综合利用技术和污染物无害化处理技术,减少污染物的产生"。此外,《中华人民共和国节约能源法》设立了单独一章"节能技术进步",明确要求相关管理部门和各级人民政府要加强节能技术研究开发和应用,促进成果创新和转化;而《中华人民共和国可再生能源法》也明确提出"国家将可再生能源开发利用的科学技术研究和产业化发展列为科技发展与高技术产业发展的优先领域,纳入国家科技发展规划和高技术产业发展规划,并安排资金支持可再生能源开发利用的科学技术研究、应用示范和产业化发展,促进可再生能源开发利用的技术进步"。

知识产权法方面,总体而言,我国知识产权法律体系较为成熟,但在绿色技术保护和发展方面涉及内容较少。我国自1980年6月加入世界知识产权组织(WIPO)后,随即制定了《中华人民共和国商标法》《中华人民共和国专利法》《中华人民共和国技术合同法》《中华人民共和国著作权法》等法律,同时相关部门也制定了涉及知识产权的行政法规、部门规章、地方性法规、司法解释等;此外,我国还参加了知识产权相关的国际条约,从而形成了我国完整的知识产权法律保护体系。目前,我国知识产权涵盖:著作权(包括作品传播者的相关权、信息网络传播权、计算机软件权利、民间文学艺术的权利在内)、专利权(包括发明、实用新型、外观设计专利权)、商标权(包括商品商标、服务商标、集体商标、证明商标专用权)、制止不正当竞争权、其他知识产权(包括集成电路布图设计权、植物新品种权、地理标志权、域名权、商业秘密权,以及展会知识产权、海关知识产权等)等五部分内容。在著作权方面,除了《中华人民共和国著作权法》外,还包括《中华人民共和国著作权法实施条例》《计算机软件保护条例》《出版管理条例》《电影管理条例》《音像制品管理条例》

《印刷业管理条例》《著作权行政处罚实施办法》等,以广西为代表的一些省(市、区)也出台了地方著作权管理条例;在商标权方面,除了《中华人民共和国商标法》外,还包括《中华人民共和国商标法实施条例》《商标印制管理办法》等,此外,我国参加了《商标注册用商品和服务国际分类尼斯协定》等国际条约;在专利权方面,除了《中华人民共和国专利法》外,还包括《中华人民共和国专利法实施细则》等,此外,我国也参加了《专利合作条约》《国际专利分类斯特拉斯堡协定》等国际条约。

二、我国绿色技术相关标准概况

目前我国已经建立了具有一定规模的标准体系。根据 2017 年 11 月 4 日修订通过、2018 年 1 月 1 日施行的《中华人民共和国标准化法》,我国的标准包括国家标准、行业标准、地方标准、团体标准和企业标准五类,其中国家标准分为强制性标准、推荐性标准,行业标准、地方标准则是推荐性标准。而按照标准化对象来区分,根据中国标准化协会的定义可分为技术标准、管理标准和工作标准三大类,其中技术标准是指对标准化领域中需要协调统一的技术事项所制定的标准,主要包括基础技术标准、产品标准、工艺标准、检测试验方法标准,以及安全、卫生、环保标准等。根据全国标准信息公共服务平台的数据,目前收录的国家标准(现行)4.1 万项、行业标准 7.7 万项、地方标准 5.8 万项。绿色低碳作为未来技术发展的重要方向,也逐步成为标准制定中的重要因素,许多产品、技术在标准制定中均将绿色指标、绿色要求作为标准的重要方面,甚至许多技术的标准本身就是为了凸显绿色低碳的要求而制定。然而目前我国的技术标准体系尚未单独明确绿色技术标准的分类,各项绿色技术根据其所属产业不同散落在各个行业中。

在制造业领域,为贯彻落实《中国制造 2025》战略部署,全面推行绿色制造,加快实施绿色制造工程,工业和信息化部、国家标准化管理委员会共同组织制定了《绿色制造标准体系建设指南》(2016 年 9 月 7 日印发),明确提出了绿色制造标准体系框架,梳理了各行业绿色制造重点领域和重点标准。根据该指南,绿色制造标准体系由综合基础、绿色产品、绿色工厂、绿色企业、绿色园区、绿色供应链和绿色评价与服务七部分 39 个方面的标准构成。其中综合基础是绿色制造实施的基础与保障，产品是绿色制造的成果输出，工厂是绿色制造的实施主体和最小单元，企业是绿色制造的顶层设计主体，供应链是绿色制造各环节的链接，园区是绿色制造的综合体，服务与评价是绿色制造的持续改进手段。根据这一标准体系框架，我国在化工、石化、黑色冶金等 20 个行业重点推进绿色制造标准制定。目前我国已发布 110 项绿色工厂领域行业标准研究工作，涉及钢铁、化工、有色、建材、机械、轻工、纺织、电子、船舶、航天、稀土等行业。

在电动汽车领域，为了促进我国电动汽车产业发展和支持电动汽车充电设施建设，国家能源局组织能源行业电动汽车充电设施标准化技术委员会在原电动汽车充电设施标准体系框架的基础上，进一步梳理、优化和补充完善，形成了《电动汽车充电设施标准体系项目表（2015 年版）》。根据该文件，我国电动汽车充电设施标准体系框架分为技术领域和具体标准两层，其中技术领域包括基础、动力电池箱、充电系统与设备、充换电接口、换电系统与设备、充换电站及服务网络、建设与运行和附加设备等 8 个。目前标准体系共规划标准 152 项，其中包括规划国家标准 58 项，行业标准 59 项，团体标准 35 项。

此外还有纺织业绿色生产、风电业、污水处理等方面的绿色技术标准体系，在我国技术标准体系框架中作为其中一部分存在，在各自的细分领域有效推动了行业绿色低碳发展。

三、我国绿色技术相关政策概况

在绿色技术发展相关政策方面，我国不断出台相应政策。党的十九大报告明确提出"推进绿色发展，建立健全绿色低碳循环发展的经济体系，构建市场导向的绿色技术创新体系，发展绿色金融，壮大节能环保产业、清洁生产产业、清洁能源产业"。随后，国家发展改革委、科技部在 2019 年 4 月 15 日发布《关于构建市场导向的绿色技术创新体系的指导意见》，明确提出"加快构建企业为主体、产学研深度融合、基础设施和服务体系完备、资源配置高效、成果转化顺畅的绿色技术创新体系"，并提出培育壮大绿色技术创新主体、强化绿色技术创新的导向机制、推进绿色技术创新成果转化示范应用、优化绿色技术创新环境、加强绿色技术创新对外开放与国际合作五大方面 16 项主要任务；同时于 2019 年、2020 年分别发布《绿色产业指导目录（2019 年版）》《绿色技术推广目录（2020 年）》，加强优秀的绿色技术和产业推广发展。而在体制机制和政策指导上，2021 年 2 月 22 日，国务院发布《关于加快建立健全绿色低碳循环发展经济体系的指导意见》，明确提出到 2025 年，绿色低碳循环发展的生产体系、流通体系、消费体系初步形成，并提出推进工业绿色升级、加快农业绿色发展、壮大绿色环保产业的主要任务，并要求通过鼓励绿色低碳技术研发、加速科技成果转化加快构建市场导向的绿色技术创新体系。2021 年 10 月 24 日国务院发布的《2030 年前碳达峰行动方案》明确提出："十四五"期间，绿色低碳技术研发和推广应用取得新进展；"十五五"期间，绿色低碳技术取得关键突破。随着国家主席习近平在第七十五届联合国大会一般性辩论上提出"二氧化碳排放力争于 2030 年前达到峰值，努力争取 2060 年前实现碳中和"的宏伟目标，2021 年 10 月 24 日中共中央、国务院发布《关于完整准确全面贯彻新发展理念做好碳达峰碳中和工作的意见》，其中明确提出要通过强化基础研究和前沿技术布局、加快先进适用技术研发和推广来加强绿色低碳重大科技攻关和推广应用，同时要不断完善投资政策、发展绿色金融、完善财税价格政策等手段加强保障。一系列的宏观政策均要求进一步推进绿色技术发展和应用推广，此外，在重点领域也制定了专门的政策着重发展。

　　一是绿色农业领域。从总体规划、发展方向、优惠措施、区域发展等角度发布了推动绿色农业发展的相关政策。如农业农村部、国家发展改革委、科技部、自然资源部、生态环境部、国家林草局发布的《"十四五"全国农业绿色发展规划》，明确提出要全面推进农业绿色发展，加快推进农业标准化清洁化生产，同时在强化农业绿色发展科技支撑方面提出：推进农业绿色科技创新、加快绿色实用技术推广应用。2018 年农业农村部出台的《农业绿色发展技术导则（2018—2030 年）》在研制绿色投入品、研发绿色生产技术等五个方面 18 个领域明确提出了绿色技术重点研发内容,并将进一步强化科技资金项目、创新科技体制机制、强化成果转化应用来推动发展。2018 年、2019 年农业农村部、财政部发布两轮绿色循环优质高效特色农业促进项目实施工作的通知,明确提出对通过以奖代补方式对实施绿色循环优质高效特色农业促进项目予以补助,每个项目中央财政补助资金不低于 1 800 万元;2022 年 2 月 23 日农业农村部办公厅发布《2021 年全国农业绿色发展典型案例名单》,遴选出北京市顺义区等 51 个全国农业绿色发展典型案例并进行全国推介;此外,农业农村部发布《关于支持长江经济带农业农村绿色发展的实施意见》等文件,在重点区域着力推动绿色农业技术推广应用。

二是绿色工业领域。工业和信息化部发布《绿色制造工程实施指南(2016—2020 年)》《工业绿色发展规划(2016—2020 年)》《"十四五"工业绿色发展规划》等规划文件,其中 2021 年 12 月 3 日发布的《"十四五"工业绿色发展规划》,明确提出"到 2025 年,工业产业结构、生产方式绿色低碳转型取得显著成效,绿色低碳技术装备广泛应用,能源资源利用效率大幅提高,绿色制造水平全面提升",并提出"实施工业领域碳达峰行动、推进产业结构高端化转型、加快能源消费低碳化转型、促进资源利用循环化转型、推动生产过程清洁化转型、引导产品供给绿色化转型、加速生产方式数字化转型、构建绿色低碳技术体系、完善绿色制造支撑体系"九大重点任务和"加强规划组织实施、健全法律法规政策、加大财税金融支持、深化绿色国际合作"四大保障措施。而除了规划类文件外,也发布一些政策类文件对绿色技术发展方向和政策环境进行引导,如 2019 年 3 月 19 日工业和信息化部办公厅、国家开发银行办公厅发布的《关于加快推进工业节能与绿色发展的通知》,明确提出工业能效提升、清洁生产改造、资源综合利用、绿色制造体系建设是工业节能与绿色发展的重点领域,并明确提出要加强开发性金融支持,拓展中国人民银行抵押补充贷款资金(PSL 资金)运用,统筹用好各项支持引导政策和绿色金融手段。工业和信息化部办公厅从 2017年到 2021 年共发布六批绿色制造名单,对名单中企业要求加强与相关产业政策的衔接。工业和信息化部、人民银行、银保监会、证监会发布的《关于加强产融合作推动工业绿色发展的指导意见》明确提出要"推动工业绿色发展的产融合作机制基本成熟,符合工业特色和需求的绿色金融标准体系更加完善,工业企业绿色信息披露机制更加健全,产融合作平台服务进一步优化,支持工业绿色发展的金融产品和服务更加丰富,各类要素资源向绿色低碳领域不断聚集"。聚焦到专项细分领域,相关管理部门也进一步出台了相应政策重点推动。

三是绿色建筑方面。2019 年 10 月 25 日,市场监管总局办公厅、住房和城乡建设部办公厅、工业和信息化部办公厅联合发布《关于印发绿色建材产品认证实施方案的通知》,推进实施绿色建材产品认证制度,并明确各地管理部门对于认证的产品要通过建立绿色建材采信应用数据库、建立绿色建材产品名录、培育绿色建材示范产品和示范企业等方式加强推广应用。2020 年 7 月 15 日,住房和城乡建设部、国家发展和改革委员会、教育部、工业和信息化部、中国人民银行、国家机关事务管理局、中国银行保险监督管理委员会联合发布《绿色建筑创建行动方案》,提出"到 2022 年,当年城镇新建建筑中绿色建筑面积占比达到 70%"的具体目标,提出推动新建建筑全面实施绿色设计、完善星级绿色建筑标识制度、提升建筑能效水效水平等八大重点任务,并将通过国家绿色发展基金、政府和社会资本合作(PPP)等方式加强支持。为推动建筑业转型升级和绿色发展,2020 年 12 月 31 日,住房和城乡建设部办公厅印发《关于开展绿色建造试点工作的函》,在湖南省、广东省深圳市、江苏省常州市 3 个地区开展绿色建造试点,探索可复制可推广的绿色建造技术体系、管理体系、实施体系以及量化考核评价体系;2021 年 3 月 16 日,住房和城乡建设部办公厅发布《绿色建造技术导则(试行)》,提出绿色建造全过程关键技术要点,引导绿色建造技术方向。同时,为加快推广绿色建筑和绿色建材应用,促进建筑品质提升和新型建筑工业化发展,2020 年 10 月 13 日,财政部、住房和城乡建设部联合发布《关于政府采购支持绿色建材促进建筑品质提升试点工作的通知》,明确在政府采购工程中推广可循环可利用建材、高强度高耐久建材、绿色部品部件、绿色装饰装修材料、节水节能建材等绿色建材产品。

四是绿色能源方面。2021年2月24日,国家发展改革委、财政部等五部门联合发布《关于引导加大金融支持力度 促进风电和光伏发电等行业健康有序发展的通知》,提出要通过发放补贴确权贷款、贷款展期、续贷等金融手段加大支持力度,促进风电和光伏发电等行业健康有序发展。2022年1月30日,国家发展改革委、国家能源局发布《关于完善能源绿色低碳转型体制机制和政策措施的意见》,推动构建以清洁低碳能源为主体的能源供应体系、完善适应可再生能源局域深度利用和广域输送的电网体系、建立清洁低碳能源重大科技协同创新体系,并要求建立支撑能源绿色低碳转型的财政金融政策保障机制、完善能源绿色低碳发展相关治理机制。

五是水资源利用及水处理方面。2019年4月15日,国家发展改革委、水利部联合发布《国家节水行动方案》,提出"到2022年,万元国内生产总值用水量、万元工业增加值用水量较2015年分别降低30%和28%;到2035年,全国用水总量控制在7 000亿立方米以内,水资源节约和循环利用达到世界先进水平"的目标。2021年1月4日,国家发展改革委等十部门联合发布《关于推进污水资源化利用的指导意见》,提出"到2025年,水环境敏感地区污水处理基本实现提标升级;全国地级及以上缺水城市再生水利用率达到25%以上,京津冀地区达到35%以上"的目标,并明确了三大重点领域和六大重点工程推进污水资源化利用。2021年6月6日,国家发展改革委、住房城乡建设部印发《"十四五"城镇污水处理及资源化利用发展规划》,也提出"到2025年,全国城市生活污水集中收集率力争达到70%以上;县城污水处理率达到95%以上;水环境敏感地区污水处理基本达到一级A排放标准;全国地级及以上缺水城市再生水利用率达到25%以上"的目标。而在政策支持方面,财政部于2019年6月13日发布《水污染防治资金管理办法》,明确水污染防治资金的分配比例;生态环境部在2019年9月10日发布的《关于进一步深化生态环境监管服务推动经济高质量发展的意见》中,提出要完善污水处理费、节约用水电价等绿色发展价格机制,落实污水处理处置设

施;2020年7月28日,国家发展改革委联合住房城乡建设部发布《城镇
生活污水处理设施补短板强弱项实施方案》,明确提出要加快补齐城镇
生活污水处理设施建设短板,并提出"强化城镇污水处理厂弱项、补齐城
镇污水收集管网短板、加快推进污泥无害化处置和资源化利用、推动信
息系统建设"四大主要任务和"加强组织协调、完善收费政策、加大支持
力度、拓宽投入渠道、强化监督管理"五大保障措施。

四、我国与国外总体比较

"一带一路"沿线国家受到国家历史沿革、经济发展和发展需求不同
的影响,对绿色技术的鼓励有着各自独特的特点。

新加坡在投资方面并没有一部专门的法律来管理外商直接投资,且
相关法律与优惠政策均未有专门针对绿色技术的明文规定,而是散落在
各个领域法律中;在环保方面则是制定了一系列高强度、高惩罚度的环
保法律政策,相关的法律法规包括法律、条例、制度三个层次,并对绿色
技术相关条文较详细与全面;在知识产权方面,法律体系完备,出台了
《专利法》《商标法》《设计注册法》《版权法》《集成电路设计保护法》《植物
品种保护法》和《属地品牌保护法》等专门致力于知识产权保护的法律法
规,有效地实现对各类知识产权的切实保护,并参与知识产权有关的公
约和国际组织,包括《巴黎公约》《马德里协议》《与贸易有关的知识产权
协定》,但未涉及有专门针对绿色技术的相关规定;在政策方面,明确制
定了外商投资优惠政策,除积极从管理审批制度、产业政策、税收优惠等
多方面提供优惠和便利外,通常还给予外资以国民待遇,除了与国防有
关的某些行业外,对外资在新加坡的运作没有任何限制。

泰国在投资方面为吸引外商投资,就促进投资制定了专门法律,并
形成了较为完备的外商投资管理法律制度,赋予审批投资机构极大的行
政权力,清晰规定涉及外国投资的相关程序性事项,在绿色技术方面明确
提出要鼓励外商加强绿色技术投资;在环保方面已经制定几十部环境和
自然资源保护的相关法律,其中起核心作用的是1992年颁布的《国家环境
质量促进和保护法》,通过多部门协调加强环境质量管理及污染控制,并

积极引入公民参与,在绿色技术方面也提出了环境基金等鼓励政策。

哈萨克斯坦涉及投资的法律以哈萨克斯坦共和国宪法为基础,由投资法和哈萨克斯坦其他法律文件组成。主要包括《对外经济活动法》《投资法》《外汇调节法》《国家支持直接投资法》等以及哈萨克斯坦独立以来颁布的大量总统令,如《关于经济特区的总统令》《哈萨克斯坦总统关于哈经济特区一些问题的命令》《关于哈萨克斯坦共和国海关事务的总统令》等,连同《关于国家支持投资实施的若干问题》《关于批准战略性投资项目清单》等文件,构成了当前哈萨克斯坦投资领域的法律法规体系,哈萨克斯坦对外资无特殊优惠,实施内外资一致的原则;鼓励外商向优先发展领域投资,但对涉及哈萨克斯坦国家安全的一些行业,哈萨克斯坦有权限制或者禁止投资,其中也明确提出了对绿色技术的相关内容,如《投资法》中明确的优惠政策;环保方面,哈萨克斯坦除了覆盖范围比较全的《生态环境保护法》外,还对森林、水、土地等资源在单独法规中有所规定,相关法律主要包括《哈萨克斯坦共和国森林法》《哈萨克斯坦共和国水法》《哈萨克斯坦土地法》《生态法典》等,此外还颁布了相关的总统令,包括《2004—2015年生态安全》总统令、《2007—2024可持续发展过渡方案》总统令等,环保法律中对绿色技术有着明确的条文,包括绿色技术项目环保要求涵盖项目规划、建设、运营各方面,重视技术手段在环保中的应用等内容;哈萨克斯坦保护知识产权的法律主要包括国内颁布的法律以及参照执行的其他国际法,哈萨克斯坦法律承认并保护知识产权,有责任根据法律赋予的权力制止侵权行为;而在政策方面,哈萨克斯坦发布《阿斯塔纳"绿色桥梁"倡议》,明确推动建立欧亚太伙伴关系,并在此基础上勾勒出从现行的传统发展模式向绿色增长转变的蓝图。

总而言之,"一带一路"沿线国家与我国在绿色技术相关法律法规和标准政策方面存在较大差异。这就要求我国企业向外投资时,需充分了解当地的具体情况。本书通过在对新加坡、越南、泰国、哈萨克斯坦、乌兹别克斯坦、以色列六个国家绿色技术相关法律法规和标准政策梳理的基础上,与我国相应法律政策进行对比,并选取具有代表性的案例深入分析研究,为企业对外开展合作提供参考。

第一篇　新加坡

2020 年，中国与东盟十国及日本、韩国、澳大利亚、新西兰签署《区域全面经济伙伴协定》（RCEP），旨在通过削减关税及关税壁垒，建立统一的自由贸易市场，这一协定也推动了中国与新加坡进一步的自由贸易往来。

新加坡鼓励外国投资，在东盟十国中市场开放度最大，是东南亚投资环境最为宽松的国家①。从投资准入角度来看，中国驻新加坡大使馆经济商务处指出，除对国防相关行业及个别特殊行业外，新加坡对外资的运作基本没有限制。一些对外国投资禁止或者限制的行业包括银行和金融服务、保险、电信、广播、报纸、印刷、房地产、游戏等，对这些行业的投资需获得政府的批准。除了上述限制行业，其他的行业均属于允许外国投资准入的范围，且其限制外资准入的范围在不断地缩小。例如，曾经属于限制外国投资领域的通信行业已于 2000 年 4 月起完全开放，而电力行业也于 2001 年 4 月起部分允许外资进入。从优惠政策角度来看，新加坡政府制定了特许国际贸易计划、商业总部奖励、营业总部奖励、跨国营业总部奖励等多项计划以鼓励外资进入②。为促进贸易，新加坡还出台了一系列针对性鼓励计划，如全球贸易商计划、投资加计扣除计划、天使投资者税收减免计划、国际贸易商奖励等。政府推出的各项优惠政策，外资企业基本上可以与本土企业享受同等福利。从税收制度角度来看，新加坡实行全国统一的税收制度，且对外资实行国民待遇③。新加坡是世界上税收体系简单、税率最低的国家之一，公司税（类似中国的企业所得税）法定税率仅为 17%，在此基础上，新加坡的外资企业还可以享受到超低税率的特殊政策，可以有"超国民"待遇，这也吸引了众多的跨国投资。新加坡一直致力于重视并加大绿色技术领域的投资。新加坡将替代能源和环境保护设定为新加坡优先发展的领域。据统计，自 2011 年以来，新加坡政府已宣布拨出超过 8 亿新元，为推动能源、水源、绿色

---

① 齐嘉欣：《中国和新加坡"一带一路"现状与成效》.《中国市场》，2020,9(1036)。
② 林琳：《新加坡的创业投资：未来之路》.《经贸法律评论》，2020(1)。
③ 陈胜、姜福：《中国企业在新加坡投资的风险与防范》，《宁德师范学院学报（哲学社会科学版）》，2019,2(129)。

建筑等绿色技术方面的研发项目提供经费资助，从而催化了我国在绿色技术领域方面对新加坡的投资集聚。

新加坡是我国建设"一带一路"的重要支点，是中国在"一带一路"沿线的重要经贸合作伙伴①。在 2019 年召开的第二届"一带一路"国际合作高峰论坛上，新加坡工商联合总会主席张松声表示，新加坡是最早支持并积极参与"一带一路"建设国家之一，从 2013 年开始，中国连续六年成为新加坡第一大贸易合作伙伴，新加坡也成为中国最大的外资来源国。据中国商务部数据显示，中国对"一带一路"沿线国家的投资中近三分之一是进入了新加坡，越来越多的中国企业到新加坡设立亚太乃至各级总部，积极联合新加坡企业"走出去"；在全部"一带一路"国家中，新加坡占总体对中国投资总额的 85%②。作为东盟的核心成员，中国更倾向于在新加坡市场上不断加强与东盟国家的沿线合作，近年来，新加坡不仅在 60 多个沿线国家中，位居中国对外直接投资目的地第一名，更是超越了美国和欧洲国家，成为中国在海外投资的最佳目的地。

新加坡虽被认为是中国对外投资的重要阵地，但是，依然存在不可忽视的投资法律政策风险③④。一方面，新加坡国土面积小，自然资源短缺，主要工业原料和部分水、气资源均需依赖进口，相关企业运营受国际能源环境影响较大，存在一定的政策和市场风险。另一方面，中国企业由于对外开放时间不长，对国际法律制度条款不熟悉，且多数企业存在容易忽视有关法律条文中"固有"法规，因此会产生法律纠纷。比如，新加坡的环保法律标准极为严格，虽然我国在环保方面的标准也日益提高，但是与新加坡长期形成的环保标准还有一定的差距，因此而产生的环保纠纷势必会影响企业的正常发展。因此，中国

---

① 张修诚：《"一带一路"背景下中国对新加坡直接投资的机遇和挑战》，《国际商贸》，2020(091)。

② 《中国对外投资合作发展报告(2020)》。

③ 聂珊珊：《"一带一路"背景下中国企业对新加坡直接投资的现状与风险分析》，《辽宁经济》，2019(02)。

④ 许晨夕：《借鉴与思考：新加坡环境保护法对中国之启示》，《法制博览》，2015,04(下)。

企业赴新加坡投资的风险依然不可小觑。

二、法律政策体系概况

（一）整体概况

新加坡是一个法制健全、法律体系完善的国家[①]。新加坡法律体系属于英美法系，其法律渊源有书面法（成文法）和非书面法（判例法）两种[②]。书面法包括新加坡宪法、法令和法规。《宪法》是国家的根本大法，是最高法，与宪法相抵触的法令、法规均视为无效。新加坡的法令包括所有由国会颁布的法令、所有自新加坡1819年建立以来所实施未废除的法令，和所有按照1993年颁布的适用于新加坡的英国法令。法规是根据法令的规定制定的规则和条例。非书面法是指不包括在任何法典或法令之中的法规，包括案例法和习惯法。案例法包括由新加坡法庭裁决的案件和新加坡接受的英国案例法。习惯法需经新加坡的案件判例认定而上升为法律。

新加坡立法制度上施行立法、行政、司法三权分立。立法沿袭了英国政府遗留的国会政府制度，国会是国家的主要立法机关，是国家权力的来源。行政通过组织国会内阁得以实施，国会内阁是国会政府制度下最高权力机关，主要提议法律的制定以及推行国家政策。新加坡司法机构包括高等法院和上诉院。高等法院具有民事和刑事管辖权，上诉院是新加坡的最高法院。此外，新加坡也设有其他司法机构处理专门的法律纠纷，比如专门处理劳资纠纷的工业仲裁庭。

（二）绿色技术相关法律政策

绿色技术是一项系统工程，是指能减少污染、降低消耗和改善生态的技术体系，其涉及的相关法律政策较为广泛。本篇重点围绕投资

---

① 吕小明、黄森：《"一带一路"背景下中国企业对新加坡直接投资的现状与风险分析》，《对外经贸》，2018，7(289)。

② 葛丽霞：《新加坡法律溯源简介》，万方数据。

法、环保法、能源法以及知识产权法，系统介绍新加坡绿色技术相关法律政策体系。

1. 投资相关法律政策

首先，新加坡没有一部专门的法律来管理外商直接投资，且相关法律与优惠政策均未有专门针对绿色技术的明文规定①。中国商务部发布的《对外投资合作国别（地区）指南》指出②，与在新加坡投资合作相关的法律主要有：《企业注册法》《公司法》《合伙企业法》《合同法》《国内货物买卖法》《进出口管理法》和《竞争法》等，但是以上法律均未有涉及绿色技术领域的专门规定和阐述。其次，《中国-新加坡自由贸易协定》中也有相关投资法律规定，但是主要聚焦在投资合作双方要鼓励和便利双方之间的投资，另外还规定了双方争端解决的相关事宜，同样也未有对绿色技术相关规定体现。新加坡有关投资优惠政策主要体现在《公司所得税法案》《经济扩展法案》和每年政府财政预算案中涉及的一些优惠政策。外资企业基本上可以和本土企业一样享受政府推出的各项优惠政策。

新加坡负责投资的主管部门是经济发展局（EDB），隶属于新加坡贸工部的法定机构，也是专门负责引进外资的机构，具体制定和实施各种吸引外资的优惠政策并提供高效的行政服务③。新加坡对外商投资给予完全国民待遇，并无明文区分提供给外资企业或本土企业的投资优惠政策，各项投资优惠政策措施对象都是针对在新加坡合法登记注册的公司，依据奖励措施目的的不同设定不同申请资格。优惠政策大致分为两类，即资金补助计划和税收优惠计划，同样均未有对绿色技术的明文优惠政策说明，但是对于外资企业开展技术研究、在新加坡设立财务中心、区域/国际总部均有相关优惠政策。

2. 环保相关法律政策

新加坡制定了一系列高强度、高惩罚度的环保法律政策，相关的

---

① 方剑：《"一带一路"倡议下我国与新加坡法律制度之比较》，《政法学刊》，2017,4(34)。
② 《对外投资合作国别(地区)指南：新加坡(2021年版)》。
③ 李前：《新加坡：通往东盟的门户中国投资东盟未来10年料激增》，《进出口经理人》，2019(7)。

法律法规包括法律、条例、制度三个层次，其中《环境保护和管理法》中涉及绿色技术相关条文较详细与全面。新加坡作为一个高度城市化和土地稀缺的国家，地处热带，长年受赤道低压带影响，能源消耗极大，因此非常关注环境保护和污染防治，十分重视低能耗、低污染、低排放的绿色发展模式，因而延伸出巨大的节能环保商业投资机遇。新加坡在绿色发展环保领域，成文法发挥了比普通法更大的作用。新加坡环保相关法律政策主要由《公共环境卫生法》《环境保护和管理法》两部法律，《公共清洁条例》《空气污染物排放控制条例》《一般废物收集条例》《环境监理员注册条例》《环境监理员雇佣规则》等六部条例，《环境卫生实施准则》《一般废物收集商许可实施准则》《工业废物减量化指南》等十多项制度共同组成。其中《环境保护和管理法》主要对空气污染、水污染、噪声污染以及危险物质的防控作出了详细规定。详见表1-1。

表1-1 新加坡环保相关法律政策

法律	《公共环境卫生法》	对保持公共场所、市场管理、建筑物、公厕、建筑工地、游泳池的环境卫生及食品卫生管理进行了全面规定
	《环境保护和管理法》	综合基础设施建设，以控制空气、污水、废弃物的污染，改善环境
条例	《公共清洁条例》	建立一套标准规范，以管理公共清洁服务、市场、摊贩、食品机构和一般环境的卫生相关事项
	《空气污染物排放控制条例》	在空气中散布污染物的工业必须安装特别设备以确保散发出来的气体符合国家标准
	《污水排放条例》	用来控制污水收集处理设施的主要法规
	《一般废物收集条例》	对固体废弃物的收集、转运和处置进行了详细的说明
	《环境监理员注册条例》	对环境监理人员的执业要求和注册登记流程进行了说明
	《环境监理员雇佣规则》	对环境监理人员的雇佣及岗位说明提供了实践参考依据

（续表）

制度	《环境卫生实施准则》	规范垃圾收集设施建设，规范垃圾收集、转运与丢弃要求
	《一般废物收集商许可实施准则》	规范化许可证发放
	《工业废物减量化指南》	规范工业废物减量化的路径、目标和实现手段

3. 能源领域相关法律政策

新加坡于 2012 年制定了《节约能源法》，并颁布了一系列能源优惠政策，其核心思想是节约资源、保护环境。近年来，新加坡日渐注重能源与城市的协同发展，因此能源领域的投资合作呈上升趋势。根据新加坡《节约能源法》规定，某些特定企业需要定期向国家环境管理机构提交关于能源消耗和温室气体排放等信息的报告。能源利用推广方面，新加坡将节能渗透到各行业内部，通过对各行业制定节能减排标准，推动行业节能技术的研发及应用，其中推广绿色建筑是新加坡节能减排的重点举措之一，目标在于开发负能耗低层建筑、零能耗中高层建筑和超低能耗高层建筑。新加坡政府于 2005 年推出了绿色建筑认证体系，并推动绿色建筑从自愿认证到强制认证。能源领域优惠政策方面，新加坡政府有的放矢地针对技术研发施行补贴政策，而不会直接干预能源交易过程。能源领域中渗透了各种绿色技术的应用与实践，企业如能充分了解并熟知这些政策，对成功走出去具有重要的意义。

4. 知识产权相关法律政策

新加坡知识产权保护的法律体系完备，但是并未涉及有专门针对绿色技术的相关规定。新加坡对知识产权的保护力度全球排名第二、亚洲第一，并将知识产权视为打造知识经济的宝贵资产。新加坡出台了《专利法》《商标法》《设计注册法》《版权法》《集成电路设计保护法》《植物品种保护法》和《属地品牌保护法》等专门致力于知识产权保护的法律法规，此外还是众多与知识产权有关的公约和国际组织的成员，包括《巴黎公约》《马德里协定》《与贸易有关的知识产权协定》，有效地实现对各类知识产权的保护。

新加坡政府近几年对专利法作出了部分修订。2014 年 2 月 14 日，新加坡对专利系统进行了改法，从"自我评估型"转为"积极授权型"。2017 年 2 月 28 日，新加坡通过专利法修正案，又对专利系统进行了重大变更，并于 2020 年 1 月 1 日正式实施，此次变更中最实质性的变化就是取消了补充审查制度。补充审查制度是指，专利持有人依据 PCT（专利合作条约）申请的基于正面的国际初步可专利性报告（IPRP）的审查结果，向新加坡专利局请求补充实审。由于该路径下不产生官费，因此成为中国企业最青睐的申请路径。不过，新加坡专利局已与中国签署了专利审查高速路双边协议，在此协议下，新加坡专利局不另外收取官费，可以作为取消补充审查制度的一种替代方案。除此以外，本次专利法修正案还涵盖了一项重大变革——扩大不丧失新颖性宽限期的适用范围。本次修正案实施以后，新加坡不丧失新颖性宽限期的适用范围将扩大到所有源于发明人的披露行为，包括专利申请的公开。此次修正案中不丧失新颖性宽限期的期限未变，仍是 12 个月。对于中国企业来说，若在优先权期限已过且中国专利申请公开以后，仍希望进入新加坡获得保护的话，那么将会多出一次补救的机会。

鉴于以上对于新加坡绿色技术相关法律的综合分析，并结合中国目前现行法律体系，本篇将重点围绕环保法与能源法展开相关研究，对比分析中新两国在绿色技术领域相关法律政策。

三、绿色技术相关重点法律研究

（一）环保法

新加坡《环境保护和管理法》共 13 部分，78 项条款，其中具体有效的重要规定主要是第 4 至 13 部分。第 4 部分是关于空气污染管制的规定，第 5 部分是水污染管制，第 6 部分是土地污染管制，第 7 部分是危险物质防控，第 8 部分是噪声管制，第 9 部分是关于许可证和工业设备的相关规定，第 10 部分是环境污染管制措施，第 11 部分是法律执行层面的相关规定。根据第 11 部分的第 41 条，未能在通知或命令时间期限内遵守相关规定的，除非向法院证明已尽一切努力遵守通知或命令，否则将被判定为有罪。第 12 部分是关于根据本法产生的赔偿金的支付相关规定，第 13 部分是其他规定。

新加坡《环境保护和管理法》具有严苛的立法和执法保障，明确而具体的处罚措施，可操作性极强①。新加坡法制严厉举世闻名，其环境法制也不例外。整部法律中，除了第一章和第二章之外，其余十一章具体内容规定中，涉及 36 项条款，均有表明任何企业和个人违反相应法规和规定，都可被视为犯罪。另外，有 22 项条款涉及到具体处罚措施，包括具体罚款金额和监禁期限等，罚款金额在 1 000 新元至 10 万新元之间，监禁期限在 3 个月至 2 年之间。其中既有罚款又有监禁处罚的涉及有 9 项条款。另外，《环境保护和管理法》对总干事的职权规定全面且详细，环保法中提及的机构是指国家环境局，总干事是指在环境保护领域被任命的官员，在后面的各部分内容中，分别规定了总干事的一系列权力范围，以此进一步确保具体规定事项的严格执行和顺利开展。总干事权力表述在 11 章内容中均有体现，包括 45 项条款中具体列举了总干事的权力范围，包括总干事对书面许可证附加条件的权力，总干事对任何工业和贸易场所关于排放空气杂质要求的权力，其中的"空气杂质"包括烟雾、煤渣、任何固体颗粒、气体、气味和放射性物质等，总干事要求清除和清理有毒物质或工业废水、石油、化学品、污水、危险物质或其他污染事项的权力，总干事要求采取措施防止因储存或运输有毒物质或任何其他污染事项造成水污染的权力等等。

新加坡《环境保护和管理法》法规内容比较详尽明确，制定了较为具体细致的工作标准，使环保工作有法可依。新加坡对于某些可能引起严重空气污染的场地，法律明文设定为"需审核场地"(Scheduled Premises)，具体包括以下场所用地：水泥工程；混凝土工程；沥青工程；陶瓷作品；化学工程；焦炭或木炭生产；黑色金属和

---

① 许晨夕：《借鉴与思考：新加坡环境保护法对中国之启示》，《法制博览》，2015(04)。

有色金属工程；天然气工程；破碎、研磨和碾磨工程；石油工程；废金属回收工程；初级冶金工程；一级冶金工程、制浆工程和喷砂作业。在开始施工和运营前，任何此类场地的所有者或使用人均需取得环境部门许可，且申请企业需满足所有的污染控制要求时才会被授予许可。并且，总干事在给予需审核场地许可证时，可以对产生主要空气污染源的工厂提出具体到使用特定燃料的附加要求，法律明文规定工业所用燃料，需使用硫磺含量不超过 0.001% 的柴油和硫磺含量不超过 0.005% 的汽油。在空气污染管制方面，具体通过两方面硬性要求来管控：①规定任何工业和贸易场所必须安装特定设备，以确保散发出来的气体符合国家标准；②禁止任何工业和贸易场所烟囱排放黑烟，此条例还对违反相关规定作出了详细的处罚办法，从罚款到追究刑事责任，依次升高，使得各企业工作都有法可依。

1. 环保法中绿色技术相关重点条文解读

企业投资新加坡，从用地规划之初到工程实施结束，过程涉及环保领域用地、污水与气体排放、废物处置管控、噪声管制等绿色技术相关规定，新加坡《环境保护和管理法》均有相关法律条文说明。

一是新加坡对环境问题的立法注重源头管理，从用地规划之初就对环保领域用地有详细的规定。新加坡环保法第 3 部分，是关于"需审核用地"所列可能引起严重污染用地的申请使用规定。法律明文规定，在使用"需审核场地"所列用地之前，需提出书面许可申请，并要求详细说明控制空气、水、噪声等污染、管理和处置危险物质所采取的措施。环保法第 9 部分，要求所有工程的开展需要依法取得许可以确保其符合环保法。其目的在于从涉及环保工程开展的那一刻起，阻止任何新工程的污染。

二是工业气体排放、工业污水处置、危险物质管控等相关绿色技术的具体法律规定，分别体现在环保法的第 4、5、7、8 部分。工业气体排放是新加坡国内空气污染的主要来源。新加坡法律规定，在空气中散布污染物的工业必须安装特别设备以确保散发出来的气体符合国家标准。在工业废水处置方面，规定任何人排放工业废水，必须获得书面许可，并按照书面许可内容，在排放之前，进行达标排放处理。危险物质管控方面，详细列举了危险物种类，并规定任何人不得进口、制造或出售任何危险物质，除非他持有总干事颁发的许可证。

三是噪声管制方面，新加坡《环境保护和管理法》规定工程实施过程中必须严格遵守总干事提出的噪声管制要求。

2. 与我国对应法律对比情况

中国和新加坡因各自国情、社会发展历程以及社会制度等存在差异，各国环境保护法必然有很多不同，但也有相似之处。

（1）中新环保法相同点

一是中国和新加坡环保法均体现了预防为主的环境保护机制。新加坡环保法的第 9 部分内容是专门关于工业实施许可证的相关规定，环保法第 33 条规定，未经总干事证明工业实施的行为符合相关要求，任何人不得开始任何工业活动。且未经总干事的书面许可，任何人获得的工业许可证不得进行转让或允许其他人使用。中国环保法第十九条规定，未依法进行环境影响评价的开发利用规划，不得组织实施；未依法进行环境影响评价的建设项目，不得开工建设。这些法律明文规定，都充分体现了预防为主的环境保护机制。

二是中国和新加坡环保法均明确规定了具体管理部门的强制性管理权。新加坡环保法第 39 条规定了新加坡国家环境局对环境污染治理的强制性措施，规定空气污染物、工业废水或任何危险物质的排放，造成环境污染或损害公共健康安全的，新加坡国家环境局可以命令立即停止相关工业活动，并立即停止污染物的排放；并且规定任何不遵守以上命令的所有人，即属犯罪。中国环保法第二十五条明确规定了环保部门的强制性管理措施，规定企事业单位和其他生产经营者违反法律法规规定排放污染物，造成或者可能造成严重污染的，县级以上人民政府环境保护主管部门和其他负有环境保护监督管理职责的部门，可以查封、扣押造成污染物排放的设施、设备。

三是对违反环保法相关规定的处理，中国和新加坡环保法均设定有限期治理的强制性规定。新加坡环保法第 18 条规定，对于已排放出任何有毒物质或贸易废水、石油、化学品、污水、危险物质或污染物到陆地、任何排水系统或海洋的任何人，总干事可以通过书面通知，要求在规定时间内，对排出物进行清除和清理。中国环保法第二十八条规定，未达到国家环境质量标准的重点区域、流域的有关地方人民政府，应当制定限期达标规划，并采取措施按期达标。

（2）中新环保法不同点

一是对比新加坡对环境一词的定义，我国对环境的定位更明确，范围更广。新加坡将环境定义为涉及包括水、土、气的任何一种介质（第 2 条）。中国则规定，环境是指影响人类生存和发展的各种天然和经过人工改造的自然因素的总体，包括大气、水、海洋、土地、矿藏、森林、草原、湿地、野生动物、自然遗迹、人文遗迹、自然保护区、风景名胜区、城市和乡村等（第二条）。这或许是两国立法行文方式不同所致。另外，中国环保法明确提出了保护环境是国家的基本国策（第四条），新加坡法律则没有相关明文规定。

二是对比新加坡环保法针对空气污染管制、水污染领域、土地污染管制、危险物质管制、噪声管制相关规定，中国环保法的具体细节内容由分领域专门法律规定。中国环保法第三章和第四章中有部分条款内容，涉及大气、水、土壤、化学药品和含有放射性物质物品安全控制管理，但都是比较简单的描述，如第三十二条，保护大气、水、土壤，国家加强对大气、水、土壤等的保护，建立和完善相应的调查、监测、评估和修复制度。新加坡环保法第 4～8 部分内容分别是针对空气污染管制、水污染领域、土地污染管制、危险物质管制、噪声管制相关详细规定，包括空气污染控制过程中禁止烟囱冒出黑烟、工业废水、石油、化学品、污水以及其他污染物的排放许可规定等等。中国环保法体系中还有其他如《水污染防治法》《大气污染防治法》《土壤污染防治法》等单行法，因此在环保法中并未有对其详细的规定。

三是对比中国环保法，新加坡在法律责任规定方面具体体现在了每一部分内容中，并有详细且具体的处罚措施。在水污染防控方面，第 15 条规定，任何人排放或允许排放任何工业废水、石油、化学品、污水或其他污染物，未经总干事书面许可，进入任何排水沟或土地的行为均视为犯罪。并在第 15（5）条中指出，任何人如不遵守，即属犯罪，一经定罪，可处以不超过 5 000 美元的罚款。中国环保法中非常有特色的一点是按日连续计罚制度（第五十九条），而相关法律责任规定集中体现在了第六章内容中，但是并未有具体罚款金额的规定。

（二）能源节约法

新加坡《能源节约法》充分体现了新加坡努力实现《巴黎协定》中关于气候变化承诺的举措。新加坡《能源节约法》在 2012 年颁布，2013 年正式生效，并于 2017 年 6 月对部分条款进行了修正补充。《能源节约法》修正案规定了更多的能源管理措施，包括加强对温室气体排放的测量和报告要求，要求公司定期进行能效评估，并为通用工业设备和系统引入最低能效标准。《能源节约法》2012 年版共五部分，81 项条款，第 1 部分序言，共 5 项条款，主要是对特定名词的定义等规定。第 2 部分行政，共 4 项条款，规定了具体行政人员的任命和职能范围等。第 3 部分工业部门的能源保障措施（除运输外），共 29 项条款，该部分主要是对商品和商业活动的保障措施相关规定。第 4 部分运输部门的能源保障措施，共 25 项条款，第 5 部分其他规定，共 18 项条款。

新加坡《能源节约法》及其修订案规定了一系列的强制性能源管理措施，致力于提高能源效率并减少各个部门的能源消耗。工业部门是新加坡最大的能源消耗部门，《能源节约法》2012 年版中，整个第 3 部分详细规定了工业部门能源保障措施，包括新工业部门和现有工业部门的强制性能源管理规范，修订案也规定了一些附加要求。《能源节约法》明文规定，首先，申请获得可注册公司资格后，必须在规定时间内向新加坡国家环境局提出申请登记，新注册的能源领域公司应提交能效评估报告（energy efficiency opportunities assessments），然后方可根据《环境保护和管理法》申请符合环保法的工业许可证。其次，现有工业部门的能源密集型公司，须执行强制性能源管理做法，包括任命一名能源经理，每年监测并报告能源使用和温室气体排放和每年提交能源效率改进计划。另外，《能源节约法》指出，资源环境部可以发布并规定能源领域受管制货物清单，任何打算在新加坡供应受管制货物的进口商或制造商，需提出申请并成为注册供应商。新加坡在能源节约方面的法律规定从源头到工业实施过程，均有对能源消耗管理的相关条文和法律约束。因此对于资源匮乏的新加坡，能源不仅没有掣肘其经济发展，反而成为推动其经济发展和参与全球治理的重要抓手。

1. 能源节约法绿色技术相关重点条文解读

新加坡能源节约法中涉及到绿色技术的相关规定，主要体现在规定受管制货物最低能效标准、企业能源效益评估和企业提高能源效率计划等方面。新加坡《能源节约法》规定了能源领域受管制货物，并在第 12 条中详细规定受管制货物必须注册登记、符合最低能效标准、按照相关规定贴上信息标签，且要表明与能源效率有关的货物信息。对于能源使用等于或超过规定阈值的企业，第 26A 条规定企业必须进行符合规定要求的能源效益评估，确保新开展工业生产所用设施是节能的。对于运营过程中的企业，新加坡《能源节约法》规定需定期报告能源使用和生产情况。第 27 条和第 47 条是分别对工业部门和运输部门能源使用情况定期报告的相关规定，企业必须在规定期限内提交能源使用报告，具体说明能源消耗和能源生产情况，运输部门的能源使用报告中还应包括温室气体的排放情况。

2. 与我国对应法律对比情况

一是对于列入国家能效管理的货物，均实行能源效率标识管理。新加坡能源节约法中，国家环境管理机构规定了受管制货物类型，并引入能源性能最低指标，要求各厂商在受管制货物上标示能源消耗指标。《能源节约法》第 12 条对受管制货物的供应进行了详细的规定，包括货物必须登记，必须符合规定的最低能效标准等。中国《节约能源法》第十八条规定，国家对家用电器等使用面广、耗能量大的用能产品，实行能源效率标识管理。第十九条规定，生产者和进口商应当对列入国家能源效率标识管理产品目录的用能产品标注能源效率标识，并且规定，生产者和进口商应当对其标注的能源效率标识及相关信息的准确性负责。

二是皆要求企业制定能源效率改善计划，以提高能源利用效率。新加坡《能源节约法》第 28 条和第 49 条均指出，企业必须就每项规定的商业活动或处所，向有关部门监管机构提交一份规定期限内的能源效率改善计划，并要求所提交的能源效率计划必须包括关于计划任何部分执行情况的信息。中国《节约能源法》第二十四条规定，用能单位应当按照合理用能的原则，加强节能管理，制定并实施节能计划和节能技术措施，降低能源消耗。

三是对于企业节能管理，新加坡要求针对所有的用能企业进行能源管理、提交能源利用报告，而中国节约能源法则主要针对重点用能单位。新加坡能源节约法关于工业部门和运输部门能源保障措施中，要求任何企业都必须任命一名能源经理，并在节能（能源保障措施）法案中，详细规定了能源经理的任职资格，规定自 2014 年 4 月 1 日起，能源经理必须持有工程师学会颁发的新加坡注册能源经理（专业级）证书；另外，企业要定期提交能源使用情况报告，具体说明能源消耗以及能源生产、温室气体排放等情况。中国节约能源法特别规定：年综合能源消费总量一万吨标准煤以上的用能单位；国务院有关部门或者省、自治区、直辖市人民政府管理节能工作的部门指定的年综合能源消费总量五千吨以上不满一万吨标准煤的用能单位为重点用能单位，对此类重点用能单位应当设立能源管理岗位，在具有节能专业知识、实际经验以及中级以上技术职称的人员中聘任能源管理负责人；另外，重点用能单位应当每年向管理节能工作的部门报送上年度的能源利用状况报告。

四、绿色技术相关政策研究

（一）投资优惠政策

1. 外商投资优惠政策

为了吸引外来资本，新加坡也像其他东盟国家一样明确规定投资者可以享有的待遇，包括最惠国待遇、国民待遇和公平公正待遇。首先，中新双边投资协定第 4 条规定："缔约任何一方对缔约另一方根据第二规定允许在其领土内投资或收益所给予的待遇不得低于其给予第三国公民和公司的投资或收益的待遇。"另外，新加坡政府除积极从管理审批制度、产业政策、税收优惠等多方面提供优惠和便利外，通常还给予外资以国民待遇，除了与国防有关的某些行业外，对外资在新加坡的运作没有任何限制。其次，中新两国签订的双边投资协定明确规定在投资方面双方相互给予对方公平、公正的待遇，该协定第 3 条第 2 款规定："依照第二条批准的投资，应根据本协定给予公正和公平的待遇和保护。"

新加坡对外商投资的优惠主要体现在对外国投资者和对外商投资企业的税收优惠。其中，对外国投资者分得的股利收入从新加坡汇往海外母公司时将不课征其他税捐。中新两国签订了《避免双重课税协议》，包括非居民的利息所得免课税，没有资本利得税、销货税、发展税及进口附加税，实行财产税抵扣等。对于外商投资企业，税收优惠主要包括所得税优惠和其他税收优惠。所得税优惠分为减征、免征和抵减。减征，如政府给予外资企业按 10% 征收所得税；对先进产业、既有企业的产能扩张投资等提供租税减免优惠；对经核准的经营电子商务业者、国际贸易业者、石油交易业者等也提供所得抵减等税收优惠；对先驱公司（即涉及巨额资本开支或复杂技术和生产能力的企业）和某些金融企业给予税收优惠等。免征，如对国外投资者经营亚洲货币的所得和经营亚洲货币单位的金融机构的一般性收入等实行免税。抵减，比如对营运总部、制造中心、研究开发投资提供投资抵减优惠；对新生产设备也有投资抵减的优惠。新加坡控股公司及海外投资所得可享较低税赋优惠，比如只要股东组合无重大变更，公司的亏损可以抵减未来年度的公司所得税，这种抵减可无限期递延。

2. 中国外商投资优惠政策

改革开放以来，中国不断出台各种吸引外资政策，无论是初期阶段的税收优惠改革还是各版外商投资产业目录的出台，直到 2019 年外商投资法律的完善，都体现了中国坚定对外开放、积极吸引外商投资的政策决心。从 2008 年内外资企业所得税并轨到 2013 年中国（上海）自由贸易试验区设立和 2018 年对外商投资实施负面清单管理，以及 2019 年 3 月《外商投资法》正式通过，中国吸引外商直接投资政策正从外资超国民待遇转向内外资一视同仁，对所有类型企业实行政策普惠。同时，中国同样也实行外商投资的"负面清单模式"，目前，我国制定的外商投资"负面清单"中行业部门对外商投资的准入限制的整体政策取向偏宽松。我国针对外商投资出具的"负面清单"逐步削减了一些关于禁止和限制的类目，截至 2021 年制定的《外商投资准入特别管理措施（负面清单）》已缩减到仅剩 31 条，涉及 12 个行业。

我国对外商投资企业的税收优惠政策主要包括地区投资优惠、生产性投资优惠、再投资退税的优惠，以及预提税方面的优惠。

（1）地区投资优惠政策

其中设在经济特区的外商投资企业，在经济特区设立机构、场所从事生产、经营的外国企业，设在经济技术开发区的生产型外商投资企业，设在高新技术产业开发区的被认定为高新技术企业的外商投资企业，减按 15% 的税率征收企业所得税；设在沿海经济开放区和经济特区、经济技术开发区所在城市的老市区的生产性外商投资企业，减按 24% 的税率征收企业所得税。

（2）生产性投资优惠政策

主要分为五大类，生产性外商投资企业的税收优惠，产品出口企业的税收优惠，先进技术企业的税收优惠，基础项目投资的税收优惠和特定项目投资的税收优惠，详见表 1-2。

表 1-2　生产性投资优惠政策主要类别

企业类型	税收优惠
生产型外商投资企业	1. 经营期在 10 年以上的，从开始获利的年度起，"二免三减半"。但属于石油、天然气、稀有金属、贵重金属等资源开采项目的，有国务院另行规定。外商投资企业实际经营期不满 10 年的，除因自然灾害和意外事故造成重大损失的外，应当补缴已免征、减半征收的企业所得税款。

（续表）

企业类型	税收优惠
生产型外商投资企业	2. 从事农业、林业、牧业的外商投资企业和设在经济不发达的边远地区的外商投资企业，依照前两条规定享受免税、减税待遇期满后，经企业申请，国务院税务主管部门批准，在以后的 10 年内可以继续按应纳税额减征 15%～30% 的企业所得税。
产品出口企业	外商投资举办的产品出口企业，在依照税法规定免征、减征企业所得税期满后，凡当年出口产品产值达到当年企业产品产值 70% 以上的，可按税法规定的税率享受减半征收企业所得税的待遇。
先进技术企业	外商投资兴办的先进技术企业，依照税法规定免征、减征企业所得税期满后，仍为先进技术企业的，可以按照税法规定的税率延长 3 年减半征收企业所得税的待遇。
基础项目投资	自 1999 年 1 月 1 日起，对从事能源、交通、港口、码头基础设施项目的生产性外商投资企业，在报经国家税务总局批准后，可减按 15% 的税率征收企业所得税，不受投资区域的限制。
特定项目投资	1. 在经济特区设立的从事服务行业的外商投资企业，外商投资超过 500 万美元，经营期在 10 年以上的，经企业申请，经济特区税务机关批准，从开始获利年度起，"一免二减半"。 2. 在经济特区和国务院批准的其他地区设立的外资银行，中外合资银行等金融机构，外国投资者投入资本或者分行由总行拨入营运资金超过 1 000 万美元，经营期在 10 年以上的，经企业申请，当地税务机关批准，从开始获利年度起，"一免二减半"。 3. 对鼓励外商投资的行业、项目，省、自治区、直辖市人民政府可以根据实际情况，决定免征、减征地方所得税。

（3）再投资退税的优惠

外商投资企业的外国投资者，将其从该企业取得的利润在提取前直接再投资于该企业，增加注册资本，或在提取后作为资本开办其他外商投资企业，经营期不少于 5 年的，经投资者申请，税务机关批准，退还其再投资部分已缴纳企业所得税税款的 40%（地方所得税不在退税之列）。

外国投资者在中国境内直接再投资举办、扩建产品出口企业或先进技术企业，以及外国投资者从海南经济特区内的企业获得的利润直接再投资于海南经济特区的基础设施建设项目和农业开发企业，经营期不少于 5 年，经投资者申请，税务机关批准，全部退还其再投资部分已缴纳的企业所得税税款。

在中国境内设立专门从事投资业务的外商投资企业及其他形式的公司集团发生重组时，将该项再投资转让给与其有直接拥有或者间接拥有或被同一人拥有100%股权关系的公司，可不认定其撤回该项再投资，因而不予追回该项再投资实际已获得的退税款。

(4) 预提税方面的优惠

外商投资企业和外国企业购买企业国产设备投资抵免企业所得税，其购买国产设备投资的40%可从购置设备当年比前一年新增的企业所得税中抵免。

(二) 节能减排相关政策

1. 节能减排相关优惠政策

新加坡致力于通过一系列激励措施，积极提高能源效率并减少各个部门的能源消耗。新加坡国家环境局（NEA）是新加坡环境与水资源部下属的一家法定机构，负责改善和维持新加坡的清洁和绿色环境，以及新加坡的可持续发展。新加坡国家环境局通过与其他企事业组织建立伙伴关系，来制定与发展环保措施和方案，为此专门开设了能源效率计划办公室（E2PO）。E2PO是一个由NEA和能源市场管理局（EMA）牵头的多机构委员会，旨在共同促进新加坡各部门提高能源效率，该委员会由以下机构组成：经济发展局，陆路运输管理局，建设局，住房和发展委员会，资讯通信媒体发展管理局，科学技术研究局，市区重建局，裕廊镇公司，国家研究基金会，环境与水资源部，贸易和工业部。

新加坡在节能减排方面的相关政策，是通过一系列的节能行动计划以及专项基金来有序推动的。新加坡国家环境局专门开设了新加坡能源效率网站（Energy Efficient Singapore），该网站是由国家环境局（NEA）领导的能源效率计划办公室（E2PO）和能源市场管理局（EMA）共同运营的。该网站列举了一系列节能减排的政策，包括能源效益基金，新加坡经济发展局（EDB）激励措施和绿标奖励计划。另外，新加坡政府还宣布了"2030年新加坡绿色计划"，这是一项旨在推动新加坡国家可持续发展议程的全国性运动。《绿色计划》为未来十年制定了雄心勃勃的具体目标，加强了新加坡在《联合国2030年可持续发展议程》和《巴黎协定》下的承诺，并使得新加坡能够尽快实现长期的净零排放目标。

（1）能源效益基金（E2F）

能源效益基金（E2F）主要用来支持企业为提高工业设施的能源效率所采取措施的鼓励政策。这些措施包括新设施或主要扩建的资源节约型设计，对其现有设施的能源评估，采用节能设备或技术，采用全球变暖潜能值（GWP）低的制冷剂的水冷式制冷剂项目，鼓励公司建立能源管理信息系统（EMIS）等，详见表1-3。

表 1-3　能源效益基金相关鼓励措施

	补助金额	资格标准
新设施或主要扩建的资源节约型设计	最高补助费用为合理成本的 50%，上限为 $600 000，合理成本是指能源节约设计的顾问费用，顾问的交通和住宿，以及场地和其他费用等。	1. 新设施或主要扩建的设施的所有者或者经营者必须是在新加坡注册的企业；2. 新的工业设施或要进行大规模扩建的现有设施必须位于新加坡；3. 申请之时，必须尚未开始设施的详细设计；4. 能源顾问必须具有丰富的经验。
现有设施的能源评估	高达 50% 的合理成本，任何单个设施的 5 年期限内最高限额为 $200 000。合理成本主要指能源评估费，包括能源顾问的顾问费和使用仪器和评估工具的费用。	1. 生产设施的所有者或经营者必须在新加坡注册；2. 正在进行能源评估的工业设施必须位于新加坡；3. 根据《节能法》对注册公司的相关业务活动进行的能源审计费用将不适用；4. 应仔细评估所选能源顾问的能力，以确保他们符合设施能源评估的需求；5. 公司在申请时必须已经进行了初步的能源评估；6. 在申请时，公司不得与能源顾问已签订合同并已进行了详细的能源评估；7. 详细的能源评估应涵盖整个工厂或设施。
采用节能设备或技术	最高 50% 的合理成本。合理成本主要指人力费用，设备或技术和专业的服务。	1. 已经或将要在新加坡设立的现有或拟有的工业设施的新加坡注册所有者或经营者；2. 在"2015 年新加坡标准行业分类（SSIC）"中被认可的制造活动；3. 集团年销售额不超过 5 亿新元。

（续表）

	补助金额	资格标准
采用全球变暖潜能值（GWP）低的制冷剂的水冷式制冷剂项目	未有具体补助金金额限定	1. 在新加坡注册的现有制造工厂的所有者或经营者；2. 在"2015年新加坡标准行业分类（SSIC）"中被认可的制造活动；3. 集团年销售额不超过 5 亿新元。
建立实施能源管理信息系统（EMIS）	最高 50% 的合理成本，每个能源密集型设施上限为 $ 250 000；用于其他设施的上限为 $ 125 000。合理成本包括设备和材料，专业的服务、软件和 IT 服务。	1. 申请人必须是位于新加坡或将要位于新加坡的现有或拟有的工业设施的新加坡注册所有者或经营者；2. 实施的 EMIS 应该涵盖设施中所有主要的能耗系统。

（2）新加坡经济发展局（EDB）激励措施

新加坡经济发展局（EDB）的能源效率激励旨在为工业领域的企业提供支持，以提高它们的能源效率，并在日益受到碳限制的未来中提高其竞争力。相关政策主要包括能源资源效率补助金［REG（E）］和能源效率融资计划。其中能源效率融资计划是 EDB 与可持续发展资本（亚洲）有限公司（SDCL 亚洲）合作，其中 SDCL 作为第三方融资机构，为公司提供实施节能项目所需的前期资金，并且在各个利益相关方之间共享节能量，详见表 1-4。

表 1-4　新加坡经济发展局相关激励政策

	补助金额	资格标准
能源资源效率补助金（REG（E））	补助金额取以下两者的较低者：1. 补助金额 = 碳减排量（吨/年）× 支持率（美元/吨）× 项目的使用寿命 15 年；2. 预期合理成本的 50%。合理成本主要包括设备费、材料费以及专业服务费用。	1. 在新加坡注册的公司，且在新加坡从事制造和数据中心等活动；2. 鼓励集团年营业额不超过 5 亿新元的公司考虑使用 NEA 的能源效率基金（E2F）；3. 该项目每年必须至少减排 500 吨碳。
能源效率融资计划	SDCL 亚洲将提供高达 100% 的前期资本投资以资助该项目。	1. 在新加坡注册且在新加坡从事制造活动；2. 该项目需安装和使用节能设备或技术；3. 投资标准：项目规模在 0.5 亿至 4 000 万新元。

（3）新加坡建筑局（BCA）绿色标志奖励计划

新加坡建筑局（BCA）的绿色标志计划受到一系列激励措施的支持，包括 2 000 万美元的新建建筑物绿色标志激励计划（GMIS-NB）和楼宇翻新能源效益资助（BREEF）计划，详见表 1-5。

表 1-5　绿色标志激励措施

	简介	补助金额	申请资格
楼宇翻新能源效益资助（BREEF）计划	BREEF 计划在 BCA 和参与的金融机构的协助下，通过能源绩效合同安排提供融资以支付现有建筑物的能源改造的前期费用。BREEF 可以负担设备、安装和专业费用。	高达 400 万美元或成本的 90%，以较低者为准	1. 新加坡非住宅建筑物的所有者或共同所有者；2. 根据《土地业权（分层）法》（第 158 章）成立的住宅和非住宅建筑管理公司；3. 经新加坡绿色建筑委员会认可的能源绩效承包（EPC）公司；4. 由能源服务委员会认可的能源服务公司（ESCO）；5. 专门为住宅或非住宅建筑提供，执行或提供能源性能改善的专用车辆（SPV）。
新建建筑物绿色标志激励计划（GMIS-NB）	耗资 2 000 万美元的"新建建筑绿色标记激励计划"（GMIS-NB），以加快采用环保的建筑技术和建筑设计实践。	现金奖励分为两个阶段：1. 在设计或施工阶段成功通过所需绿色标志标准认证后支付 50%；2. 认证后的 50%，将在 TOP 一年后进行。	力争在新建建筑的设计和建造中达到绿色标志金奖或更高等级的开发商（必须是私营机构）、业主、项目建筑师和机电工程师。

另外，在绿色建筑领域，BCA 还推出了绿色建筑创新集群（GBIC）计划，用来促进绿色建筑节能技术的开发与应用。绿色建筑创新集群（GBIC）是新加坡《研究、创新、创业 2020：用科技赢未来》（RIE2020）在城市解决方案和可持续性（USS）领域下建立的综合研究、开发和示范（RD&D）中心。由新加坡建设局的建筑环境研究与创新学院（BERII）管理，GBIC 旨在加快发展和采用有前途的建

筑节能技术和解决方案，作为推动新加坡绿色建筑发展的一部分。该计划主要适用于以下四项举措：①GBIC 竞争研究计划（GBIC-CRP），旨在支持与当地和国际研发界以及行业利益相关者合作，开发创新解决方案，以提高建筑能效；②GBIC 原型计划，这为"out-of-lab"的研究成果提供了一个平台，可针对实际建筑应用对其进行完善和定制，并支持本地/海外公司的有前途的解决方案，以在新加坡当地环境中进一步开发和采用；③GBIC 建筑节能示范计划（GBIC-Demo），通过展示尚未开始的项目或现有建筑物中本地广泛实施的创新节能技术，为建筑物所有者和开发商提供了争取更大节能的机会；④超级低能耗建筑（SLEB）智能中心，该 SLEB 的 Smart Hub 是一个中央资源中心，收集来自 GBIC -示范项目的基本信息，现有建筑和完成 R&d 项目，以及过去的绿色标志项目和建筑节能提交系统（BESS）数据。它提供一站式知识服务，以简化实施 SLE 建筑的过程。

现阶段新加坡在节能减排相关政策还体现在以下三个方面：

① 以政府服务引导企业节能

新加坡政府设立节能基金，资助企业节能项目，如政府的一项节能基金——环境可持续发展创新基金（IESFUND）就资助了辉瑞亚太有限公司的水热电联供车间和 SERAYA 公司的天然气热电联供车间项目，降低了两个公司的成本，也减少了 10%～17% 的碳排放。

新加坡经济发展局（EDB）实施投资税收减免政策（IA），对公司投资节能装置进行税收减免，对于新安装的设备，只要提高了公司的能源利用绩效，购买该装备的成本可以在各种应税收入中扣除，直接减免税收。政府还设立了节能设计支持政策，帮助企业在早期概念设计阶段融入节能理念，在对工业园区规划布局时，也考虑热电联供与冷热电联供等节能设施的布局，确保清洁、低碳技术在生产中的应用。

② 促进节能环保服务发展

新加坡政府严格的环境监管也为清洁能源、节能服务等领域带来新的经济机遇。一些能源服务公司或节能顾问等应运而生，提供的服务包括节能项目发展、设施安装，甚至节能项目融资服务等。对于节能环保服务这样一个新兴产业，政府设立了一系列的支持政策促进产业发展。

建立能源服务公司（ESCO）认证体系，培育节能环保服务市场主体，在 MEWR 的支持下，新加坡国立大学设立了该认证体系，对从事节能服务的公司资质进行认证，目的是提高节能服务的专业素质，保证服务质量，提升能源服务企业的公信度，培育合格的市场服务主体。

设立了节能支持政策（EASE），鼓励企业使用节能服务，新加坡政策鼓励企业聘请能效顾问，进行能效评估。根据能效提升计划，政府资助企业 50%的节能评估服务费用。这一支持计划为节能服务行业开拓了更大的市场空间，也为使用节能服务的企业带来了更大的利润。如 TUAS 能源公司在政府的资助下，接受了 Actsys 能源服务公司的建议，定期检修保养旁通阀，每年节省了大约 36 万元新币的燃料成本。据政府统计，企业花在节能评估上的每元钱，实现了每年 5～10 元的能源成本节约。

启动新加坡注册能源管理师（SCEM）发展计划，培训节能服务专业人才。这项计划专门培训工业和建筑业管理者、工程师、技术员等，提高他们的能源管理服务水平与职业技能，帮助他们所在的企业实现节能降耗。新加坡注册能源管理师水准很高，得到了国际认可，获得美国能源工程师协会的认证。下一步，SCEM 计划在公司内部建立一个合伙参股的能源管理经理，规划执行公司内部节能的各项措施。

③ 形成绿色技术与经验提升的机制

绿色技术是实现节能减排的科技支撑，新加坡政府不仅注重对先进节能技术的研发，还大力推动节能技术的推广与大规模商业化应用。新加坡政府通过直接建立节能技术研究所，或者以项目资助私人研究机构等方式，重点支持节能技术、太阳能技术、绿色建筑等领域的研究，大力推广高效、清洁、低碳排放的燃气系统如天然气燃烧复合循环技术的应用，现在新加坡 80%的电力是采用天然气燃烧复合循环技术生产的。

2. 中国节能减排相关政策

中国在节能减排方面的优惠政策主要包括财政支持政策、税收激励政策、政府采购政策和地方支持政策。

一是为加快推广先进节能技术，提高能源利用效率，财政部制定了《节能减排补助资金管理暂行办法》（财建〔2020〕10 号），并于 2020 年 1 月 22 日正式印发，实施期限至 2022 年。中央财政安排必要的节能减排补助资金，采取"补助、以奖代补、贴息和据实结算"等方式对五大重点支持范围给予适当的支持与奖励。关于补助资金的发放，财政部根据项目任务、特点等情况，将资金下达地方或纳入中央部门预算，财政部各地监管局按照工作职责和财政部要求，对属地节能减排补助资金进行监管。另外，节能减排补助资金实施全过程绩效管理，申请资金时要同步填报绩效目标，执行中开展绩效监控，年度终了进行绩效自评，定期开展外部绩效评价。

二是 2019 年财政部和发改委等部门联合发布《财政部 国家发展改革委 生态环境部 市场监管总局关于调整优化节能产品、环境标志产品政府采购执行机制的通知》中，颁布了《节能产品政府采购品目清单》，对计算机设备、输入输出设备、投影仪、多功能一体机、泵、制冷空调设备、电机、变压器、镇流器、生活用电器、照明设备等 18 类产品作为政府采购节能产品，这将有利于引导和示范节能产品的使用，促进节能技术商业化和快速普及，为节能产品提供一定的市场，通过扩大生产规模和降低产品流通和营销成本，降低能效技术的成本。

三是地方支持，以上海绿色建筑节能优惠政策为例，上海市发布了《上海市建筑节能和绿色建筑示范项目专项扶持办法》（沪住建规范联〔2020〕2 号）。对于符合绿色建筑示范的项目，二星级绿色建筑运行标识项目每平方米补贴 50 元，三星级绿色建筑运行标识项目每平方米补贴 100 元；符合装配整体式建筑示范的项目，AA 等级每平方米补贴 60 元，AAA 等级每平方米补贴 100 元；符合超低能耗建筑示范的项目，每平方米补贴 300 元；符合既有建筑节能改造示范的项目，居住建筑每平方米受益面积补贴 50 元；公共建筑单位建筑面积能耗下降 20% 及以上的，每平方米受益面积补贴 25 元；公共建筑单位建筑面积能耗下降 15%（含）至 20% 的，每平方米受益面积补贴 15 元。符合可再生能源与建筑一体化示范的项目，采用太阳能光热的，每平方米受益面积补贴 45 元；采用浅层地热能的，每平方米受益面积补贴 55 元。符合立体绿化示范的项目，花园式屋顶绿化每平方米绿化面积补贴 200 元；组合式屋顶绿化每平方米绿化面积补贴 100 元；草坪式屋顶绿化每平方米绿化面积补贴 50 元。一般墙面绿化每平方米绿化面积补贴 30 元，特殊墙面绿化每平方米绿化面积补贴 200 元。由政府组织的能源审计和建筑能耗监测系统建设等建筑节能管理与服务项目，按照政府采购确定的费用支付。各区、特定地区管委会应对辖区范围内由政府组织的能源审计和建筑能耗监测系统建设等建筑节能管理与服务项目给予资金支持。国家明确要求地方给予政策配套的建筑节能和绿色建筑相关事项及市政府确定的其他用途，市级财政将给予适当支持。鼓励各区、特定地区管委会对辖区范围内被列为上海市绿色生态城区试点、示范的项目给予资金支持。单个示范项目最高奖励 600 万元，既有建筑节能改造示范项目的补贴资金不得超过该项目总投资额的 30%。已从其他渠道获得市级财政资金支持的项目，不得重复申报。同一项目只能选择本办法支持范围中的一项给予支持。

（三）其他投资优惠政策

其他投资优惠包括财政与非财政补贴与资助，主要有研发补助、专利研发补助、奖励和政府参与出资等。新加坡规定对在新加坡从事研究发展的私人企业，研究发展的产品有显著技术优势并具有潜在商业应用性的，给予最高金额可达其研究发展计划费用 50% 的补助金。另外，在新加坡从事加强公司竞争力及策略性科技之研究发展活动的公司，由政府补助其整个研究发展费用的 20%～30%，最长可达 5 年。新加坡国家科技局设立基金，对新加坡人拥有 30% 股权的公司，专利研究工作在新加坡进行的专利申请项目，由基金对申请者提供财务援助以支付申请专利之费用。基金还可提供所有专利发明费用的 50% 财务援助，最高可达 3 万新元。对多国籍企业营业总部设在新加坡的给予奖励优惠。

另外，新加坡政府承诺中国的个人或公司在新加坡境内投资时，最初都享有五年的保障，以免受到战争、暴乱等非商业风险的影响。双边投资协定要求设立官方仲裁机构调解双方有关补偿的争议。对于缔约双方之间发生的投资争端，尽可能通过外交途径解决或提交仲裁。新加坡政府还承诺保证中国投资者在新加坡设立的企业可自由转让其资本及各种利润。

此外，为提高招商引资成效，新加坡经济发展局（EDB）对确定为重大高新科技的工业项目，为减轻外方对投资风险的担心，与外国投资者一起出资，共担风险，共负盈亏，但不参与管理。一旦企业有盈利，经济发展局可退出，以此增加外商对高科技项目的信心。

五、中新重点合作领域技术标准体系研究

（一）绿色建筑领域——以中新生态城为例

1. 案例概况

中新天津生态城是中新两国政府合作的旗舰项目，也是世界上第一个国家间合作开发的生态城市，是我国应对全球气候变化、节约资源能源、保护环境的重大战略部署。2007 年 11 月 18 日，中新两国政府共同签署了《中华人民共和国政府与新加坡共和国政府在中华人民共和国建设一个生态城的框架协议》以及相关补充协议，确定两国政府合作建设中新天津生态城。生态城于 2008 年正式开工建设，规划总面积 150.58 平方千米，其中中新合作区 30 平方千米，规划居住人口 35 万人，目前累计常住人口 9.5 万人。这是继苏州工业园区之后两国合作的新举措，充分表明了两国政府应对全球气候变化、节约资源与能源以及对环境保护的决心。

2008 年 9 月 28 日，中新天津生态城正式开工建设，并开始了对绿色建筑领域的探索与实践。在规划之初，生态城面临的首要问题就是应该采用哪种绿色建筑评估体系。当时，我国绿色建筑评价国家标

准刚实施不久，新加坡的 Green Mark 也刚刚发布不满 3 年，在此背景下，中新双方认为，无论采用中国国家标准或新加坡 Green Mark 标准，还是引入国际主流的几种绿色建筑评价标准，都无法与中新生态城当地的自然气候条件和生态城市的建设理念很好地融合。因此，中新双方决定制定一套专门用于中新天津生态城的绿色建筑评价体系。根据中新两国政府联合建设生态城的需求，充分吸收借鉴中国国家标准和新加坡 Green Mark 先进经验，2016 年，双方制定了《中新天津生态城绿色建筑评价标准》（DB/T 29-192—2016），并于 2018 年发布实施了《中新天津生态城绿色建筑运营管理导则》。目前，《中新天津生态城绿色建筑评价标准》通过指标提升、运行实践等，已上升为天津市地方标准。据调研，《中新天津生态城绿色建筑评价标准》的制定充分考虑生态城的规划需求，并注重听取新加坡专家意见，因此，指标要求较完善，落地实践较有效。但是，因为《中新天津生态城绿色建筑评价标准》的部分指标要求比较高，具有比较强的地域性，目前只应用在生态城，并未推广应用。

中新生态城创建了一整套指导城市发展的指标体系，其中有一条重要的控制性指标，即"绿色建筑比例 100%"。我国绿色建筑评价标准是自愿申报，由于"绿色建筑比例 100%"的强制性要求，因此生态城没有采用国标的自愿申报，而是借鉴新加坡经验，将绿色建筑标准作为强制性规定来进行实施，充分体现了国际间建筑的成功合作，为中国绿色建筑发展和国际化提供了有益尝试。

围绕指标体系和总体规划，中新天津生态城在政策法规、管理制度、标准体系、监督机制等方面全面推广绿色建筑。生态城始终保持绿色建筑 100%，打造了绿色建筑领域的"生态城标准"。截至 2020 年，生态城全域已建设绿色建筑项目累计达 1 960.2 万平米，其中，112 个项目获得国家绿色建筑标识，103 个项目获得二星级以上标识，高星级比例达到 92%。中新天津生态城在绿色建筑方面的成果也获得了国家各部委的高度认可，相继获得"国家绿色生态城区""北方地区绿色建筑基地""可再生能源建筑应用示范城市""国家绿色发展示范区"

"国家绿色生态城区运营三星级"等荣誉称号，也是国内首个与国家绿色建筑标准进行对标的试点区域。

生态城绿色建筑与新加坡绿色建筑的发展依然存在一定差距。绿色建筑的运行能耗与设计能耗的比值能够反映出其运行效果与最初设计效果的差距，也能反映出最初设计阶段能耗模拟的准确性。生态城绿色建筑在设计之初的能耗模拟数据是一种理想化状态，是建筑100%负荷时的运行状态，而在实际运行过程中，由于人员入住比例、气象变化、能耗配比等因素，使得实际运行能耗与设计能耗差异很大。针对此类问题，生态城会采取能耗校准操作，通过调研获取相关数据，与原来输入参数进行对比，对能耗模拟运行曲线作进一步的校准。

2. 案例启示

在两国技术合作中，如存在标准差异，因地制宜地将先进标准本地化是很好的解决思路①。《中新天津生态城绿色建筑评价标准》就是这样一个典型案例，虽然目前该标准只限定应用于生态城内，由于地域性差异与生态城建设理念，并未进行推广应用，但这一解决问题的思路具有可借鉴、可推广的意义。

针对中国与新加坡两国绿色建筑评价标准的对比分析，能够在一定程度上为中国绿色建筑标准的完善提供参考，并且能为建筑领域企业"走出去"指引方向。中新生态城经过十余年的开发建设，目前已初具规模与成效，在一定程度上引领了中国绿色建筑标准的不断修改与完善，也充分表明了中国绿色建筑近几年的快速发展，然而与新加坡绿色建筑的规模与成熟度相比，中国绿色建筑标准依然有很大的提升空间。因此，通过对中新两国绿色建筑评价标准的对比分析，可为推动中国绿色建筑企业"走出去"提供参考。

3. 中新两国绿色建筑评价标准概述

新加坡在倡导绿色建筑及环境可持续方面进行了积极的探索和实践，隶属于新加坡国家发展部（MND）的新加坡建筑局（BCA）于

---

① 王静、徐拓：《新加坡 Green Mark 绿色建筑评价标准最新修订分析》，《南方建筑》，2019(3)。

2005 年颁布了 Green Mark 评价体系，2015—2018 年新加坡 Green Mark 绿色建筑评价标准体系在旧版基础上进行了全面更新①。Green Mark 与其他自愿申请的评价体系不同，其在新加坡国内已经成为实质上的强制标准，将环境友好、可持续发展等理念贯彻到建筑物的全寿命周期中②。Green Mark 评价标准体系所取得的成果得到了各界普遍的认可，并被广泛地借鉴和引用。与此同时，在新加坡国内取得巨大成功的 Green Mark 也开始了自己的国际化探索。早在 2007 年，中新两国政府联合签署了《中华人民共和国政府与新加坡共和国政府在中华人民共和国建设一个生态城的框架协议》以及相关补充协议，两国政府共同创建了中新天津生态城。在该项目中，以实现 100% 的绿色建筑为建设目标，编制完成了《中新天津生态城绿色建筑标识标准》。同时，为了促进 Green Mark 在中国的发展，新加坡建筑局于 2013 年发布了针对中国项目的 Green Mark 国际中文版住宅 RB/1.0 及非住宅 NRB/1.0。中文版在建筑围护结构等条款中进行了针对中国实际情况的修改，使其更易于在中国应用。

近年来，绿色建筑逐渐成为我国建筑行业的发展重点。我国正处于工业化、城镇化加速发展时期，加大发展绿色建筑技术，急需一套适合我国国情的绿色建筑评价体系③。2006 年 6 月，我国实施了《绿色建筑评价标准》，这是我国首个广泛适用于各类建筑的评价标准，它在绿色建筑评价体系领域虽然有较大突破，但与世界上较成熟的体系相比还有很大差距，需要进一步完善。2014 年，在原国家标准基础上进行修订完成《绿色建筑评价标准》（GB/T 50378—2014），2018 年启动了《标准》第 2 次修订工作。2019 年，中华人民共和国住房和城乡建设部第 61 号公告，由 8 月 1 日起，正式实施国家标准《绿色建筑评

---

① 王清勤、叶凌：《〈绿色建筑评价标准〉GB/T 50378—2019 的编制概况、总则和基本规定》，《建设科技》，2019,20(394)。

② 廖欣然、唐继微：《新加坡标准化体系现状及对我国的启示》，*STANDARD SCIENCE*,2018(6)。

③ 孙晓峰、邹芳睿、周敏、周玉焰：《基于〈绿色生态城区评价标准〉的生态城市实施效果评估(绿色建筑篇)》，《2019 城市发展与规划论文集》。

价标准》（GB/T 50378—2019）。

4. 中新两国绿色建筑评价标准对比分析

对比新加坡 Green Mark 绿色建筑评价标准体系与我国《绿色建筑评价标准》（GB/T 50378—2019）[1][2]，主要区别体现在以下几个方面：

一是中新两国建筑评价标准在等级种类设定上存在差异性，但针对各项指标均设置了最低要求。中国绿色建筑评价体系设定四个等级，而新加坡 Green Mark 设定了三个等级。在中国绿色建筑标准评价体系中，当满足全部控制项要求时，绿色建筑等级应为基本级，并根据项目评价指标中评分项及加分项所得总分，绿色建筑等级分别为一星级、二星级、三星级，且对应的分值分别为 60 分、70 分、85 分。在新加坡 Green Mark 评价体系中，根据申请项目的综合得分，共分为金级、超金级和铂金级三个等级，对应分值为 50 分、60 分、70 分。中国绿色建筑评价标准中规定每类指标的评分项得分不应小于其评分项满分值的 30%，新加坡 Green Mark 要求绿色建筑节能类指标最低不少于 30 分，其他绿色环保指标之和最低不少于 20 分，这就保证了申请绿色建筑的认定过程中，必须要在节能、节水、环保等各指标均达标，避免出现仅按照总得分确定评价等级，因此导致绿色建筑存在某一方面性能过低的情况出现。

二是中新两国建筑评价标准的评价指标体系中指标大类有所不同，但都体现了对健康舒适、人居环境平衡发展的绿色发展理念。

中国绿色建筑评价标准在预评价与评价阶段均由安全耐久、健康舒适、生活便利、资源节约与环境宜居 5 类指标组成。且每类指标均包括控制项和评分项，控制项是申请绿色建筑的必备条件，同时为鼓励绿色建筑技术的推广应用和管理的提升与创新，评价指标体系还统一设置了提高与创新加分项，加分项满分值为 100 分，当加分项得分之和大于 100 分时，应取 100 分。最后按照总得分确定等级，总得分

---

① 方剑：《"一带一路"倡议下我国与新加坡法律制度之比较》，《政法学刊》，2017，4（34）。

② 李前：《新加坡:通往东盟的门户中国投资东盟未来 10 年料激增》，《进出口经理人》，2019（7）。

为控制项、相应类别指标的评分项与加分项之和，然后与 10 的比值（见表 1-6）。

表 1-6　中国绿色建筑评价标准指标体系

	控制项基础分值	评价指标评分项满分值					提高与创新加分项满分值
		安全耐久	健康舒适	生活便利	资源节约	环境宜居	
预评价分值	400	100	100	70	200	100	100
评价分值	400	100	100	100	200	100	100

新加坡 Green Mark 评价体系，是针对建筑设计阶段与运营阶段进行评价。新加坡 Green Mark 标准在 2005 年建立之初，其评价体系即分为新建建筑与既有建筑两部评价标准，且按照居住建筑与非居住建筑进一步细分为四部评价标准，不同建筑类型的指标大类设置见表 1-7，其中新建非居住建筑、新建居住建筑涵盖"气候适应设计、能源表现、资源管理、智能建筑与健康建筑、杰出绿色努力"5 个部分，既有非居住建筑与既有居住建筑设置了"可持续管理"内容，既有非居住建筑由 5 类指标组成，既有居住建筑由 6 类指标组成。最终绿色建筑评价的总得分为每项指标类别的简单加和。

表 1-7　新加坡 Green Mark 标准指标体系

指标大类	新建非居住建筑（新版 NRB2015）	新建居住建筑（RB2016）	既有非居住建筑（NERB2017）	既有居住建筑（ERB V1.1）
特色大类	气候适应设计	气候适应设计	可持续管理	可持续运营与管理
环境保护	—	—	—	社区与健康
用能	建筑能源表现	建筑能源表现	建筑能源表现	能源效率
用水	资源管理	资源管理	资源管理	用水效率
用材				—
室内环境	智能健康建筑	智能健康建筑	智能健康建筑	室内环境质量
创新	杰出绿色努力	杰出绿色努力	杰出绿色努力	其他绿色特征

三是在土地利用方面，中国绿色建筑标准对节约土地作出了详细规定，而新加坡并未对节地有所要求。在中国建筑标准体系的资源节约大类中，有专门一节内容对土地节约作出了详细规定，如限制人均居住用地指标、地下空间开发利用指标等。新加坡地域面积有限，土地资源严重稀缺，十分重视土地的高集约利用，政府通过其他完善的土地管理法律制度来保障落实土地的合理利用，因此新加坡建设局（BCA）在编制 Green Mark 评价体系时并未对节地作出详细要求。

四是中新两国绿色建筑评价体系在申请机制上，新加坡政府采用强制性认证，而中国绿色建筑的评价采用自愿申请的原则。2007 年起，新加坡规定建筑面积在 5 000 平方米以上的所有新建公共建筑必须进行 Green Mark 强制认证。2008 年起，建筑面积大于 200 平方米以上的新建和重大改扩建项目，至少要达到 Green Mark 认证级标准。2010 年后，25 000 平方米以上的既有公共建筑，必须进行强制认证。新加坡设定了绿色建筑实施目标，到 2030 年 80%的建筑要拿到 Green Mark 认证。中国绿色建筑的评价采用自愿申请的原则，属于非强制性标准。

（二）水环境领域——以北控水务为例

1. 案例概述

新加坡水资源总量 6 亿立方米，人均拥有量为 211 立方米，为"水量型缺水"国家。面对严重缺水的情况，新加坡 1965 年独立以后便将水资源管理作为最重要的国策之一，并制定"四大水喉"（Four National Taps）的基本方针，基本内容为雨水收集、进口水、新生水和海水淡化，是新加坡水资源的四大主要来源。同时还建立了完善的水资源管理法律体制，推行节约用水。

北控水务集团有限公司（简称"北控水务"）是在香港联合交易所主板上市的中国企业，专注于以供水和污水处理为核心的水务环保行业。近年来，北控水务集团积极参与国家"一带一路"合作，开拓了新加坡市场。2013 年 7 月 17 日，北控水务集团与标准水务有限公司签订股权交易备忘录，收购其下两个全资子公司水晶水务有限公司（香港）和中国水务控股有限公司（新加坡）（China Water Holdings PTE. Ltd.），后者为新加坡上市企业，总部设在新加坡，此次收购的水务资产主要是污水处理。2014 年 6 月 1 日，北控水务集团宣布其位于新加坡的国际业务总部成立，冠名北控水务国际有限公司（简称"北控水务国际"，即 BEWGI）。北控水务国际成立后，与新加坡联合工程有限公司旗下的全资子公司 UE NEWATER Pte Ltd（简称"UEN"）组成 BEWGI-UEN 联合体，并作为联合体牵头人在其中占有 80% 的股权。

BEWGI-UEN 联合体于 2014 年在新加坡公用事业局（PUB）的全球公开招标中，中标新加坡樟宜Ⅱ新生水厂项目，并于同年 10 月授予合同。该项目主要是将新加坡樟宜污水回用厂的出水处理成为新生水的优质回用水。该项目于 2015 年 1 月正式开工，2016 年 3 月组建完成，并于同年 11 月 14 日通过新加坡公用事业局为期一个月的验收。自 2016 年 12 月 1 日正式商运以来，该厂连续稳定生产，是新加坡五座新生水厂中实际供水量最大的一座。该项目设计进水规模约 30 万 m^3/d，产水规模为 22.8 万 m^3/d，总系统回收率可达到 75% 以上。原水为樟宜污水厂出水，经处理后生产新生水，为新加坡提供工业用水和自来水水源补充。项目采用设计-建设-拥有-经营（DBOO）模式，收费运营 25 年。

该项目采用世界先进的污水再生技术——微滤加反渗透的双膜法处理工艺，最后对污水厂出水进行紫外消毒的深度处理，将污水制备成工业用水及饮用水水源，大大缓解了新加坡供水紧张局面。该项目是新加坡政府首次授标国外公司投资经营的新生水项目案例，印证了国际市场对北控水务集团专业技术能力和综合实力的认可。

樟宜Ⅱ新生水厂进水水质包括微生物指标、物理指标、化学指标三大类，微生物指标主要有大肠埃希氏菌和异养细菌；物理指标有色度、电导率、浊度等；化学指标包括氨氮、铝、氟化物等，各项指标要求都较高，目前实际出水水质不但满足新生水标准还优于新加坡饮用水标准，详见表 1-8。

表 1-8 樟宜 Ⅱ 新生水厂部分进出水水质指标参数

序号	参数	单位	进水标准（峰值）	实际进水检测水质（最大）	实际进水检测水质（平均）	新生水出水标准	新加坡饮用水标准	樟宜 Ⅱ 新生水厂实际出水水质
微生物指标								
1	大肠埃希氏菌	CFU/100 mL				<1	<1	未检出
2	异养细菌	CFU/mL	2 500 000	680 000	248 125	<100	—	10
物理指标								
3	色度	度	≤50			<5	<15	<5
4	电导率	us/cm	≤2 100	891	636	<250	—	82
5	浊度	NTU	≤25	8	1.8	<0.2	<5	0.18
6	总溶解性固体	mg/L	≤1 330	568	389	<150	—	48
化学指标								
7	氨氮	mg/L	≤6	0.63	0.12	<1	—	0.25
8	铝	mg/L	≤0.3	0.211	0.093	<0.1	<0.1	<0.001

　　樟宜 Ⅱ 新生水厂具有工艺流程优、出水水质优、自控程度高、设备配置高，以及运行能耗低的"两优、两高、一低"特点。项目采用双膜工艺（微滤＋反渗透）进行深度处理，通过国际领先的工艺与自控设计及精细化运营管理、高度完善的自控系统、高效的能量回收系统、高标准的设备配置以及先进的全流程运行控制体系，实现了水厂的少人值守及运行费用的大幅降低。

　　2. 水处理相关标准体系概述

　　水资源匮乏一直是新加坡社会经济发展的主要制约因素，污水回用被明确列为未来解决水资源问题的主要途径。新加坡建国初期，几乎完全依赖从马来西亚进口饮用水。为摆脱用水困境，新加坡早在 20 世纪 70 年代就开始布局新生水领域的策划和研究，并早在 1972 年制定了第一份水务发展总蓝图（1972—1992），1998 年开始实验生产再生水，2000 年建造了一个试验性的再生水厂，2002 年，新加坡正式宣布新生水技术研发成功。新生水的生产在新加坡经历了快速的发展历程，并预计至 2060 年，新加坡未来供水需求的一半将由新生水提供，达到水供给自给自足的长远目标。

新生水（Newwater）是再生水的一种，并且水质标准远高于普通的再生水。新生水源自新加坡，是将生产和生活污水，即每天从工厂流出的废水和居民楼流出的污水，通过先进的膜技术处理制得。从技术方面讲，新生水的生产利用了"微过滤""逆渗透""紫外线辐射"等先进技术，整个生产过程分为三步，先通过微过滤系统把污水中的粒状物和细菌等体积较大的杂质过滤出来，然后用高压将污水挤压透过反向渗透隔膜，将已溶解的盐分、药物、化学物质和病毒等较小杂质过滤出来，最后再经过紫外线消毒，就得到了可循环利用的"新生水"。再生水是我国城市污水再生利用标准中规定的规范术语。再生水是污水或废水经过适当处理，达到要求的水质标准，在一定范围内能够再次被利用的水。新生水如果按水质指标来讲，不但大幅超过国内饮用水标准，也超过联合国卫生组织和美国环保署等发达国家的饮用水标准。

中国虽然幅员辽阔，却同样是水资源紧缺的国家，同样也在积极推动再生水利用。我国的人均水资源量仅为 2 240 立方米，属轻度缺水和中度缺水之间的水平，全国每年缺水量 400 亿立方米，有 400 余座城市供水不足，近三分之二的城市不同程度地存在缺水。2021 年1 月 4 日，国家十部委联合印发《关于推进污水资源化利用的指导意见》，对我国推进污水资源化利用进行了全面部署。根据该《意见》，要加快推动城镇生活污水资源化利用，积极推动工业废水资源化利用，稳妥推进农业农村污水资源化利用，实施污水资源化利用重点工程。推进城镇生活污水和工业废水的资源化利用成为当务之急。

我国水处理技术较新加坡起步晚，且未有新生水相关标准，故本篇无法作相关比较。虽然我国未出台新生水相关标准，但是也早已制定了污水处理方面的排放标准，如国家环境保护总局于 2003 年颁布的

《城镇污水处理厂污染物排放标准》（GB 18918—2002）。未来，通过"一带一路"建设的深入开展，新加坡的新生水技术引入中国，建立新加坡新生水的中国版，推动中国污水资源化利用的进展。

六、投资新加坡风险分析与应对建议

近年来，中国企业对"一带一路"沿线国家、地区的投资如火如荼，却还是存在涉及经济、法律、政治和文化等多个领域的对外投资风险。因此，识别和评估投资风险成为亟待解决的问题。

（一）潜在风险

1. 对法律制度不熟悉所带来的风险

新加坡地理位置优越、基础设施完善、政治社会稳定、法律体系健全、政府廉洁高效，整体营商环境优良，不可预见风险相对较小，但是新加坡法律体系属于英美法系，其法律表现形式与我国明显不同，相比而言其法律规定包括相关技术规范详尽而烦琐，而且执法非常严格细致[1]。譬如，新加坡先后制定了一系列环境保护法律、法规和相关规范标准，包括《环境保护和管理法》《环境保护和管理（工厂周围噪声限制）法令》《环境保护和管理（施工场地噪声限制）法令》《环境保护和管理（危险物质）法令》等。所有建设工程、制造业和其他工程的开展都必须依法取得环境许可，以确保其符合环境法及相关规范标准。相关部门还对空气质量、固体废弃物和污水的排放进行非常严密的监测，如违反将会受到严厉的行政处罚，甚至可能构成刑事责任而被处以罚金或监禁。这些严格的规定和标准也导致外国投资者环境合规难度大大增加。在新加坡开展投资之前，企业还应当根据当地情况调整合规标准，制定和实施符合当地要求的合规管理体系，在项目实施和运营过程中，企业应严格遵守法律法规和标准规范强制性要求，避免重大不合规风险的发生。

---

① 李猛:《"一带一路"中我国企业海外投资风险的法律防范及争端解决》,《中国流通经济》,2018,8(32)。

2. 投资准入风险

一是新加坡的投资环境开放，鼓励外国投资，对在新加坡的外商投资没有设置特殊的要求或义务①，没有专门规定禁止外资进入的行业领域，但实际上仍然存在一些受管制的行业，包括银行和金融服务、保险、电信、广播、报纸、印刷、房地产和游戏等，对这些行业的投资需要取得政府批准。在这些行业中，特定法律也可以对其设置外国投资人股权限制、特殊许可或其他要求的规定。对于建筑行业，根据建筑物管制法令的规定，必须持有一般承建商许可证或特殊承建商许可证的企业才能在新加坡开展一般或特殊建筑施工。在新加坡的建筑公司中，虽然对外国投资人股权没有限制，但是法律规定申请一般承建商许可证或特殊承建商许可证的公司必须在新加坡成立。

二是新加坡对于外资进入的方式在某些方面有一定的要求。外国投资者可以在新加坡开设公司、分公司、代表处，创建合伙、有限合伙、有限责任合伙或者独资公司。但是，上述投资方式均需在会计与企业管制局注册，并需要符合以下要求：如果是总公司，必须至少有一名新加坡普通居民为董事；如果是分公司，必须至少委托一名新加坡普通居民为授权代表；如果是独资经营或者合伙，若外国投资者一直居住在新加坡境外，必须至少委任一名新加坡普通居民为授权代表。中国企业应研究当地经济政策和法律，特别是有关投资的规定，同时依法争取相应的优惠和奖励，减少企业投资成本。

3. 劳务用工风险

新加坡国内劳动力供应不足，结构性供求失衡，每年需要大量引进外国劳动力。涉及外籍劳工的主要法案有《移民法案》《雇佣法案》《外国人力雇佣法案》《职业安全与健康法案》《工伤赔偿法案》等②。外籍工人来新加坡务工采取配额制，不同行业的配额比例不同。其中对于建筑业的外籍劳工占总雇佣人数的比例要求最为宽松，建筑企业

---

① 李玉璧、王兰：《"一带一路"建设中的法律风险识别及应对策略》，《国家行政学院学报》，2017(2)：77—81。

② 于津平、顾威：《"一带一路"建设的利益、风险与策略》，《南开学报(哲学社会科学版)》，2016，(1)：65—70。

雇佣外籍劳务的额度限制为 1∶7，即每雇用 1 名新加坡公民或永久居民，公司可最多申请雇用 7 名外籍工人。承包商和业主还必须为每一项工程向新加坡人力部申请人力年配额（MYE）和工作准证。我国承包商应当做好用工计划和劳务人员现场管理，按照工程的合同金额及时申请人力年配额；根据工程进度，配合业主提前申请劳务用工工作准证，以免影响工期；严禁在办理工作准证时提交虚假证件和材料，以免遭受罚款甚至刑事处罚；按月缴纳外籍工人外劳税；遵守《工作场所安全与卫生法案》，实施切实可行的措施确保建筑工地的安全卫生；在发生劳资纠纷时，要友好协商或依法向当地人力部寻求解决。同时，遵守《雇佣法》《工会法》《劳资关系法》等法律，熟悉工会运作模式，依法与当地工人签订劳动合同，妥善处理与工会的关系。

（二）协同解决与应对建议

宏观层面上，我国积极与新加坡进一步巩固发展良好的投资关系，增强两国之间的互信，为企业境外直接投资打下良好的基础。在 2022 年北京冬奥会举办之际，国家主席习近平会见了新加坡总统哈莉玛，指出双方要深化绿色发展合作，要树立高质量共建"一带一路"合作标杆，高水平实施《区域全面经济伙伴关系协定》，共同推动区域一体化进程。中国可借助一些具体项目的合作来增强政治互信，如苏州工业园、中新天津生态城项目、中新（重庆）战略性互联互通示范项目等政府项目，又如中国和新加坡关于经济可持续发展达成一致，带头签署《东盟-中国环境合作战略（2016—2020）》。中国还可以充分利用新加坡人数较多的华人华侨的力量，来加强民间沟通交流。

微观层面上，针对"土地政策、环保政策等与中国不同"的风险，建议中国企业在到新加坡投资之前做细致的前期调研，全面了解新加坡土地、环保等相关方面法律和制度规定，最好聘请当地的专业律师和财务顾问，做到心中有数，作出合法合规的正确决策。针对"劳务用工"风险，中国企业在新加坡经营对此必须有明确认识，在新加坡投资用工之前，要充分了解各行业用工法律规范，严格按照相关规定进行用工管理。

第二篇 越南

一、概述

　　越南社会主义共和国（以下简称"越南"）经济发展潜力较大，对外资吸引力较强。越南国内政治局势稳定，自 1986 年以来，坚持革新开放，以发展经济为中心，越南国内生产总值（GDP）增速维持着较高水平。世界银行发布《2019 年营商环境报告》显示，越南在全球 190 个经济体中排名第 69 位①，2018 年 GDP 同比增长 7.08%，创 11 年来增幅新高。越南对外开放程度较高，目前已与 180 个国家建交，并同 20 个国际组织及 480 多个非政府组织建立合作关系②。越南积极发展与东盟国家的友好合作，重点发展与中国、美国、俄罗斯等大国以及世界银行、亚洲开发行等国际组织的关系，已签署或正在推进 17 项自贸协定，特别是"全面与进步跨太平洋伙伴关系协定"（CPTPP）、《越南-欧盟自贸协定》《越南-欧亚经济联盟自贸协定》等生效后，越南事实上已打通通向欧美、欧亚等重要经济体的自由贸易通道，为越南企业带来巨大发展机遇，同时也为中越两国经贸合作提供了难得的新契机。据中国海关统计数据显示，中越双边贸易总额多年来持续稳步增长，越南连续多年成为中国在东盟国家中的最大贸易伙伴。2019 年联合国贸发组织评价越南为东盟最具外资吸引力的国家③。

　　越南是我国推进"一带一路"倡议的重要节点。越南位于中南半岛东南端，北与中国接壤，三面环海，自然环境优越，矿产资源丰富，是东南亚国家中唯一一个与中国海陆相连的国家，在"一带一路"建设中具有显著的地缘优势，成为我国推进"一带一路"倡议尤其是海上丝绸之路的重要节点。随着中越两国于 2015 年签署联合声明，双方同意推动越南提出的"两廊一圈"与中国"一带一路"倡议的对接，越来越多的中国企业加大了对越南的投资。中国企业目前在越南有效

---

　　①　《2019 年世界营商环境报告》，《中国经济报告》，2019(03)：121—130。
　　②　国家开发银行：《"一带一路"国家法律风险报告（上）》，北京：法律出版社，2016 年版第 128—129 页。
　　③　World Economic For(WEF)：WEF_TheGlobalCompetitivenessReport2019，2019。

投资项目 2 000 余个,排名越南外资来源第 7 名[①]。新加坡学者研究指出[②],中国企业加大对越南的投资,不但对中国企业自身发展有利,也能助推越南工业发展,促进越南经济可持续发展。中国驻越南大使馆经商参赞胡锁锦[③]提醒中国投资者可利用东盟经济共同体、中国-东盟自贸区等自由贸易平台接近更广阔的国际市场。

越南鼓励加大绿色技术相关领域投资[④],并提供政策优惠。越南对投资项目实行负面清单制度,对危害人民身体健康、破坏资源和环境的项目是明确禁止投资的,对财政金融和资源开采等相关项目限制投资,而对太阳能、风能、地热等新能源应用,以及保护生态环境如污染处理、环境保护、污水、废气、固废处理等方面项目,是特别鼓励投资的,并提供诸多政策优惠,比如企业所得税"4 免 9 减半"优惠、减免土地使用租金、土地使用权抵押金融贷款、进出口关税免征或退税等,以及为相关人员的出入境签证、居住租房等提供便利条件[⑤]。

但同时,企业赴越南投资仍然存在一定风险。越南宏观经济很大程度上依赖出口,受国际经济环境影响比较大。此外,越南经济法以大量的单行法规形式存在,带来了法律之间相互交叉甚至冲突的风险,给投资者通过法律途径维持自身利益增加了不确定性[⑥]。越南政府部门行政效率有待于进一步提升,各地方政策透明度不高且对政策解读有偏差,也发生过东道国地方政府违约的情况[⑦];另外,执法环节比

---

①③　商务部国际贸易经济合作研究院、中国驻越南大使馆经济商务处、商务部对外投资和经济合作司:《对外投资合作国别(地区)指南:越南(2019 年版)》,2020。

②　参考消息:《"一带一路"助推越南工业起飞》,2019-12-27. https://baijiahao. baidu. com/s? id=1654043744242530812&wfr=spider&for=pc,访问日期:2020-3-21。

④　中华人民共和国商务部:《越南鼓励外国企业加大对环保领域的投资力度》,2018-5-18。http://www. mofcom. gov. cn/article/i/jyjl/j/201805/20180502745387. shtml 访问日期:2020-4-2。

⑤　The Socialist Republic of Vietnam: *Law on Investment*, http://vbpl. vn/TW/Pages/vbpqen-toanvan. aspx? ItemID=11032&dvid=13,访问日期:2020-4-1。

⑥　王耀华、李忠:《越南投资法律风险及防范措施研究》,《管理观察》,2017(31):159—161。

⑦　邓玲:《越南经贸法律环境和法律风险研究》,《全国商情(经济理论研究)》,2015(08):94—96。

较薄弱，还存在知识产权侵权纠纷和维权困难的情况①②。许多学者③④⑤建议要对越南投资市场进行考察和调研，了解投资相关法律和投资环境，重视环境保护，关注法律法规动态、行业政策导向等。

随着中越两国经济合作进一步深入，绿色技术相关领域投资成为必然趋势。为了帮助国内更多有意愿到越南投资的绿色技术企业实现顺利投资，也为推动"一带一路"绿色发展提供法律保障和技术指导，研究和分析越南的法律法规和相关领域技术标准问题，具有重要的理论和现实意义。

二、法律政策体系概况

（一）整体概况

越南延续大陆法系传统，法律种类繁多，法律部门较齐全。越南的宪法是最高法律规范，现行《2013 年宪法》于 2014 年 1 月 1 日生效。在宪法框架下，《2015 年法律文书颁布法》所规定的规范性法律是最重要的法律渊源，详细规定了越南法律的类型，包括第一效力等级的宪法，第二效力等级的法典、法律、国会决议，第三等级的国会常务委员会发布的条例、决议等，以及更低等级的国家主席命令和决定、政府法令、总理决定、各部部长通知等诸多形式共 15 个效力等级。越南的司法系统由人民法院和人民检察院组成，法院系统分为四个层次，分别是最高人民法院、高级人民法院、省级人民法院和地方人民法院；人民检察院主要是行使起诉权和检察权。司法制度方面，越南仲裁制

①　熊殷泉、张宇：《"一带一路"倡议背景下云南企业在缅甸、越南、老挝面临的法律问题及对策》，《法制与社会》，2019（02）：67—69。

②　钱颜：《专家：投资越南须知识产权先行》，《中国贸易报》，2019-06-06（006）。

③　邓珊：《越南投资政策法律问题分析》，《广西政法管理干部学院学报》，2017，143（04）：30—35。

④　何芳：《防范对外投资法律风险，促进云南"面向南亚东南亚辐射中心"定位实现——以越南、印度尼西亚为例》，《创造》，2019（02）：49—51。

⑤　刘志超、李好：《公司法视域下我国投资者赴越南设立企业的风险防范研究》，《桂海论丛》，2017，33（06）：106—111。

度主要根据《商事仲裁法》的规定开展仲裁争议解决，该法禁止当事人同时选择仲裁和诉讼作为争议解决方式。在越南投资的中国投资者可以按照两国签署的《关于民事和刑事案件司法协助的条款》开展司法协助，该条约对法院裁决和外国仲裁裁决的承认和执行作出了规定。

对于"走出去"到越南的企业来说，最重要的是了解越南对投资的具体执行和保护，以及东道国相关要求的法律。随着 2006 年加入世界贸易组织（WTO）并于 2007 年开始履行入世承诺，越南相继出台有利于外商投资的法律和政策，完善国内立法并改善投资环境。目前，越南国内投资和公司运营法律体系主要包括：《民法典》（2015 年）、《投资法》（2021 年之前执行 2014 年颁布、2016 年修订版本，2021 年开始执行 2020 年新颁布版本）、《企业法》（2014 年，2020 年修订）、《商法》（2005 年）、《证券法》（2006 年，2010 年修订）、《破产法》（2014 年）、《劳动法典》（2012 年）、《知识产权法》（2005 年，2009 年修订）、《技术转让法》（2017 年）、《企业所得税法》（2008 年，2013 年、2014 年修订）、《进出口关税法》（2016 年）、《高科技法》（2008 年，2014 年修订）等法律法规。其中，《民法典》是适用于民事关系的一般性法律，规定越南的自然人之间、法人之间以及自然人与法人之间的财产关系，为私有财产提供保护。《投资法》及相关法令和决定共同构成了越南投资相关法律的基本框架，规定外商在越南投资的项目审批、权利、义务、税收、政策优惠等。《企业法》《商法》《竞争法》《证券法》《企业所得税法》等法律形成了企业经营和管理活动全方面规范要求，整个体系较为开放、完善，为外国投资者提供了较为全面的基础法律保障和较大力度的优惠政策。同时，越南对于投资项目的环保要求特别重视，并且提高了违反环保法的处罚力度，越南的基础环保法规为 2015 年生效的新《环境保护法》，相关法律文件还包括关于环保法详细规定、实施细则等政府法规。

（二）绿色技术相关法律政策

1. 投资法

对投资越南的绿色技术应用企业来说，它们除了关注越南投资和运营相关法律政策的一般性规定外，还要额外重视对绿色技术应用的特别规定。比如构成越南投资相关法律基本框架的《投资法》，明确了越南的市场准入及投资管理等详细要求，特别对于绿色技术的应用有针对性的阐述和政策优惠说明；而涉及企业经营和管理的相关法律制度，比如《企业法》《知识产权法》《进出口税法》《证券法》《竞争法》等，涉及具体投资的开展、运行和保护，此环节各个法律对于绿色技术的应用是否有特别之处并没有系统阐述，但是零散地有提到；另外，越南政府对投资项目的生态环保要求，比如《环境保护法》规定了越南国内所有工程开工前，都必须经过严格的环保核查，对于绿色技术应用企业来说，此法是属于必须符合的基本要求。

越南《投资法》针对绿色技术应用有专门的优惠政策。2021 年之前执行的《投资法》是在 2005 年版的基础上，在经过九年的实施实践和总结经验的背景下颁布的；2021 年开始执行新版本。《投资法》更改立法的初衷便是为了更好地解决投资者在投资领域碰到的政策瓶颈，继续吸引更多国际投资，为其提供一个更加完善合理的投资政策和法律体系①，并推动越南经济和社会的可持续发展。《投资法》对于"绿色技术"的应用特别重视，而且有明确的优惠政策，这对投资越南的绿色技术应用企业来说是非常有利的。越南《投资法》主要包括对应法律以及若干相关法规，2021 年之前执行的《投资法》是 2014 年颁布并于 2015 年执行的，法律文号：67/2014/QH13。同时，越南国会于 2016 年 11 月通过了《关于修改和补充〈投资法〉第 6 条和附录 4 附条件经营的业务清单》，法律文号：03/2016/QH14，主要调整了有条件投资经营行业和领域的附录名单，对《投资法》原有目录进行了部分删减与新增等，调整后附条件经营的业务由原来的 267 项，变更为 243 项②；2020 年 6 月，越南政府颁布了新的《投资法》，法律文

---

① 赵耀：《浅谈越南投资法》，《卷宗》，2015，5(12)：776—777。

② The Socialist Republic of Vietnam, *LAW-Amending and Supplementing Article 6 and Appendix 4 on the List of Sectors and Trades Subject to Conditional Business Investment of the Law on Investment*，http://vbpl. vn/TW/Pages/vbpqen-toanvan. aspx? ItemID＝11094&Keyword＝03/2016，访问日期：2020-4-2。

号：61/2020/QH14，并于 2021 年 1 月 1 日起生效，新法律废除了 2014 年版的大多数内容，但是也保留了部分条款。另外，越南政府还配套发布了法规《投资法实施细则》（118/2015/ND-CP），规范投资法的执行原则。越南政府相关部门也有发布一些法规，包括"财政部第 83/2016/TT-BTC 号指导投资激励措施和《投资法》若干条款的实施条例"，"计划和投资部第 09/2016/TT-BKHDT 指导对越南的外国投资活动进行监督、检测和评估"等，主要对《投资法》中某些条款的具体实施进行解释和指导。本文将两部法律结合起来进行研究。

2. 知识产权法

越南企业经营和管理相关法律制度众多，绿色技术的应用和保护所涉及的知识产权保护体系同样很重要。越南是国际多项知识产权条约和公约的成员国，目前正在完善其国内知识产权保护体系。越南积极参加多边和双边自贸协定谈判，2019 年生效的 CPTPP（《全面与进步跨太平洋伙伴关系协定》）以及 2020 年生效的 EVFTA（《越南-欧盟自由贸易协定》）都对知识产权保护作出了高水平承诺，越南目前正在修改国内有关知识产权立法，为履行协定承诺完善法律体系。越南知识产权方面最重要的法律是《知识产权法》，也成为根本大法，于 2005 年 11 月颁布，法律文号：50/2005/QH11；2010 年越南政府颁布了《知识产权法修正案》，修改和补充知识产权法的一些条款，法律文号：36/2009/QH12；2019 年再次进行了补充和修订，法律文号：42/2019/QH14。另外，越南多部法律涉及知识产权相关内容，比如越南《民法》《商业法》中有关于知识产权的条款，越南《竞争法》《民事诉讼法》和《刑事诉讼法》等多部法律也涉及知识产权保护的内容。不过，越南的知识产权体系对于绿色技术方面无论是从申请还是保护方面都没有特别的说明，这与我国及部分国家高度重视绿色技术并建立了"绿色专利优先审查程序"的情况有所不同。中国《专利优先审查管理办法》明确指出，涉及节能环保、新能源等专利可以请求优先审查，受理后将缩短专利授权时间，正向激励绿色发明创造及专利申请。总体看来，越南对于知识产权保护的制度比较完善，司法制度与执法体系也逐渐向好发展，但是对绿色技术的投资和保护并无特别措施。所以本篇不作重点研究《知识产权法》，但是在其他相关法律涉及知识产权相关要求等方面会单独说明。

3. 环境保护法

越南《环境保护法》成为绿色技术应用的重要支撑。越南政府高度重视环境问题，按照《环境保护法》的规定，对于新项目开工建设、已有项目运营管理都进行了明确的环保标准要求，这些成为在越南投资经营的企业必须承担的社会责任。为了切实实施越南环境保护的法规和标准，做到无环境污染事故发生，就必须采用更多保护环境、节能减排等绿色技术，从这个角度来说，《环境保护法》促进了投资越南的企业更多采用绿色技术，成为绿色技术应用企业。绿色技术应用企业需从源头上控制和减少污染物排放和达标，在"一带一路"的背景下，更要树立中国企业绿色环保的良好形象。越南环境保护法包括1部法律以及若干政府决议等相关法律文件。越南的基础环保法规为2014 年 6 月 23 日经越南国会批准、自 2015 年 1 月 1 日生效的新《环境保护法》，法律文号：55/2014/QH13。此外，相关法律文件还包括关于上述环保法详细规定、实施细则的 10 个政府议定；14 个政府总理决定，80 个部长和部级领导签发的决定、通知和联席通知等，如2015 年 4 月 1 日起实施的《关于环境保护规划、战略性环境评估、环境影响评估和环境保护计划的规定的议定》（18/2015/ND-CP）和《环境保护法部分条款实施细则的规定的议定》（19/2015/ND-CP），2017 年 2 月 1 日起实施的《关于环保领域行政违法处罚的规定的议定》（155/2016/ND-CP），2018 年 10 月 5 日颁布实施的《关于修改资源环境领域投资经营条件有关议定部分条款的议定》（136/2018/ND-CP），以及 2019 年 7 月 1 日起实施的《补充修改环境保护法相关实施指导意见、细则部分条款的议定》（40/2019/ND-CP）等。本篇重点解读《环境保护法》的内容。

三、绿色技术相关重点法律政策研究

(一)《投资法》及相关政策

1. 总体框架

2014 年《投资法》包括 7 章、76 个条款,分总则、投资保障、投资优惠与扶持、在越南开展投资活动、对外投资、国家对投资活动的管理、法律实施等部分。

2020 年《投资法》绝大部分章节和条款具有延续性质,基本结构与 2014 年版没有差别。调整部分主要体现在三个方面。①新增内容,将重点、亮点内容进行了突出显示。包括:第一章第 9 条款,将外国投资者禁止进入的行业清单、准入限制的行业清单及准入条件进行了说明;第三章第 15 条款,增加了"享受投资激励的对象",明确了对投资项目进行奖励的具体条件;第三章第 20 条款,将特别投资鼓励和支持措施进行了说明,显示出对重大投资项目的鼓励;第四章第 29 条款,增加了选择投资人实施投资项目的形式和流程;第五章第 53 条款增加了禁止对外投资行业的阐述,第 54 条款增加了有条件对外投资行业的内容。②调整形式,对部分条款内容的展示形式进行了调整。包括:第四章第 33 条款将投资项目材料内容从原来"材料、程序、手续"中独立出来,增强了企业可操作性;第六章将原来的"国家对投资管理的内容"变更为"投资促进活动",调整了思路,从更加有利于投资促进的角度来描述。③将不再适宜的内容进行了删减,包括第四章删除了 PPP 合同投资形式、投资内容等。

国内外研究者对越南《投资法》开展过一些专门研究。杨丽艳教授指导越南籍研究生阮氏河①通过规则研究方式和历史分析方法,对 2014 年《投资法》与 2005 年版进行比较,分析了具体变化并进行评价,同时对如何执行 2014 年《投资法》给出了建议。马牧原②从放宽市场准入限制、扩大优惠政策和投资扶持、创新丰富投资形式、简化

① 杨丽艳、阮氏河:《越南〈投资法〉的最新发展及其评析》,《国际贸易法论丛》,2015(1):97—114。

② 马牧原:《越南〈投资法〉类法规修改评述》,《公民与法(法学版)》,2016(09):2—4。

投资审批程序、加强国家对投资的管理等方面对越南《投资法》的修改进行评述。王锦意①通过对越南投资法的修改与中国国内当前的投资法律制度进行简单比较，探索其对投资者产生的法律风险。其他还有一些研究者②从中越两国合作博弈的角度，提出了一些完善中国对越南投资制度的对策，其中对越南《投资法》进行了分析评价。综合来看，越南现行的《投资法》有以下两点特征：

一是投资准入采取负面清单制度，市场开放度和透明度比较高。2014 年《投资法》第 6 条规定了禁止投资的 6 个行业：①毒品行业；②有毒化学品与矿物质；③《濒危野生动植物种国际贸易公约》附件 1 规定的野生动植物标本经营以及附件 3 规定的濒危野生、一类稀缺动植物标本经营；④卖淫活动；⑤买卖人口以及人类器官；⑥人类无性繁殖活动。按照《关于修改和补充〈投资法〉第 6 条和附录 4 附条件经营的业务清单》（法律文号：03/2016/QH14）的要求，禁止投资的行业又增加了一个：⑦鞭炮贸易。2020 年版《投资法》除了保留这七类之外，还增加了：⑧催收债业务。除这八类以外的领域，2020 年版法律附录 4 提到的 227 项涉及国防与国家安全、社会秩序与安全、社会道德以及公共健康等方面的内容设置成有条件的投资领域，其余皆对外资开放。

二是投资审批行政手续比较清晰明确，项目投资的实际操作更加便利。《投资法》第四章阐述了投资者如何具体开展投资活动，包括可采用的投资形式、投资审批程序、投资许可程序、投资项目管理，详细告知了项目投资涉及的全部审批行政手续，这些内容大大方便了对越投资者。其中，《投资法》具体规定了 5 种投资形式，具体包括：①直接成立经济组织，可以是外商独资有限责任公司，也可以是越外合资有限责任公司；②可以出资投资、股份购买或出资购买，直接成立分公司或代表处，或者购买经济组织股票、出资参与占股等方式投

---

① 王锦意：《中国-东盟框架下涉外投资的法律风险防范研究—以越南〈投资法〉为视角》，《法制与经济》，2017(05)：11—14。

② 张世虹：《合作博弈视角下中国对越投资法律制度的完善》，昆明理工大学，2016 年硕士论文。

资；③直接实施投资项目，以项目公司的形式直接开展投资项目实施；④按照 BCC 合同形式投资；⑤按照政府规定的新投资形式和新型经济组织方式。这些投资形式基本涵盖了国际投资的常用所有投资形式，方便了投资者选择最适合自己的投资形式。

2. 重点内容解读

《投资法》对绿色技术相关投资的鼓励和促进主要体现在以下三点：

一是投资政策上明确鼓励和扶持绿色技术投资。《投资法》当中对于绿色技术投资有明确的支持条款，把清洁能源、再生能源、节能产品、废弃物再利用等确定为享受投资优惠的行业和领域，具体信息如附录表 1 所示。越南突出重点发展的领域和行业，并制定优惠政策进行投资扶持，其目的是引导越南产业经济结构调整和升级。从近些年的统计数据看，投资越南的多数企业产量逐年上升，越南出口中高科技产品在总出口额中占了很大比例，而其中外资企业如三星、丰田等跨国公司贡献突出，也从侧面反映越南投资法律体系实施的效果显著。

二是投资监管环节加强了环境保护方面的监管。《投资法》中对于造成环境污染的投资项目有严厉的处罚规定，会要求停止甚至终止投资活动，具体规定如附录表 2 所示。梳理之前投资越南的案例会发现，由于部分中资企业在海外投资中履行环保责任存在缺陷[1]，因环境问题产生的法律风险越来越大[2]，所以，投资越南的中资企业应该更加重视绿色技术的应用，在项目建设和企业生产过程中严格遵守越南对环境保护的要求。

三是高科技企业认定方面增加了必须要采用绿色技术的要求。几乎所有国家都欢迎高新科技企业的投资，越南《投资法》中对高新科技企业也有明确的投资优惠支持，而且对于高新科技企业的认定增加了采用绿色技术的要求，具体规定如附录表 3 所示，2020 年《投资

---

[1] 厉以宁、林毅夫、郑永年等：《读懂"一带一路"》，北京：中信出版社，2015 年版，第 209 页。

[2] 李玉璧、王兰：《"一带一路"建设中的法律风险识别及应对策略》，《国家行政学院学报》，2017(02)：77—81。

法》特别提出对此条款保留法律效力。对于生产的高科技产品在越南比较成熟，有越南国内技术标准要求的，要采用环境友好、节约能源的措施；即使生产的高科技产品在越南属于新兴行业，还没有形成本国技术规范要求的，需采用相关的国际行业组织的标准，而国际行业组织的标准一般都会考虑到环保方面的要求和措施。

相关投资优惠政策主要体现在以下三个方面：

一是各类税收优惠。结合《企业所得税法》等相关优惠政策，重点总结如下：①企业所得税，越南企业所得税基准税率为 20%，外商投资绿色技术认定为高新技术产业的，可长期适用 10% 的企业所得税税率，而且从盈利之日起，享受 4 年免税和随后 9 年减半征税的优惠政策。另外，特别艰苦地区享受 4 年免税优惠，之后 9 年征收 5%，紧接着 6 年征 10%，之后按普通项目征税；艰苦地区享受 2 年免税优惠，之后 4 年征收 7.5%，紧接着 8 年征收 15%，之后按普通项目征税。②商品进出口税，在出口加工区和工业区投资的生产性和服务性企业均免征出口税；出口加工区的企业进口构成企业固定资产的各种机器设备、专用运输车辆和各类物资、原料免征进口税；工业区的鼓励企业进口构成企业固定资产的各种机器设备、专用运输车免征进口税，对用于生产出口商品的物资、原料、零部件等物品可暂不缴纳进口税，等到出口成品完成时再补缴。③增值税，在越南境内设立的营利性机构要缴纳增值税，增值税使用 5% 和 10% 两种标准税率，加工制造业出口的产品和服务免征增值税。

二是租金和信贷优惠。包括土地优惠、信贷优惠、基础设施扶持等，具体如下：2014 年 5 月颁布的第 46/2014/ND-CP 号政府令，工业区的基础建设项目免土地租金 15 年，公共设施土地面积全免土地租金；按 2011 年 8 月颁布的 75/2011/ND-CP 号政府令，工业区和加工出口区基础设施建设项目可获得越南国家投资信贷和出口信贷支持；按 2009 年 3 月颁布的第 43/2009/QD-TTg 号政府令，向工业区征地的异地安置以及污水、垃圾处理等公共配套工程建设提供补偿和扶持。

三是援助资金和优惠贷款。长久以来，越南政府由于资金不足，规划和批准的许多项目转化率比较低，多数项目需要通过国际银行获得资金，当地银行仅以提供担保的方式参与项目投资①。不过，2020 年，越南政府下发了关于官方发展援助资金（ODA）和外国赞助商提供的优惠贷款的管理使用办法（文号：56/2020/ND-CP），规定了提供发展援助资金和优惠贷款的方式包括：援助计划、项目、非项目贷款、预算资金分配等。办法规定无偿援助资金优先用于执行社会经济基础设施发展计划和项目，加强能力，助力制定政策、体制和改革，预防和减轻灾害风险并适应气候变化，社会保障等。官方发展援助资金贷款优先用于卫生、教育、环境保护、适应气候变化、无直接投资回报的必要基础设施等领域的项目。优惠贷款将根据有关政府官方发展援助资金和外国优惠贷款转借法规，优先用于贷款转借计划和项目，特别是有国家预算资助的社会经济基础设施发展领域项目。同时办法要求，无偿援助资金、官方发展援助资金贷款、优惠贷款的国家管理基本原则是需用于投资发展，而不能是日常支出。

3. 对比研究

总体来看，越南《投资法》与中国《外商投资法》有共同之处。主要有：都体现了国际普遍公认的投资规则，如国民待遇、公平竞争、征收赔偿、争端解决、财产汇出等方面（详见附录表 4）。中越两国投资法在征收赔偿方面重视保护投资者合法权益，在争端解决方面都重视国际条约和协议的约定，在财产汇出方面都保障投资者资产汇出自由的权利，当然，外汇汇出的具体操作两国都有专门的法规《外汇管理办法》来进行规范。从这个相同点来看，中越两国都比较符合国际投资规则，为外资提供比较全面的保障，具有比较强的吸引力。

中越两国对于绿色技术投资的不同之处主要体现在下面两个方面：

一是面向对象不同。越南《投资法》既规定了外商在越投资活动，

---

① 中国经济导报：《投资越南可再生能源，中国企业有挑战更有未来》。2020-7-24. http://www.ceh.com.cn/ep_m/ceh/html/2020/07/24/07/07_47.htm。访问日期：2020.12.28。

还适用于越南对国外进行投资活动。中国的《外商投资法》只适用于在中国境内的外商投资活动，而不适用于中国在国外开展的投资活动。目前我国对外投资还没有一部专门的法律，涉及对外投资现行有效的相关主要法规、规章和政策如附录表 6 所示。这些法规、规章和政策基本形成了中国对外投资政策体系，但有学者①②研究指出这个对外直接投资政策体系不够完善，政府部门服务和指导作用尚未完全发挥，对外直接投资的综合保障机制依然缺乏。还有学者③④建议制定中国《境外投资法》，从国家战略高度对我国的境外投资作出顶层设计，优化中国对外投资审批与监管，并明确境外投资的鼓励和限制领域，防控对外投资的系统性风险等。国家商务部官网新闻⑤也提到中国对外投资法律尚需加快完善，要尽快形成专门的对外投资法律法规。目前，这些法规、规章和政策的执行对我国企业到境外投资有一定的促进作用，但由于法律地位比较低，而且各个部门规章之间存在不协调、不统一的情况，难成体系，存在对境外投资监管力度不够、缺乏海外投资保险制度的问题，随着我国对外投资规模的不断增长，应该加快对外投资立法进程。

二是中越两国投资法律各自侧重点不同（详见附录表 7）。主要有：中国突出投资保护，特别是对外商知识产权的保护，而越南《投资法》并未单独提到知识产权的保护等相关内容。越南突出对绿色技术投资的特别优惠，鼓励外资投入到绿色发展的多个领域，但是中国《外商投资法》并没有直接提出鼓励绿色技术投资的条文，第二章（投资促进）提到国家鼓励和引导外国投资者在特定行业、领域、地区投

---

① 段小梅、李晓春：《中国对外投资：发展历程、制约因素与升级策略》，《西部论坛》，2020,30(02):109—124。

② 沈兰军、陈维哲、刘宗珉：《中国对外直接投资的现状分析与建议研究》，《中国中小企业》，2020(03):102—103。

③ 张企元：《跨境投资管理问题和对策研究》，《时代金融》，2020(05):123—124。

④ 高鹏飞、胡瑞法、熊艳：《中国对外直接投资 70 年：历史逻辑、当前问题与未来展望》，《亚太经济》，2019,216(05):94—102。

⑤ 中华人民共和国商务部：《对外投资备案细则立足规范企业"走出去"》，2019-4-18。http://www.mofcom.gov.cn/article/difang/201904/20190402854057.shtml,访问日期:2020-4-21。

资，这些特定行业和领域其实是包含了部分绿色发展领域的，需要结合具体的法规和政策才能进一步厘清。

中国重视外资投资后运行效果，越南更偏重于外资投资过程的实现。如附录表 7 所示，中国《外商投资法》很大部分内容是在阐述外商投资企业进驻中国后可以享受到的合法权益，从而对投资后的企业可以参与的重点环节比如标准制定、与地方政府合同的履行、法规修改的意见、发生问题的投诉机制等方面，给予了重点关注，目的是为了给外商投资企业在中国国内发展创造稳定、透明、公平的市场环境。而越南《投资法》对于投资后运行方面描述很少，偏重于阐述投资者如何操作可以实现顺利投资。

（二）《环境保护法》及相关政策

1. 总体框架

越南《环境保护法》包括 20 章、170 个条款，主要包括：一般规定环境保护规划、战略环境评估、环境影响评估和环境保护计划，开发自然资源期间应关注的环境问题，应对气候变化，保护海洋和岛屿环境，水、土、气环境保护，制造、贸易和服务方面的环境保护，城市和居民区的环境保护，废弃物管理，污染控制、环境治理与改善，环境技术法规和环境标准，环境监测，环境信息、指标、统计和报告，监管机构的职责，环保组织、社会团体、居民社区的责任和权利，环境保护资源，环境保护国际合作，环境违法行为的调查、检查和处理，环境损害的赔偿，法律实施等内容。

到目前为止，中外研究者对越南《环境保护法》的研究寥寥无几，特别是 2015 年后针对现行有效版本开展的研究。综合越南《环境保护法》的详细规定，可以总结为如下几个特征：

一是投资项目执行审批前环境影响评估制度和运行后环境监测制度。在项目准备阶段就必须开展环境影响评估，评估后的结果以环境影响评估报告的形式表示，环境影响评估报告包括内容如附录表 8 所示。在项目建设阶段要符合环保法规进行施工，具体建设施工中的环保要求如附录表 9 所示。在项目运行阶段要配合国家要求开展环境监测计划，主要监测内容如附录表 10 所示。企业主动完成后，需要提交到政府相关管理部门进行核查与批准，被批准后，企业便可以按照批准的内容采取环境保护措施开始项目建设。

二是环保法对项目实施所涉及的环境要求及体系有详细描述。分类别、分领域、分行业具体展示环境保护的管理和要求（附录表 11），比较清晰地梳理了各类生产企业需要满足的环保要求，对于从业企业起到比较好的指导作用。另外，环保法中明确了具体应该遵守的环境技术法规和环境标准的体系（附录表 12），系统阐述了环境技术法规的体系组成、建设原则、制定颁布等，和环境标准的建立、评估、颁布，对外资企业有很好的指导作用，对于后期环保执法也有明确的法律依据。

2. 重点内容解读

越南环保法律及相关政策非常重视绿色技术的开发与应用，主要体现在以下几点内容。

一是优先支持环境保护方面的绿色技术开发和应用。《环境保护法》条文中多处明确提出加大环境科技发展力度，优先研究应用高效环保技术（附录表 14）。政府不仅从政策和行动方针的层面优先支持环境保护方面的绿色技术，还严格要求企业必须配备符合环保要求的处理技术和相应设备，并要确保处理过程的技术工艺和流程的安全。企业要实现顺利投资和长远发展，必须满足投资项目全生命周期的环保要求，在建设和运营环节，采用必要的环保措施和稳定的绿色生产工艺，同时对环境标准和参数进行定期监测，确保遵守环境保护的要求。

二是重视环境保护国际合作与绿色技术国际引进。《环境保护法》强调政府重视加强国际合作，鼓励各类主体参与环境保护行动（附录表 13），将寻求开展国际合作作为政策和管理的需要、提升国内技术的重要手段和方式。因此，越南将绿色技术的国际合作上升到法律层面，显示出要依托国际合作提升国内技术水平的期望。

三是提高了违反环保法规的行政处罚力度。2016 年 11 月，越南政府出台关于环保行政处罚规定的第 155/2016/ND-CP 号议定，相比较之前规定提高了违反环保法规的行政处罚力度。根据该法令，个人环保违规行为最高将被罚以 10 亿越南盾（约合 4.44 万美元），机构组织罚款最高为 20 亿越南盾（约合 8.88 万美元）；个人违反工业区、出口加工区、贸易区和贸易镇的环保法规，将被处以 500 万至 5 亿越南盾（约合 220～22 200 美元）的罚款；个人违规排污，特别是排放有毒污染物的，将被处以 30 万到 10 亿越南盾（约合 13.2～44 400 美元）的罚款；个人违反海洋环境保护法规的，将被处以 2.5 亿至 10 亿越南盾（约合 1.11 万～4.44 万美元）；而机构或组织出现上述行为，则罚款为个人罚款的 2 倍。另外，根据 2016 年 2 月越南政府颁布的关于矿产资源开发环境保护费的第 12/2016/ND-CP 号决定，越南对部分行业征收环保费，原油环境保护费收取的幅度为 10 万越南盾/吨；天然气、煤气收费幅度为 50 越南盾/立方米，开发原油（天然气）过程中的天然气收费为 35 越南盾/立方米。

3. 对比研究

越南《环境保护法》与中国《环境保护法》的相似之处主要体现在对企业开展项目的要求和政府部门的监管等方面（附录表 15）。对企业的要求方面，主要包括项目准备阶段的环境影响评价制度、项目建设阶段的施工环保要求、项目运行阶段的环境监测制度，以及违规后的法律责任承担。政府监管职责方面，中越环保法都有明确地方政府对本行政区域环境质量问责的规定，同时在执法层面分别明确了各级政府环境主管部门的权力和义务，以及履职不到位的处罚。另外，中越环保法都非常重视环境保护的公众参与。在环保法的综合执行方面，与越南环保法类似，中国环保法的具体实施，会配合《水污染防治法》《大气污染防治法》《土壤污染防治法》《环境影响评价法》《规划环境影响评价条例》《建设项目环境保护管理条例》等诸多相关法律法规，以及中共中央、国务院、生态环境部等出台的相关通知、指导意见、管理办法等政策文件的具体要求，开展环境保护工作。

中越两国对于绿色技术投资项目的规定与要求不同之处主要体现

在以下三点：

　　一是在企业执行方面，中国环保法要求相对更严格。如在项目规划阶段的环境影响评估方面，结合《中国环境影响评估法》可以知道，中国的环境影响评价包括了"规划的环境影响评价"和"建设项目的环境影响评价"，越南的环境影响评价相当于中国的"建设项目的环境影响评价"。在建设项目施工过程中，中国环保法要求防治污染的设施要与主体工程同时设计、同时施工、同时投产使用，越南环保法并没有类似的要求。在项目运行阶段，中国环保法赋予县级以上人民政府环境保护主管部门现场检查权，以及可以查封、扣押造成污染物排放的设施和设备的权力，而越南环保法并没有明确指出。对于违规后的处罚方面，如附录表 15 所示，越南环保法只有两条内容总体说明企业和个人要弥补后果、恢复环境和赔偿损失，机构和官员要按照有关法律规定进行处罚。而中国环保法对于处罚的规定比较详细，首先说明都有义务保护环境，造成损害的要承担责任；然后说明县级以上环境保护主管部门可以现场执法；最后按照不同的违法行为如未进行环境影响评估、违法排放污染物、不公开环境信息、处罚后拒不改正等分别说明了具体处罚规定。

　　二是越南更加偏重于国际技术引进，中国更加重视自身研发解决。中越环保法都重视绿色技术，但是侧重的方面却有所区别。如附录表 14 所述，越南环保法对绿色技术主要侧重在国家优先支持和要求相关企业加强绿色技术的开发、转让和应用，以及企业实体采用绿色技术的工艺和流程；同时，越南非常重视绿色技术方面的国际合作。中国也很重视环境保护方面的国际合作行动，有诸如"中国环境与发展国际合作委员会"等负责国际合作的主管部门，生态环境部发布过"'一带一路'生态环境保护合作规划"等政策，但是中国环保法并没有把国际合作上升到法律层面的高度。中国的环保法除了对绿色技术提出优先支持外，还把技术政策和措施上升到基本国策的高度，要求国家有关部门和地方政府要制定相关的技术政策，还明确政府机构优先采用绿色技术载体的产品、设备等，这些都显示中国主要依托本国市场行为约束和建构技术自主创新来解决环境保护问题的态度。

三是中越两国法律条文风格不同，对于政策的理解和实际执行有较大的影响。中国环保法详细解释了立法目的和公众义务（附录表16），而越南环保法并没有这方面的具体描述。中国环保法在总则中，使用了较多篇幅解释立法目的，包括防治污染和其他公害、保障公众健康、推进生态文明建设和可持续发展等，同时指出保护环境是国家的基本国策，环境保护坚持保护优先、预防为主、综合治理、公众参与、损害担责的原则，有助于公众理解；最后还分别明确说明了政府、单位、个人对保护环境的义务，清晰描述了不同主体应该遵守的行为规范以及违规后的处罚，对企业环境违法也有更好的威慑作用。

（三）越南绿色增长国家战略

越南在国家层面非常重视全面的绿色增长，据越南计划投资部介绍，早在 2012 年国家就发布了《2011—2020 年面向 2050 年绿色增长国家战略》，经过 8 年实施取得积极成果。如：能源活动产生的温室气体排放较正常开发方案减少 12.9%，GDP 能耗平均每年下降 1.8%，具有清洁生产意识的工业企业占比从 2010 年的 28% 增加到 2020 年的 46.9%；2020 年森林覆盖率达 42%；2018 年绿色信贷余额达到近 2 380 万亿越南盾（较 2015 年增长 235%）；同时，也总结了战略存在的局限性，比如国家绿色增长战略的概念、目标和任务与其他相关战略相比没有明显区别，一些解决方案未能明确重点优先事项，导致在执行、监测和评估过程遇到困难。鉴于此，越南又制定了新时期的绿色增长国家战略，越南总理于 2021 年 10 月 1 日 1658 号决定（1658/QD-TTg）中批准了《2021—2030 年面向 2050 年绿色增长国家战略》（简称：2021—2030 年战略）。

1. 全文综述

越南 2021—2030 年战略全文包括五部分，分别是理念、目标、战略方向、任务和解决方案、组织实施。战略全文面向目前国际社会高度关注的绿色碳中和经济，聚焦各部门重点发展领域，系统规划了未来 10 年绿色发展方向和具体实现路径。

　　第一部分，从理念上重点阐述了国家对绿色增长的态度。首先说明绿色增长有助于促进国家经济结构调整，是实现可持续发展的重要途径，从而有利于形成人与自然和谐发展的文明现代社会；接着提出绿色增长必须依靠现代化的制度和治理、先进科技、高素质人才，要推动社会加大以绿色增长为导向的先进技术、数字化专项、智能且可持续基础设施等方面的投资；最后指出绿色增长是国家政治体制、全体人民、企业界和相关组织机构共同的事业，光荣且可持续，号召社会大众共同推动。

　　第二部分，介绍了绿色增长总体目标和具体目标。总体目标分两个层次，一是推动国内经济结构调整，实现经济繁荣、环境可持续、社会公平；二是推动绿色、碳中和经济，为应对全球温度上升目标作贡献。具体指标包括降低单位 GDP 的温室气体排放强度、绿色经济增长模式、绿色生活方式和可持续消费、绿色社会转型 4 个方面，分为到 2030 年中期目标和 2050 年远期目标。各具体指标内涵明确、量化清晰，其中绿色经济增长模式指标 2030 年中期目标要求是：2021—2030 年人均 GDP 一次能源消耗量每年下降 1.0%～1.5%，可再生能源占一次能源比重达到 15%～20%，数字经济达到 GDP 的 30%，森林覆盖率稳定在 42%，旱作灌溉总面积的 30% 以上采用先进节水灌溉方式。绿色生活方式和可持续消费方面考核的指标包括生活垃圾收集处理达标率、城市污水收集处理达标率、城市公共交通客运比率、城市清洁能源公交车占比率、绿色公共采购占公共采购总量比率、实施绿色增长总体规划的城市数量。绿色社会转型方面考核的指标包括人类发展指数（HDI）、实施省级空气质量管理规划省市比例、使用清洁水人口比例。

　　第三部分，阐述了主要行业和领域的发展方向。总体定位与前文的理念、目标相呼应，主要是推动经济结构调整，高效应用能源和自然资源降低温室气体排放，以科技为基础，发展绿色和可持续的基础设施，构建绿色生活方式，确保平稳有序绿色转型，增强经济韧性。主要行业和领域分了 10 个发展方向，包括提高能源使用效率和新能源比重，发展清洁可持续的有机农业和林业经济，逐步限制产生大量废弃物及造成环境污染的经济活动，发展可持续的运输、智能电网和现代化灌溉基础设施，推动智能、可持续、适应气候变化的城市化建设，建设兼顾生活水平与自然环境相协调的新农村，加强废弃物管理和空气质量提升，促进绿色可持续消费和绿色公共采购，加强水资源、土壤资源和生物多样化管理，促进就业、医疗、旅游等社会领域的绿色转型。

第四部分，重点介绍了各部门需要落实的任务和可以采纳的解决方法。赋予国家各部委相关的职能、任务和权限，包括计划投资部、财政部、自然资源与环境部、工贸部、农业和农村发展部、交通部、建设部、科技部、教育和培训部、卫生部、文化体育旅游部、劳工部-荣军和社会事务部、国家银行、信息和通信部，并要求各部委密切协调地方、工商界及相关机构开展落实工作。在解决方法部分，重点介绍了8类方案，分别是建立和完善制度和政策，交流、教育和提高认识，人力资源开发和绿色就业，调动财政资源促进绿色增长，科技和创新，国际交流与合作，确保绿色转型中的平等，动员利益相关者参与。每一类方案中都有详细阐述要点内容，比如调动财政资源促进绿色增长部分，就涵盖了以下五方面内容，分别是完善调动绿色增长资源的政策工具、政策激励资本市场发展和碳交易市场建设，优先考虑国家预算中的投资资源、引导国有企业和大型企业在经济中的绿色生产和消费，增加国际金融机构、基金和私人投资者的资金推动国际支持技术落地应用，鼓励私营部门共同参与、为国内外投资的绿色转型技术和绿色项目合作创造有利条件，改善妇女和社会弱势群体获得绿色金融的机会。

第五部分，明确了各相关部门的职责。首先，成立国家绿色增长指导委员会，由计划投资部牵头制定工作制度并有总理审议；其次，明确了各部门的职责，既包括计划投资部、财政部、相关部委、分支机构、地方和机构等政府部门，还包括部门和行业、研究机构和大学、越南祖国阵线及其成员组织、工商界及相关机构组织；再次，发布了监测、评估和报告战略实施情况的要求，每年要汇总并报告给总理；最后，指出实施战略的资源，包括国家预算资金、企业资金、国际资金和法律规定的其他合法调动的资金来源。

2. 重点内容解读

围绕绿色增长，2021—2030 年战略从绿色技术、绿色标准、绿色金融三个方面进行了布局。

一是将绿色技术定位为实现绿色增长的基础和支撑。2021—2030 年战略非常重视绿色技术的支撑作用，在"主要行业和领域的发展方向"部分，阐述了在能源使用上要提高可再生能源和新能源的比重，农业领域要发展清洁和可持续的现代有机农业，传统行业特别是产生大量废弃物、造成环境污染和退化的领域要在生产活动中应用绿色技术，典型绿色发展领域如废物处理、大气污染、水土治理等要加强技术开发和综合管理，可以看出对发展绿色技术的要求几乎覆盖国家经济重点发展全部领域。在"各部门任务"部分，赋予科技部制定国家制造业清洁技术、先进技术、高新技术和低碳排放技术清单的职能和任务，全面支持国家制造业的绿色升级发展；另外对其他职能部门也专门提到应用绿色技术的措施，比如交通部要制定并组织实施鼓励汽车使用清洁、经济、高效和环保技术的解决方案，卫生部要建立绿色技术、清洁能源在医疗废物处理中的应用，还要建立一个用于监测、预警气候变化和空气污染对健康影响的数据库系统。

二是配套建设相应的标准规范推动绿色技术的落地应用。2021—2030 年战略规划开展了标准和规范体系的建设，在"各部门任务""解决方案""各部门职责"部分均有明确表述。作为国家绿色增长牵头机构的计划投资部，负责制定国家绿色分类标准体系，其他部门和行业根据管理领域制定绿色分类标准和规范的主要责任，确保与国家保持一致。各部门结合特定领域需要制定相应的标准和规范，比如工贸部要审查、制定和颁布工业能源消耗规划，农业农村部要审查和完成农村环境目标和标准，建设部要制定绿色材料、绿色节能建筑相关的标准和规范等。推动社会按照标准和规范开展经济生产活动，比如按照绿色标准和规范，优先投资学校设施和职业教育机构，开展培训教学服务；将绿色投资标准纳入社会经济发展战略，促进绿色经济工具在应用时的一致性和透明度；将绿色公共采购标准纳入承包商选择过程、推动绿色有机农产品达到国际国内水平、促进森林保护和发展市场化符合国际标准、建立符合国际和国际标准的医疗废物分类处理和检测体系；等等。

三是重视金融资源和政策对绿色投资项目的倾斜和支持。2021—2030年战略尤为关注实施资源特别是资金途径和金融手段的配套，强调增加财政资源完善政策工具以及引导国际资金等投入绿色项目。资金来源包括国家预算资金、企业资金、国际资金和法律规定的其他合法调动的资金，简单说，就是调动一切可以调用的资金来支持战略实施落地。调动财政资源促进绿色增长的手段，包括完善调动绿色增长的政策工具，如重点支持政策、金融激励，建设资本市场、信贷市场、绿色保险，以及碳市场等；包括优先考虑国家预算中的投资资源，引领国有企业和大型企业在经济中的绿色生产和消费；还包括增加从国际金融机构、基金和私人投资者募捐的资金优先支持绿色增长技术，以及鼓励私营部门的参与，为国家与私营部门之间、国内外投资者在绿色项目的合作创造有利条件。计划投资部统筹协调国内外资金及气候融资；财政部开发和完善促进资本市场和绿色保险的工具、金融激励措施、政策和解决方案，使用税收工具纠正不合理消费行为，根据市场机制发展碳排放交易体系形成碳市场；工贸部要制定和完善机制、政策，鼓励更多经济部门投资可再生能源及能源基础设施领域，并配套应用激励机制和金融工具，改善能效投资项目的融资渠道；科技部要以投入对等研发资金的企业为重点，优先安排绿色增长的科技创新项目；国家银行要根据绿色增长目标审查、调整、改进银行和信贷机构，研究构建绿色银行发展模式，出台绿色投资项目信贷优惠政策。

四、中越重点合作领域技术标准体系研究

（一）传统行业绿色生产领域——以纺织行业为例

纺织行业是中国对越投资比较成熟的传统行业，且进一步加大投

资的趋势明显。目前越南已成为世界第三大纺织服装出口国，仅次于中国和印度。中国纺织企业加大对越投资的部分原因是由于国外订单的转移，同时，越南纺织品对外出口的低税率和零关税也颇具吸引力。

1. 案例分析——越南溢达产业园绿色生产项目

（1）背景

越南政府为了实现工业、商业规模化集聚发展，设立若干经济开发区，包括工业区和沿海经济区，实行各种不同的鼓励发展政策。同时，越南政府非常重视投资项目的环境影响，要求项目审批前必须经过严格的战略环境评价或环境影响评价，而且分等级开展评估和审批。

香港溢达集团成立于1978年，是全球最大的纯棉衬衫制造及出口商之一，在全球雇用约57 000名员工。作为一家纵向一体化棉纺服装集团，溢达集团的业务范围涵盖棉花种植、纺纱、织布、染整、制衣、辅料、包装和零售等，提供一站式衬衫供应链服务。溢达集团以"励志笃行 有所作为"为愿景，建立了"5E文化"，即道德操守（Ethics）、环境意识（Environment）、开拓求新（Exploration）、卓越理念（Excellence）及学习精神（Education）。

溢达集团非常重视和积极应对在生产过程中可能对环境造成的问题，特别是有关能源、水资源、空气质量、化学品及废料处理的问题，采用可持续发展的方法种植棉花、应用科技来减少能源消耗、投建设施妥善处理污水，以及探索使用不会造成污染的天然染料。自2005年至2017年，溢达集团全球生产的能源单耗下降了49%，生产水资源单耗下降了67%，环保电厂达到中国国家洁净排放标准，经济效益亦逐年提高，实现了财务与环境效益的双赢。

（2）项目推进与举措

溢达集团自2000年起在越南建立生产基地，首先斥资2 500万美元在平阳省的越南-新加坡工业园（VSIP）建立"越南溢达针织品有限公司"，并于2001年正式投产。投产后，公司不断改善设施，引进创新的技术和设备，减少水资源和能源的使用，降低污水排放量。例如，增加设施收集雨水，将其循环用于冲厕；将货仓屋顶换成透明屋顶，增加仓库内的自然采光，从而大幅减少照明用电量；增设车间水帘幕，使空调使用量降低了 70%。2011 年，越南平阳省政府颁发的"绿色企业证书"，对越南溢达贯彻并实践可持续发展理念予以鼓励和肯定。在 2011 年越南溢达获得国际纺织品生态研究和检验协会颁发的"Oeko-Tex Standard 100 证书"（全球使用最为广泛的纺织品生态标志）。之后，溢达集团又分别于 2010 年和 2012 年在同奈省及和平省建立新的制衣厂，而且，和平省的制衣厂以其出色的环保表现，成为越南国内第一家获得 LEED（Leadership in Energy and Environmental Design）国际绿色建筑认证的工厂。

2014 年溢达集团向当地政府申请设立面料厂并于 2015 年正式投产。传统面料厂印染过程耗水量大，同时也使用大量化学品，因此常被划分为高污染类别。VSIP 对环保的要求标准极高，查询相关新闻报道和资料可以知道，同期曾有多个厂商向越南当地政府提出设立面料厂的申请，均被否决，甚至之后的 2019 年还是存在外商被迫停止面料厂项目[①]。截至 2020 年 1 月，只有越南溢达成功通过申请并设厂，成为目前唯一一家进驻 VSIP 园区的面料厂。

越南溢达面料厂能成功进驻 VSIP 的重要原因之一，是溢达集团长久以来以实际行动履行对可持续发展的承诺。溢达集团从 2005 年开始，投资逾 1.5 亿美元，引进先进绿色技术，对印染废水作深度处理后，循环用于生产，减少碳排放和资源消耗，以及探索使用不会造成污染的天然染料，向世界展示工业生产与环境保育可以和谐共存。

溢达位于广东省佛山市高明区的水质净化中心是中国纺织业内最大的污水处理中心之一，日处理能力达 38 000 吨，经处理后排放的污水比中国国家规定的排放标准更严格。该中心显著减少了污水处理过程中产生的异味，并通过独特的技术，对污泥进行有效脱水和干燥处理，最后交由专门的污泥处理资质机构作最后处理。整个过程都处于可实时监察状态，不仅提高了信息透明度，更为企业进一步提高污水

---

① 亚洲纺织联盟：《越南环保趋严，外商被迫停止越南巨型纺织染料项目》，2019-10-17。http://www.tex-asia.com/news/201910/17/69763.html，访问日期：2020-4-16。

处理能力提供了基础和动力。

在了解了高明水质净化中心的情况后，越南政府代表对溢达投出了信任的一票，迅速审批通过了越南溢达面料厂进驻 VSIP 的营运执照。越南溢达面料厂于 2015 年正式投产后，一如既往地在切实履行绿色承诺，其污水排放标准，比 VSIP 园区规定的更加严格；同时，企业还设有感应系统，可实时将相关数据传送至政府的监察系统上。

溢达集团目前在越南共有 3 家制衣厂和 1 家面料厂，共雇用约 12 000 名员工。在越南的企业获得的认证包括：美国公平贸易、全球有机纺织品标准认证（GOTS）、全球回收标准认证（GRS）、全球安全验证（GSV）、能源与环境设计领导认证（LEED）、ISO9001 质量管理体系认证、ISO14001 环境管理体系认证、有机含量标准认证（OCS）、全球责任生产认证（WRAP），还被"2030 水资源组织（2030 Water Resources Group）"确认为主要业务伙伴，共同合作推动和宣传珍惜水资源的保育措施和信息。

（3）经验和启示

溢达集团对越南投资的绿色生产实践是绿色供应链管理的一个成功缩影。溢达集团核心优势在于其"从棉籽到衬衫"的一条龙生产供应链，在保障产品品质和高效生产的同时，也为其推行绿色供应链实践提供了基础。对于生态环保的投入和绿色供应链的管理，不仅帮助企业提高资源利用效率，控制成本，同时也能彰显企业社会责任，帮助其建立更好的品牌形象，获得更多优质客户资源和经济效益。

传统行业的绿色技术企业"走出去"，应该注意以下几点：

一是突出绿色技术优势，展示环保效果并重视产品品质。

溢达集团成功投资并能持续良好发展，最重要的原因就是重视发挥绿色技术优势，证明自身具有绿色生产的实力。纺织服装等传统行业是越南的支柱产业，但往往也是环境污染比较突出的行业，而此时投资者所拥有或者依靠的绿色技术，以及实施这些绿色技术的环保效果是非常重要的，将会成为制约投资的关键要素。目前，越南纺织服装产业整体实力并不强，全产业链布局不完善、不均衡，特别是纺织织造和染整处于薄弱环节，但是从正在成为全球重要的制造中心的发展来看，越南发展纺织服装全产业链的配套和集成发展是必然方向，对传统污染行业的绿色生产实践将会是必然要求。企业落地越南后，应该牢牢树立绿色生产的运营理念，有效运用绿色技术，重视生产过程的环境效应，实现企业的高质量发展。

二是充分利用园区模式，争取更多优惠政策和便利措施。

溢达集团入驻 VSIP 园区，可以享受园区的优惠政策以及良好配套，特别是基础设施的配套，有助于企业的顺利投资以及后续发展。企业若是独自办理享受投资优惠，不仅需要熟练掌握当地的优惠政策内容，还需要对具体的办事流程等非常熟悉，存在不小的障碍；而大多数工业园区管理方不仅掌握优惠政策内容，还会提供协助办理如营业执照、税务登记、海关报税等各类行政服务。因此，对于"走出去"的企业来说，进驻基础设施完善的工业园区是比较方便的途径。企业对园区进行考察时，首先要了解清楚园区产业定位，选择与企业发展方向匹配、而且可以获得政府各类优惠政策的园区；其次是掌握园区可提供的各类服务，不仅包括水电供应、物流设施、行政协助等基础配套服务，需要时还必须满足排污许可指标的要求。另外，地理位置也是很重要的一个考虑因素，以越南主要出口行业为代表，服装纺织制造业集中在越南北部和南部，对于需要从中国大量进口原材料或其他商品的企业来说，北部对他们而言就有地理位置优势，而南部交通便利的综合优势可能又更强，具体如何选择还需要进行综合评估。当然，中国未来若是以龙头企业联合产业链上下游，并搭配绿色发展领域合作伙伴共同"走出去"，开展国际产业链布局，完全可以考虑选择规划建设新的工业园区。

三是国际投资要重视总体布局和长远规划。

溢达集团投资越南不仅是单纯的商业投资，也有提前布局的意味。中国纺织工业联合会党委书记兼秘书长高勇在 2017 中国纺织业"走出去"大会上的主题发言①介绍，纵观中国纺织产业对外投资发展历程，

---

① 搜狐网"中家纺"公众号：《中国纺织工业的国际布局与强国建设——联盟理事长高勇2017 中国纺织业"走出去"大会主旨演讲》，2017-9-12。https://www.sohu.com/a/191508867_282707，访问日期：2020-6-30。

从最初的走配额、走关税，到现在的中美贸易摩擦，这些情况都在迫使着中国纺企积极"走出去"。从包含销售在内的全产业链来看，优势资源诸如原料资源、设计研发与高端技术资源、品牌资源和市场渠道资源主要掌握在欧美日等发达国家和部分原料资源丰富的国家，中国是目前公认的世界纺织服装制造中心，在中游的制造资源方面具有显著优势。随着全球正在兴起的第四次产业转移的步调，全球制造业正在向东南亚地区转移，越南更是被认为将成为下一个"世界工厂"。在当前中美贸易摩擦持续升级、国际贸易形势复杂严峻的大背景下，中国纺织企业投资到越南，并不是要单纯地将产能和业务全部转移到越南去，而是需要以战略的眼光布局，主动考虑产业链的跨国整合，在国际纺织市场占得先机，最终实现企业的长远发展。

2. 标准体系

（1）产业链技术标准体系

纺织行业全产业链所涉及的主要环节及对应的技术标准体系如图 2-1 所示，纺织行业全产业链分为上游的原材料生产，包括棉、毛、丝、麻等天然纤维生产与加工，合成纤维、再生纤维等人造纤维的生产与加工；中游的纺织加工，包括从纤维纺成短纤纱、长丝纱、花式纱等各类纱线的纺纱环节，将纱线织成针织布、梭织布、非织造布等坯布的制造环节，将坯布染整成印染布、漂白布等各类成品布的染整环节；下游的成品制造，包括各类服装产品、家纺产品、产业用纺织品等。

从图 2-1 可以看出，各个环节上的产品，都会对应有品质方面的技术要求，涵盖了各类产品标准、方法标准、基础标准的具体内容。除了对产品品质要求外，各国对于生产产品的过程，包括从工厂设计一直到实际生产运营，都有生产安全和环境保护方面的要求，比如建筑、结构、职业安全等主要涉及安全生产，工艺、给水排水、供暖通风空气调节、电气动力、环境保护等主要涉及节能环保。对于产品品质方面的要求，因为大多只是涉及产品本身质量和安全方面，本篇不过多介绍，主要针对产品特别是节能减排和环境保护等绿色生产方面进行重点阐述。

	上游	中游	下游
	原材料生产	纺织加工	成品制造
主要环节	天然纤维（棉、毛、丝、麻） 人造纤维（合成纤维、再生纤维） 短纤纱 长丝纱 花式纱 → 纱 → 纺纱工艺 针织 梭织 非织造 → 坯 → 织造工艺 印染布 色织布 漂白布 → 成品布 → 染整工艺 服装 家纺 产业用品		
技术标准	产品标准（含生产、加工、品质等方面的技术要求）	产品标准（含技术要求、使用说明）	产品标准（含术语定义、技术要求、试验方法、使用说明等）
	方法标准（纤维具体性能指标测试）	方法标准（具体性能指标测试）	方法标准（成品性能指标测试）
	基础标准（术语、定义、标识等）	基础标准（术语、定义、标识等）	基础标准（号型、术语、标识等）
	工厂设计标准及环境质量标准（含工艺设计及布置、总平面设计、建筑、结构、给水排水、供暖通风空气调节、环境保护、职业安全卫士）	工厂设计标准及环境质量标准（含工艺设计、总图运输、建筑、结构、给排水设计、供暖通风与空调、电气、动力、仓储）	工厂设计标准及环境质量标准（含工艺、总平面设计、建筑、结构、给水排水、采暖通风动力、电气、职业安全卫士）

图 2-1　纺织行业全产业链主要环节及对应技术标准体系

（2）绿色生产标准体系

从工厂生产的规范要求可以看出，纺织行业全产业链绿色生产所涉及的标准体系，包括能源、水资源、空气质量、化学品及废料处理等多个方面，而这些全都可以看成是生态环保的要求范畴，各国都有相应的法律法规、标准、技术规范的要求。中国纺织行业全产业链生态环保要求涉及的法律法规包括《环境保护法》《水污染防治法》《海洋环境保护法》《大气污染防治法》《土壤污染防治法》《环境影响评价法》《国务院关于加强环境保护重点工作的意见》等，而绿色生产还涉及《清洁生产促进法》《循环经济促进法》等；涉及的环保标准和技术规范包括强制性国家标准《纺织染整工业水污染物排放标准》（GB 4287—2012）、《缫丝工业水污染物排放标准》（GB 28936—2012）、《毛纺工业水污染物排放标准》（GB 28937—2012）、《麻纺工业水污染物排放标准》（GB 28938—2012），以及推荐性国家标准《纺织废水膜法处理与回用技术规范》（GB/T 30888—2014）等，还有环境生态部发布的系列环境标准：《纺织染整行业工业废水治理工程技术规范》（HJ 471—2020），《建设项目竣工环境保护验收技术规范 纺织染整》（HJ 709—2014）、《排污许可证申请与核发技术规范 纺织印染工业》（HJ 861—2017）、《排污单位自行监测技术指南 纺织印染工业》（HJ 879—2017）、《环境标志产品技术要求 纺织产品》（HJ 2546—2016）等。

纺织行业涉及的环境质量标准主要有《环境空气质量标准》（GB 3095—2012）、《地表水环境质量标准》（GB 3838—2002）、《声环境质量标准》（GB 3096—2008）、《土壤环境质量 建设用地土壤污染风险管控标准（试行）》（GB 36600—2018）等，另外，纺织印染污水回用方面也有行业推荐性标准《纺织染整工业回用水水质》（FZ/T 01107—2011）等。涉及的污染物排放标准如上文所述，主要包括染整工业、缫丝工业、毛纺工业、麻纺工业四项强制性水污染排放标准，以及环境生态部的三项纺织印染的技术规范，主要都是涉及污水排放方面的要求。

综合来看，空气质量、声环境、土壤环境等方面，纺织行业并非典型，目前的技术水平和装备生产过程并不会引起突出的相关环境问题；污水排放方面，染整环节量大面广，涉及退浆、精炼、漂白、丝光、染色、印花、后整理等诸多工序，是纺织行业的最主要污染源，产生的污水量大、浓度高且色泽深，而且污水水质与企业的生产工艺和所采用染料种类有关，随纺织品种类不同差异较大，造成印染污水水质复杂多样，是工业污水中较难处理的一类污水，处理和排放不当会引起严重的环境问题。据统计，印染行业每年污水排放量占整个纺织工业用水量的八成左右，因此，纺织行业绿色生产最重要的因素和环节就是污水排放方面。本篇将以污水排放指标体系作为纺织品绿色生产核心指标体系来研究。

（3）核心指标体系

纺织行业的污水排放执行的标准，在国内按照各细分行业污水特征执行不同的标准，越南也有专门的纺织印染污水排放国家技术法规。就纺织行业各细分行业产生的污水特征来看，棉纺主要是前处理退浆污水和染色污水，其污水量较小，污染物浓度高，化学需氧量、生化需氧量都很高；毛纺主要是洗毛污水和染色污水，其污水量较大，污染物浓度高，化学需氧量、生化需氧量非常高；麻纺主要是制麻工序和染整工序排污，污水量较大，COD 浓度高，化学需氧量很高；缫丝主要是煮茧污水和染色污水，污水含较高浓度有机污染物，化学需氧量较高；化纤染整加工污染较重，一般污水中含有油剂、助剂、表面活性剂、残余染料等。

我国的纺织四项水污染排放技术标准控制限值情况如表 2-1 所示，以新建企业直接排放限值为例，主要表现为：四项标准所要求控制项目有所差异，部分项目限值也有稍许不同；这主要是因为标准是针对专业化企业来进行要求的，比如 GB 28937—2012 主要是针对毛纺工业企业洗毛工序水污染物排放要求，而实践中，很多企业实际运营存在洗毛、织造、染色、后整理等各工序混合的情况，这样会造成标准执行的可操作性和整体要求上会有部分问题。另外，染整行业污水中含有重金属、有机卤化物等多种有毒有害污染物，这些物质达到一定量后对环境的危害非常严重，但是在我国纺织印染行业却暂未被列为要求控制指标。

表 2-1　四项水污染排放技术标准控制限值情况
（以新建企业直接排放限值为例）

技术标准 项目	GB 4287— 2012 染整工业	GB 28936— 2012 缫丝工业	GB 28937— 2012 毛纺工业	GB 28938— 2012 麻纺工业
pH 值	6～9	6～9	6～9	6～9
化学需氧量 （COD$_{Cr}$）	80	60	80	100

（续表）

项目 技术标准	GB 4287—2012 染整工业	GB 28936—2012 缫丝工业	GB 28937—2012 毛纺工业	GB 28938—2012 麻纺工业
五日生化需氧量（BOD_5）	20	25	20	30
悬浮物	50	30	60	50
色度	50	—	—	50
氨氮	10（15）	15	10	10
总氮	15（25）	20	20	15
总磷	0.5	0.5	0.5	0.5
二氧化氯	0.5	—	—	—
可吸附有机卤素（AOX）	12	—	—	10
硫化物	0.5	—	—	—
苯胺类	1.0	—	—	—
六价铬	0.5	—	—	—
动植物油	—	3	10	—
注："（）"内值为蜡染行业执行限值				

越南纺织印染企业污水排放有对应的国家技术法规是 QCVN13-MT1：2015/BTNMT，但是越南的纺织印染企业实际排放并没有直接按照这个法规执行，而是按照入驻的园区对于污水排放的指标要求。由于越南纺织印染行业还处于技术和发展相对初级的阶段，符合要求的规模企业数量非常有限，各园区基本上没有专门针对纺织印染行业特征设定污水排放指标，而是参照了越南相对统一的工业废水国家技术法规 QCVN40：2011/BTNMT 进行制定，这个法规规定的指标比纺织印染行业更加严格。如我国前江投资管理有限公司投资开发的综合性工业园——越南龙江工业园，污水排放指标比现行标准多了气味、锡、动植物油脂三个指标（这三个指标在上一版越南工业废水国家标

准 QCVN 24：2009/BTNMT 中有要求），其他指标稍有差别①，这是因为不同园区因定位不同而对污水排放处理方式不同引起的，部分园区执行的企业污水直接排放环境的方式，那就必须满足国标要求；部分园区采取企业污水集中管理，统一处理后再排放到环境中，这种对于入驻企业污水排放指标与国标要求就会有所调整。这与之前中国纺织行业联合会和中国印染行业协会代表赴越南考察调研形成的结论基本吻合②。

因为中国"走出去"企业遇到的主要是印染行业污水排放问题，而且越南也主要是对印染企业的污水排放制定了技术法规，所以本部分将把越南涉及纺织印染企业污水排放的法规具体参数与中国染整工业水污染排放标准具体指标进行对比，具体如表 2-2 所示，是中越两国纺织印染污水排放法规和标准对直接排放限值的指标要求。

表 2-2　中越两国纺织印染污水直接排放国家标准指标（直接排放限值）

| 序号 | 技术指标 | | 技术法规/标准 | | |
	项目名称	单位	QCVN40：2011/BTNMT 工业废水国家技术法规（越南）	QCVN13-MT1：2015/BTNMT 纺织印染工业废水国家技术法规（越南）	GB 4287—2012 纺织染整工业水污染物排放标准（中国）
1	pH 值	—	6～9	6～9	6～9
2	色度（pH＝7）	Pt/Co	50	50	50
3	BOD_5（20℃）	mg/L	30	30	20
4	COD_{Cr}	mg/L	75	75	80
5	悬浮物（TSS）	mg/L	50	50	50
6	铬（VI）	mg/L	0.05	0.05	不得检出

———————

① 越南龙江工业园，公共设施及服务/污水处理标准。
② 董淑秀、刘丽华：《赴越南投资考察调研报告》，《染整技术》，2016,38(07)：5—10。

（续表）

序号	技术指标		技术法规/标准		
	项目名称	单位	QCVN40：2011/BTNMT 工业废水国家技术法规（越南）	QCVN13-MT1：2015/BTNMT 纺织印染工业废水国家技术法规（越南）	GB 4287—2012 纺织染整工业水污染物排放标准（中国）
7	氨氮	mg/L	5	—	10（15）
8	总氮	mg/L	20	—	15（25）
9	总磷	mg/L	4	—	0.5
10	二氧化氯	mg/L	—	—	0.5
11	可吸附有机卤素（AOX）	mg/L	—	—	12
12	硫化物	mg/L	0.2	—	0.5
13	苯胺类	mg/L	—	—	不得检出
14	氰化物	mg/L	0.07	0.07	—
15	余氯	mg/L	1	1	—
16	温度	℃	40	40	—
17	表面活性剂	mg/L	—	5	—
18	砷	mg/L	0.05	—	—
19	汞	mg/L	0.005	—	—
20	铅	mg/L	0.1	—	—
21	镉	mg/L	0.05	—	—
22	铬（Ⅲ）	mg/L	0.2	—	—
23	铜	mg/L	2	—	—
24	锌	mg/L	3	—	—
25	镍	mg/L	0.2	—	—
26	锰	mg/L	0.5	—	—

（续表）

序号	技术指标		技术法规/标准		
	项目名称	单位	QCVN40：2011/BTNMT 工业废水国家技术法规（越南）	QCVN13-MT1：2015/BTNMT 纺织印染工业废水国家技术法规（越南）	GB 4287—2012 纺织染整工业水污染物排放标准（中国）
27	铁	mg/L	1	—	—
28	酚类	mg/L	0.1	—	—
29	矿物油	mg/L	5	—	—
30	氟化物	mg/L	5	—	—
31	氯化物	mg/L	500	—	—
32	有机氯	mg/L	0.05	—	—
33	有机磷	mg/L	0.3	—	—
34	多氯联苯（PCBs）	mg/L	0.003	—	—
35	大肠杆菌	MPN/100 mL	3 000	—	—
36	总放射活度 α	Bq/L	0.1	—	—
37	总放射活度	Bq/L	1.0	—	—

从表 2-2 可以看出，中国纺织印染行业污水排放指标与越南印染工业污水排放指标数量相似，关键指标如 BOD_5、COD、TSS、色度、六价铬、pH 等指标限值也非常相近；不过也有明显差别的指标，比如中国印染污水排放指标还包括氨氮、总氮、总磷、二氧化氯、AOX、硫化物、苯胺类，而越南印染污水排放指标并不包括这些，但是却另外包括氰化物、余氯、温度、表面活性剂等指标。这些指标具体与本国印染行业发展水平不同而采用的印染原料、助剂和技术工艺区别相关。总体来说，中国印染行业整体发展水平和技术能力较为领先，对于印染污水产生和排放控制也有明显优势。

3. 对比分析与相关建议

（1）对比分析

按照目前中越印染企业实际执行的污水排放指标来说，越南印染企业实际上并没有直接执行纺织印染工业废水法规指标，而且执行了更加严格的部分行业的统一工业废水法规指标。由表 2-2 可以发现，两国印染企业污水实际执行的指标主要有以下几个明显特征：

一是越南的污水排放指标项目种类更多，指标要求更为严格。比较而言，越南的污水排放标准所要求的项目种类共有 33 个，比中国的纺织印染污水行业排放标准要求的 13 个项目多出许多，更接近于中国的地表水环境质量标准。甚至比中国地表水环境质量标准基本项目 24 个还要多，这与中国特定工业行业单独的排放标准有比较大的差别。中国纺织印染污水排放的 13 个项目基本上在越南 33 个指标之内（有三个指标二氧化氯、AOX、苯胺类与越南的余氯、氯化物、酚类相似却不完全相同），而其他 20 个项目在国内并没有明确要求。在中国，即使是专业的污水处理厂，污水处理后的排放最高标准一级 A，也仅是地表水环境质量标准中的劣五类水的水平，因此，综合来看，越南纺织印染污水排放标准要比中国更加严格。

二是越南污水排放部分项目限量与中国差别较大。越南污水排放部分指标比中国国内纺织污水排放标准宽松一些，比如化学需氧量（COD_{Cr}）、五日生化需氧量（BOD_5）、悬浮物、色度、总氮等指标，而这些项目却又是纺织印染行业更为典型的污染指标，从表 2-1 中国国内四项水污染排放标准都对这些项目有明确要求便可以证明。因此，这些项目指标中国国内更严格反而可以看成是中国国内纺织印染领域在包括环境保护方面核心技术更有优势，这也是因为越南采用了统一的工业污水排放标准要求，而没有专门针对纺织印染领域特点进行有针对性的要求造成的。

三是投资到越南的纺织印染项目要重视污水排放的排放监测系统升级。无论是在中国国内还是越南，纺织印染企业污水排放都是需要安装污水排放检测系统的，但是因为两国对于污水排放的种类差别很大，部分具体排放项目的检测方法有差异。所以，准备到越南投资开印染厂的企业，一定要重视这些差别，在准备投资前开展可行性论证阶段，需将符合越南污水排放的检测系统进行安装运行，并由专门技术人员开展数据准确性和稳定性分析，若有部分项目达不到指标要求还需要采用系列技术手段使其能够改善，确保所有指标都能稳定达到越南国家标准的要求。

（2）相关建议

结合上文总结的几大特征，为了实现"走出去"企业在污水排放指标上可以满足越南的技术标准要求，给出如下几点建议：

一是针对越南比中国多要求的指标项目，要主动自查摸清实际情况，有问题的要有针对性地予以改善。可以发现，越南比中国在污水排放标准多的项目为以下几类：首先是重金属，包括砷、汞、铅、镉、三价铬、铜、镍、锌、锰、铁等项目；其次是印染各个环节使用的助剂中所含其他有害物质，如酚类、氟化物、多氯联苯、有机磷物质、含磷化学品等；最后还有一类指标属于微生物类和放射类要求及温度指标。实际上，国内纺织品印染行业，已经为国际市场代工生产并技术沉淀了很多年，大部分企业特别是有实力"走出去"的企业，基本上可以满足欧盟最典型的 OEKO-TEX Standard 100 标准。即使如此，在决定要去越南投资之前，也需要进行科学系统的测试和研究，确保技术路线上相关各个指标都能满足越南方的要求，若是出现某些指标不符合的情况，也一定要相应地分析并解决后才能开展对外投资。

二是针对越南比中国要求低的指标项目，要能够保持稳定，作为优势继续保持。针对纺织印染的典型污染指标，即使越南的指标要求较低，也不建议企业降低要求，这些核心指标反映的是有机污染物和颗粒物在水体中的含量，不仅影响水体的清澈度，还是黑臭水体形成的主要原因。中国企业不仅要从经济角度来考虑，还担负着中国的社会形象和大国责任，特别是传统的污染行业，更要树立绿色发展的形象。

三是"走出去"到越南生产的产品，技术工艺要选择成熟、稳定型。企业要重视自主研发能力应用，大量使用成熟适用技术，才能拥有相对优势和良好适应性，减少不确定性。中国生态环境部和国家经贸委在 2001 年时就发布了《印染行业废水污染防治技术政策》，用以指导国内印染行业废水污染防治工作；另外，中国印染行业协会从 2007 年开始，发布第一批中国印染行业节能减排先进技术推荐目录以来，持续每年都发布一批推荐目录，到 2020 年底，共发布了 14 批。国内印染行业有实力的龙头企业，经过这些年节能环保技术的发展，已经形成了非常成熟稳定的技术体系，基本上可以满足污水排放中各类污染物指标的要求。

（二）循环经济领域——以固废处理为例

越南对固废加工处理及再利用的需求十分庞大。越南是全球环境污染风险程度排名前 30 的国家之一，随着工业生产和居民生活产生的固体废弃物越来越多，加上海外市场产生的固废转移到越南的数量不断增加，越南国内固废数量呈现爆发式增长，对生产生活造成了不可估量的负面影响。目前，越南国内固废加工处理和再利用行业正处于发展初期，越南《投资法》将"垃圾收集、处理、回收和再利用"列为鼓励投资的领域、享受相应的优惠政策，欢迎相关领域的国际投资。

越南固废处理领域市场前景发展广阔。根据越南最新批准的《到 2025 年固体废弃物综合管理战略及远景展望》，越南计划到 2025 年能够将生产经营、服务、医疗及传统工艺村活动所产生的危险固体废弃物进行 100% 的有效及时收集和处理，并达到环保要求；同时，个人产生的危险固体废弃物 85% 的部分能满足环保要求。从行业发展现状来看，越南国内固废加工利用主要以垃圾焚烧发电、废塑料再生等形式呈现，其中垃圾焚烧发电是固废利用的主流方式。越南国内固废及进口固废数量庞大，固废加工利用行业发展条件充足，未来越南在固废处理检测设备及技术，固废综合利用与发电、废弃物资源再生技术等领域需求旺盛，市场发展前景广阔。目前中建五局、光大国际等中国企业已进军越南固废处理市场，参与越南的垃圾焚烧发电项目。

1. 案例分析——越南芹苴垃圾焚烧发电厂

（1）背景

芹苴市是越南五大直辖市之一，地处越南的南部，是湄公河三角洲上最大的城市，总人口195万人，距离胡志明市约160千米，近年来随着经济的高速发展和城市的持续扩张，生活垃圾不断增加。项目投资当年，芹苴市生活垃圾清运量约为650吨/日，但主要采用填埋和焚烧不发电的方式处理固废，而且原有2家垃圾焚烧处理厂（焚烧不发电），日处理量共约150～200吨，已于2020年关闭。中国光大国际有限公司（"光大国际"）是中国环保行业的领军企业，亚洲最大的垃圾发电投资商和运营商，于1993年在香港创办，在香港联合交易所有限公司主板上市。光大国际以发展绿色环保产业为主业，实行环保项目投资、工程建设、项目运营、技术研发和设备制造一体化的运作模式，是中国首个"全方位、一站式"的环境综合治理服务商。光大国际以"致力发展成为全球领先的生态环境集团"为愿景，倡导"企业不仅是物质财富的创造者，更应成为环境与责任的承担者"的核心价值观。

光大国际在中国环保行业深耕十多年，致力于通过技术创新推动公司业务发展，已实现新项目"所有设备中国制造，核心设备自主开发"。公司全面深化细化垃圾发电项目各项技术参数，并形成稳定成熟工艺。具体工艺上，机械炉排炉设备主要采用多级往复式"顺推+翻动"工艺，烟气净化处理主要采用"SNCR+半干法+干法+活性炭吸附+布袋除尘"组合工艺，渗滤液处理主要采用"预处理+高效厌氧IOC+好氧A/O+超滤+化学软化+微滤+反渗透"工艺。所有垃圾发电项目烟气排放标准执行Directive 2010/75/EU（欧盟2010标准）；渗滤液处理执行GB/T 19923—2005《城市污水再生利用-工业用水水质》敞开式循环冷却水系统补充水标准，部分项目实现"零排放、全回用"。

（2）项目推进与举措

正因为芹苴市垃圾处理问题的急迫性，以及民众对垃圾处理问题的认知进一步提升，当地政府当年提出以招标的形式引进现代化的生活垃圾处理厂，采用先进处理工艺全量处理生活垃圾。光大国际对此招标项目进行了投标，随后经过政府部门组织的评选、实地考察投资商的项目的系列程序，最终光大国际于 2016 年 7 月以 BOO（建设-运营-拥有）方式中标，并于同年 12 月与越南芹苴市建设厅签署项目投资协议，项目由光大国际投资、建设与运营，设计日处理生活垃圾 400 吨，涉及投资约 4 700 万美元，经营期为 22 年（含建设期）。项目核心技术装备将全面采用光大国际自主研发的设备。

2017 年 6 月，光大国际投资、建设和运营的芹苴垃圾焚烧发电项目正式开工建设。项目初始，当地也出现了很多质疑的声音，毕竟芹苴生活垃圾焚烧发电厂是越南第一个现代化、高标准的垃圾发电项目，当地民众对垃圾焚烧发电工艺相关知识了解度和支持度不高。为了消弭越方对垃圾发电这一新鲜事物的种种疑虑，光大国际树立了"从零做起、用事实说话"的理念，在当地开展了系列环保公益宣传，项目建设前期组织了当地社区民众到中国实地考察光大国际在运生活垃圾发电项目，让其"眼见为实"；为了推进工程，一件事反复磋商两三天甚至两三月也不厌其烦；为了让项目更加切合当地实际，技术团队先后在越南多个污水处理厂取样试验，直至培育出最合适处理垃圾渗滤液的本地菌群。在中方的不断努力下，越方从开始的心怀疑虑，到后来高度信任，并主动推动实施。经过 16 个多月的施工，2018 年 10 月项目正式进入试运行阶段，并于同年 11 月全面完工正式投产。

项目投产运行以来，为了让项目"经得起看、经得起听、经得起闻、经得起测"，公司通过垃圾仓负压控制将全厂臭气集中收集送入焚烧炉，做到无臭气外溢；以喷射氨水脱氮、干法及半干法脱酸、活性炭喷射、双覆膜布袋除尘等手段净化烟尘；用物理和生化措施"双管齐下"实现垃圾渗滤液全部再利用、零排放；就连燃烧剩下的炉渣经清洗、分选和收集后也可再次综合利用。最终实现不仅各项数据达标，而且厂区内绿化环境较好，厂房内整洁有序；厂房内负压控制有效，全厂无异味；采用封闭式厂房，噪声得以有效控制。同时，芹苴项目

完全对公众开放，接受政府和社会的监督，项目在厂区大门外通过
LED 屏幕对外公示各项烟气数据，并可通过网络实时向当地环境监管
部门发布。通过让公众走进企业，实时了解环保设施的运行和污染控
制状况，让污染治理设施在群众监督之下运行，在持续保持高水平的
环境管理的同时，保证项目安全、连续、稳定、达标运行。

芹苴垃圾焚烧发电项目以其花园式环境，没有异味、没有噪声，
严格检测达标排放、烟气在线监测指标日均值达到欧盟 2010 标准、协
调处理陈腐垃圾，改善当地城市生态环境，得到了政府、民众、媒体
等多方认可。2018 年，此项目获得芹苴市投资促进会颁发的"2018 年
芹苴市优秀企业奖"。2020 年 6 月，此项目获得芹苴市颁发的越南垃
圾焚烧发电行业中第一个工业旅游基地批复。2020 年 9 月，此项目获
得越南环境资源部颁发的环保工程竣工证书，标志着该项目 5 项环保
工程已全部验收完成。这 5 项环保工程包括废水收集和处理工程、粉
尘烟气处理工程、生活固体废物储存处理工程、储存危险废物工程，
以及环境保护工程。此外，项目已完成定期监测废水质量、监测废水
处理系统的排放和污泥等环境监测计划。

（3）经验和启示

生活垃圾是城市和社区面临的一个重要环境问题。芹苴垃圾焚烧
发电项目的建设，不仅解决了全市生活垃圾露天堆放造成的诸多问题，
还为当地减少垃圾污染、改善百姓生活环境作出重要贡献。越南垃圾
焚烧发电技术和工艺处于起步阶段，相关法规、标准还不完善，而芹
苴垃圾焚烧发电厂项目建设、工艺及运营使用的标准为越南政府完善
垃圾发电行业标准提供了依据，推动了越南垃圾焚烧发电领域的技术
发展。

循环经济领域企业在对越投资中，应该注重以下几点：

一是实现全过程绿色环保的成熟技术和工艺是对外投资的基础。

越南的生活垃圾热值和成分与中国南方城市接近，光大国际采用
的烟气处理工艺和渗滤液处理工艺已经在中国南方城市项目中广泛使
用，为稳定成熟工艺。芹苴项目完全按照中国的标准建设，光大国际

参照其在中国的安全环境管理体系,对"一进四出"("一进"为生活垃圾,"四出"为炉渣、飞灰、渗滤液、烟气)严格管控。经越南有资质的第三方检测,项目各项数据全部符合越南现有国家标准,烟气在线监测指标日均值达到欧盟 2010 标准。芹苴垃圾焚烧发电项目的成功,最重要的因素正是因为企业拥有全过程绿色环保的成熟技术和工艺设计以及已经配套的设备,这也是企业投资越南绿色发展产业领域所必需的前提条件。

二是重视当地民众关切、主动接受社会监督是获得信任的关键。

芹苴项目从项目启动至今持续有当地社区民众的参与。为避免出现生活垃圾焚烧项目"邻避效应",项目建设前期组织了当地社区民众到中国实地考察光大国际在运生活垃圾发电项目。项目环评阶段也充分开展了社区民调,确保项目合法合规开工建设。项目建成后多次邀请当地居民到厂内参观,接受社会监督。另外,项目在处理每日新产生的生活垃圾基础上,进一步协助政府逐步处理原有垃圾填埋场的陈腐垃圾,协助解决全市生活垃圾露天堆放造成的诸多问题,更加获得当地民众的好感和支持。芹苴垃圾焚烧发电项目的成功以及进一步发展,离不开项目公司主动融入当地民众、重视当地关切、接受社会监督等措施。

三是关注并争取国际国内银行政策性贷款是长远发展的助力。

芹苴生活垃圾焚烧发电项目建设以来,获得了越南政府部门的高度重视,也得到了亚洲开发银行的肯定和支持。对于对外投资项目,资金是影响项目成功的最重要因素,特别是政策性银行或者国际金融机构的支持,可以帮助企业获得低成本优势。芹苴生活垃圾焚烧发电项目在完工投产之前,2018 年 2 月,亚洲开发银行与光大国际签订合作协议,向光大国际提供 1 亿美元贷款,以支持其在越南多个城市建设生活垃圾发电项目,发展越南首批城市生活垃圾发电 PPP 项目。其实,早在 2009 年亚洲开发银行就为光大国际提供了第一批 2 亿美元贷款,主要用于投资农业、城市垃圾综合环保项目;在 2012 年,光大国际以及与亚洲开发银行又签署了 2 亿美元贷款协议,用于帮助中国的农业和城市垃圾焚烧发电项目。因此，类似的绿色产业项目，从建设之初，就与金融机构形成良好互动与合作，对于自身建设以及"走出去"都有极其重要的作用。特别是现在碳达峰碳中和战略背景下，各金融机构也都在积极制定相应的规划、产品和服务，大力推动发展绿色产业，这对于企业来说，是非常重要的历史机遇，企业应积极作为、抓住机遇，获得进一步发展。

2. 标准体系

（1）产业链技术标准体系

生活垃圾焚烧发电行业全产业链所涉及的主要环节及对应的技术标准体系如图 2-2 所示，垃圾焚烧发电行业的上游行业主要包括垃圾清运、垃圾焚烧设备制造等，中游行业主要包括焚烧发电厂设计、建造，下游行业主要包括焚烧发电厂运营、维护等，还包括电网公司的发电上网。

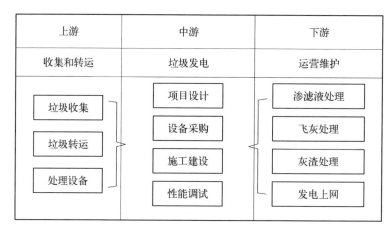

图 2-2　垃圾焚烧发电产业链结构图

从图 2-2 可以看出，产业链上主要涉及的技术标准包括上游的垃圾清运要求、垃圾焚烧设备技术指标，中游的项目选址、工程建设要求，下游的垃圾存储和渗滤液收集要求、燃烧炉运行要求、烟气排放要求。而和环境保护直接相关的要求主要为：垃圾清运、垃圾存储和渗滤液收集、烟气排放，这将是绿色生产标准体系重点阐述的方面。

（2）绿色生产标准体系

生活垃圾焚烧发电整个产业链涉及的环境要求，主要包括了三个方面。第一方面是生活垃圾本身发酵产生的臭气和污水，在运输和储存环节可能存在的泄漏，会对社会和环境造成不好影响；第二方面是焚烧炉运行时的炉内垃圾处置，特别是停炉及故障时，因焚烧不充分造成污染物持续超标排放；第三方面是垃圾焚烧后的烟气排放，烟气中的污染物质超过一定限度会对自然环境造成破坏。

对绝大多数发展中国家来说，生活垃圾焚烧发电行业起步比较晚。中国的垃圾焚烧发电大部分技术主要是通过引进国外先进设备或吸收消化国外技术而形成的；近些年，我国政府不断加大垃圾焚烧发电产业布局和规划，促进了行业快速发展。目前，中国已经涌现出一批以亚洲最大垃圾发电投资商和运营商为代表的中国垃圾处理环保企业，技术上与发达国家的垃圾发电企业不相上下。

中国垃圾焚烧发电行业生态环保要求涉及的法律法规包括《环境保护法》《水污染防治法》《大气污染防治法》等，而涉及的环保标准和技术规范主要包括强制性国家标准《生活垃圾焚烧污染控制标准》（GB 18485—2014），以及推荐性国家标准《生活垃圾焚烧炉及余热锅炉》（GB/T 18750—2008）、《生活垃圾焚烧炉渣集料》（GB/T 25032—2010）、《垃圾焚烧尾气处理设备》（GB/T 29152—2012），还有生态环境部发布的系列环境标准：《排污许可证申请与核发技术规范 生活垃圾焚烧》（HJ 1039—2019）、《生活垃圾焚烧飞灰污染控制技术规范（试行）》（HJ 1134—2020）、《垃圾焚烧袋式除尘工程技术规范》（HJ 2012—2012）等，以及住房和城乡建设部发布的系列标准：《生活垃圾焚烧处理工程技术规范》（CJJ 90—2009）、《生活垃圾焚烧厂检修规程》（CJJ 231—2015）、《生活垃圾焚烧厂运行监管标准》（CJJ/T 212—2015）、《生活垃圾焚烧飞灰稳定化处理设备技术要求》（CJ/T 538—2019）等。其中，垃圾焚烧发电行业环境质量和污染物排放最核心的技术标准为《生活垃圾焚烧污染控制标准》（GB 18485—2014），几乎涵盖了生活垃圾焚烧发电全产业链的环保要求。

综合来看，全产业链上游的垃圾清运主要的技术要求是采取密闭措施，避免运输过程中发生垃圾遗撒、气味泄漏和污水滴漏。下游的垃圾贮存和渗滤液收集主要是要求设备采取封闭负压措施，并标准运行期和停炉期均处于负压状态；这两项技术要求相对简单而且技术上也相对容易实现，因此本篇不作重点研究。垃圾在燃烧过程中，由于成分的复杂性和不均匀性，焚烧过程发生了许多不同的化学反应，产生的烟气包含有很多对人体和环境有直接和间接危害的成分，主要包括颗粒物、氮氧化物等酸性气体、二噁英类等有机污染物、重金属及其化合物等污染物质，这些污染物质排放达到一定量就会对环境造成很多危害。因此，本篇将以烟气排放指标体系作为垃圾焚烧发电产业的核心指标体系来研究。

（3）核心指标体系

生活垃圾焚烧发电行业的烟气排放执行的标准，相对来说比较简单，在国内是按照《生活垃圾焚烧污染控制标准》（GB 18485—2014）来执行的，此国标在 2020 年增加一份修改标准：《生活垃圾焚烧污染控制标准》（GB 18485—2014/XG1—2019）国家标准第 1 号修改单，关于烟气排放的具体技术指标如表 2-3 所示；在越南是按照技术法规 QCVN 61-MT：《国家生活垃圾焚烧炉技术法规》（2016/BTNMT）来执行的，关于烟气排放的具体技术指标如表 2-4 所示。

表 2-3　中国生活垃圾焚烧污染控制标准烟气排放具体指标

序号	污染物项目	单位	限值	取值时间
1	颗粒物	mg/m^3	30	1 小时均值
			20	24 小时均值
2	氮氧化物（NO_X）	mg/m^3	300	1 小时均值
			250	24 小时均值
3	二氧化硫（SO_2）	mg/m^3	100	1 小时均值
			80	24 小时均值
4	氯化氢（HCl）		60	1 小时均值
			50	24 小时均值

（续表）

序号	污染物项目	单位	限值	取值时间
5	汞及其化合物（以 Hg 计）	mg/m^3	0.05	测定均值
6	镉、铊及其化合物（以 Cd + Tl 计）	mg/m^3	0.1	测定均值
7	锑、砷、铅、铬、钴、铜、锰、镍及化合物（以 Sb + As + Pb + Cr + Co + Cu + Mn + Ni 计）	mg/m^3	1.0	测定均值
8	二噁英类	Ng TEQ/Nm^3	0.1	测定均值
9	一氧化碳（CO）	mg/m^3	100	1 小时均值
			80	24 小时均值

表 2-4　越南生活垃圾焚烧炉技术法规烟气排放具体指标

序号	污染物项目	单位	限值
1	颗粒物	mg/m^3	100
2	氯化氢（HCl）	mg/m^3	50
3	一氧化碳（CO）	mg/m^3	250
4	二氧化硫（SO$_2$）	mg/m^3	250
5	氮氧化物（NO$_x$，以 NO$_2$ 计）	mg/m^3	300
6	汞及其化合物（以 Hg 计）	mg/m^3	0.2
7	镉及其化合物（以 Cd 计）	mg/m^3	0.16
8	铅及其化合物（以 Pb 计）	mg/m^3	1.2
9	二噁英/呋喃总量（PCDD/PCDF）	ng TEQ/Nm^3	0.1

　　将表 2-3 与表 2-4 比较可以看出，中越两国生活垃圾焚烧烟气排放指标种类基本一致，只是中国对于重金属种类要求更多，而且指标更加严格；另外，中越两国对于指标的限值管理有所差别，中国的指标限值相对更加严格，不仅体现在限值的数值大小上，而且多个指标分了"1 小时均值"和"24 小时均值"的不同要求。总体来说，中国生活垃圾焚烧发电行业发展程度超过越南不少，对于其烟气排放的要求和控制也更加严格。

3. 对比分析与相关建议

（1）对比分析

由表 2-3 和表 2-4 的比较可以看出，中国生活垃圾焚烧烟气排放的各项指标要求明显超过越南，这也就意味着，只要在中国合法合规经营的生活垃圾焚烧企业，在技术上都能满足越南的法规和标准要求。这对于打算投资越南的国内相关企业来说是比较有利的，设备与技术符合性将不会有问题，只要在建设与实际运营阶段不出现违法违规情况，就能够实现顺利投资。

（2）相关建议

从技术发展方向来看，对于垃圾焚烧相关技术企业提出以下几点建议：

一是开发更严格的烟气排放指标设备。

绿色生产的理念深入人心，必然要求未来推行更加严格的烟气排放指标，从现有技术实现的角度，可以采用更加智能的燃烧控制系统，将温度场和自动燃烧控制相结合，从而使得垃圾在炉膛内可以充分并稳定燃烧，达到炉渣热渣热灼减率小于 3%，并从源头上大幅降低燃气污染物的产生。

目前，国内垃圾焚烧厂采用的 SNCR 脱硝、干法/半干法脱酸、活性炭吸附去除二噁英及重金属、布袋除尘器去除粉尘等技术，可以在此基础上，增加脱酸效率更高的湿法工艺，并采用更先进的 SCR 低温催化脱硝及分解二噁英的设施，从而大幅降低民众最关心的二噁英及氮氧化物等排放，确保垃圾焚烧厂排放的各类污染物指标严于国家标准、优于欧盟标准。

二是采用更加高效率的能源利用和资源利用技术。

"双碳"目标的提出，对于能源高效利用、资源综合利用提出更高的要求。能源利用方面，上文提到的采用智能燃烧控制技术，若同时优化炉膛和锅炉设计，适当提高蒸汽等参数，并采用更大型燃烧炉设备，可有效提高单位垃圾发电量超过 10% 以上；另外，大型垃圾焚烧厂的汽轮机排汽方式，若是由目前常用的强制通风冷却塔冷却，调整为自然通风冷却塔冷却，也可大比例降低能量消耗；最后就是各类细节上能量消耗的优化，比如采用烟气再循环技术、使用绿色能源设备等。

资源综合利用方面，污水和废弃物再利用是非常重要的方向。垃圾焚烧厂内产生的污水经过处理后再循环利用，实现全厂污水近零排放，这是需要加强技术合作进行突破的；垃圾焚烧厂建设首先应该优先采用新型建筑节能材料，并将焚烧炉渣单独或者与其他如市政污泥等固废协同处置开发，进一步形成再生环保材料，实现资源综合利用。

三是重视社会监督和社会公益性价值实现。

垃圾焚烧本就是民生工程项目，具有社会公益性的属性，企业应该更加重视运行过程的全程监督和透明，并对当地居民公共生活品质提升作出贡献。企业应该开展数字化运行，设置无死角的监测和监控，实现"装、树、联"要求，并实时上传到公众可以查询的政府指定网站，全面接受社会监督，并配合当地政府对运行管理水平进行综合考评和提升。关切当地民众诉求，提升社会公共事业水平，适当建设社区服务中心、活动场所、主题公园等设施，提升区域整体环境质量。

五、投资越南风险分析与应对建议

（一）潜在风险

综合近十年特别是近三年来整体状况来判断，越南经济增速平稳、汇率相对稳定，预期向好，但中国企业对越南开展商业投资，依然存在一些风险，比如越南宏观经济风险、外汇利率变动风险、经营状况改变风险等①。无论是越南自身深化改革的措施，还是其他外国投资和势力的影响，都将对中国企业带来不同程度的政治、经济、社会等综合风险，甚至因为项目投资中的些许技术问题，耦合政治上的风险，会发展成为对企业具有极强破坏力的连锁反应。

---

① 姚淑梅、刘栩畅、李馥伊：《新形势下引导对外投资健康发展的着力点》，《经济日报》，2020-08-04(011)。

1. 自身深化改革可能带来的风险

当前，随着世界格局发展变化，越南正在推进一系列深化改革的措施，包括体制和结构上的重大调整，比如自由选举、成立独立工会、取消户籍、取消公务员终身制等内容①，这些措施会对越南经济和社会产生重大影响。

体制结构上的重大调整，会对以往政策稳定性造成影响。取消公务员终身制以及取消户籍等措施，会对企业稳定发展造成一定负面影响。越南近年来在全球清廉指数排名榜中排名基本上在 100 名之后，现在越南修改了《公务员法》和《干部公职法》，并于 2020 年 7 月开始生效，取消公务员终身制可能会对工作效率的提升有帮助，但并不能从根本上解决公务员腐败问题，甚至会由此产生灰色链条和非体制内代言人等问题。取消户籍制度对于实现人员要素自由流动有很大裨益，但也会存在人员集聚大中城市，却因为缺乏相匹配的管理而产生更多社会矛盾。同时，越南深化改革仍然还处于起步阶段，过程和结果尚难以预测，会增加未来发展的不确定性。

2. 外国投资可能带来的风险

作为东南亚经济增速最快的经济体，越南持续受到外国投资的青睐，而越来越多外资竞争者进入越南，不但会淡化中资企业获得的政策优惠和税收优势，而且更强的技术和管理水平，更会对中资企业的产品销路和利润形成挤压的风险。

一是随着外国投资的大量跟进已形成逐渐饱和态势，中资企业对越投资所能享受的政策优惠和利润空间已经日益减少。由于越南具有独特的地理区位和良好的投资环境，已经吸引了大量国际资本的投资，据越南计划投资部报道的数据，截止到 2020 年 12 月 20 日，全球超过 130 个国家和地区在越南投资，注册资金总额超过 4 000 亿美元，即使是新冠疫情暴发的 2020 年，越南新增的外国投资资本总额也达到了 285 亿美元②。中

---

① 朱念、杨昊楠:《中国企业投资越南风险及其防控》,《中国外资》,2020(21):26—27。

② 《越南 2020 年社会经济指标》,2020-12-27。http://www.mpi.gov.vn/Pages/tinbai.aspx? idTin=45768&idcm=136,访问日期：2021.2.19。

资企业近几年已经加大对越南投资，2020年成为在越南开展投资项目总金额排名的第三名，但是综合来看，越南的中资项目总数大概3 000个，注册资金总额大约240亿元，占越南外商投资总额的6%左右。事实上，整个越南可以承载的外资总量也是有限度的，而随着更多国家和地区以及更强投资者的投资布局，中资企业可以享受到的政策优惠与竞争者比较已经不太明显。

二是中资企业在越投资规模相对较小，难以形成规模效应，缺乏现有投资领域的既有优势。比如，韩国在智能手机领域整个产业链占据龙头地位，中国投资企业比较零散，没有抱团优势，综合竞争力并不强。许多发达国家和地区早于中国之前已经在越南甚至是整个东盟排兵布阵，这些国家和地区的投资公司多是资金实力雄厚、机械设备先进、产品渠道更广、技术和管理水平更高的跨国公司。目前来看，中资企业在越南的竞争对手主要是来自日本、韩国、新加坡、美国等国家和地区。中资企业有不少是随着中美贸易摩擦的影响而选择到越南投资，往往考虑不慎周全，选择"先落地，再分析改进"的策略，也正因为如此，会造成产品出口受阻、优惠税率不能适用、商品利润下降等问题，这些都是目前中资企业已经遇到的商业风险。

3. 技术与政策耦合可能带来的风险

一是随着中美贸易关系的紧张持续，预计美国针对中国商品的贸易限制措施将有增无减，其中就包括反倾销、反补贴等措施。而随着中国企业对越南投资的增加，特别是制造业投资激增，越南已经成为美国进行反规避调查案最常涉及的第三国[①]。例如，在2019年3月20日结案的针对来自中国的铝型材反规避调查中，组装成铝制门槛后作为越南产品出口到美国，被认定为以"第三国转运"方式规避美国对中国铝型材产品的反倾销/反补贴措施。反规避调查会对第三国产生一些负面影响，甚至反规避措施可能会被扩展，不仅适用于该国被调查商品的生产商，还将适用于该国出口美国的所有同类产品的生产商。

---

① 曾磊:《美国贸易反规避措施同时威胁中国出口和对外投资》,《中国对外贸易》,2020 (12):49—51。

这种风险将会给越南政府造成比较大的压力，加大当地政府压缩中国投资企业的生存空间。2019 年 6 月 9 日，越南官方宣布，查获了一批伪造的越南原产地证书和非法的转运活动，这些假冒证书和转运活动被怀疑用于帮助中国产品规避美国的高额惩罚性关税，涉及农产品、纺织品、钢材等品类。

二是越南社会中仍然存在对中资企业不信任和不友好的情况。如个别中资企业可能因为技术或者产品上的问题，本可以从技术角度进行解决，但却有可能被故意放大，甚至被某些势力操纵利用，将事件上升到政策层面，从而波及全部的中资企业成为受害者。

（二）协同解决应对建议

从上文分析可以看出，在整个投资与合作的过程中，不仅有单纯的企业商业风险，还有系统的行业特有风险，更有超越企业和行业层面的法律政策风险。这不仅需要企业操作层面的程序与经营合法合规，还需要整个行业层面的政策与技术指导，更需要中越两国之间不断的法律协同与合作。而作为投资主体的企业更是需要主动接受行业层面的技术和政策指导，妥善使用政府间的双边和多边合作平台，发挥国家对投资者对外投资保护屏障的作用。

1. 国家层面的应对措施

（1）加强多边和双边协议框架落实

多边合作方面，中国与越南共同参加的经济贸易相关领域的国际公约，主要包括《世界贸易组织协定》《联合国国际货物销售合同公约》《保护工业产权巴黎公约》《多边投资担保机构公约》《建立亚洲开发银行协定》《联合国工业发展组织章程》《关于建立国际农业发展基金的协定》《亚洲公路网政府间协定》《亚洲铁路网政府间协定》等；同时，世界贸易组织框架下的主要协定包括了《与贸易有关的知识产权协定》《技术性贸易壁垒协定》《与贸易有关的投资措施协定》《海关估价协定》等，中越两国均承诺遵守这些协定内容。总体来说，两国参与的国际公约基本包括了投资方面的业务开展、权利保护、金融支撑、跨国运输、国际销售等各环节的政策保障。

中国和越南共同参与的区域合作协定主要是中国-东盟自贸区合作体系,以及东盟发起包括中国在内的《区域全面经济伙伴关系协定》。越南于1995年成为东盟的第7个成员国,2003年东盟领导人决定成立东盟共同体,涵盖政治、经济、文化三大核心领域,其中东盟经济共同体建立于2015年12月31日,其核心目的就是建立区域内统一市场和产业基地。东盟积极发展与中国的经济合作,目前已经签署的协议包括《中国-东盟全面经济合作框架协议》《货物贸易协议》《服务贸易协议》《投资协议》《争端解决机制协议》。《区域全面经济伙伴关系协定》已经于2020年11月15日正式签署,协定内容涵盖货物贸易、原产地规则、海关程序与贸易便利化、标准技术法规和合格评定程序、服务贸易、金融服务、专业服务、投资、知识产权、电子商务、经济与技术合作、政府采购、争端解决等全方位的市场经济保障体系。综合来说,中越两国参与的东盟为主体的区域合作上,已经成为现代化、高质量又互利互惠的自由贸易态势,而且朝着东亚区域经济一体化的纵深方向发展。

双边合作方面,中越两国从1991年开始,就在经济合作、贸易、投资、税收等领域签署了一系列双边经贸协定,主要包括《贸易协定》《经济合作协定》《关于鼓励和相互保护投资的协定》《关于结算与合作协定》《关于货物过境的协定》《关于成立经济、贸易合作委员会的协定》《边贸协定》《和平利用核能合作协定》《关于扩大和深化双边经贸合作的协定》《关于建设跨境经济合作区的备忘录》《关于成立协助中方在越实施项目联合工作组的备忘录》《两国政府边境贸易协定》《关于产能合作项目清单的谅解备忘录》《2017—2019年项目融资与双边授信合作谅解备忘录》《关于电子商务合作的谅解备忘录》《经济技术合作协定》《共建"一带一路"和"两廊一圈"合作备忘录》《电力与可再生能源合作谅解备忘录》等。另外,中越两国高层近年频繁互访,特别是绿色"一带一路"理念的提出,也推动了双方合作项目和合作领域的进一步拓宽。总的来说,中越两国之间的经济和技术合作,尤其是绿色技术相关投资的合作,在越南有着天然的需求和良好的基础。

国家层面上，前期的多边和双边合作平台已经非常完善，也就意味着中越两国在互利、共赢、合作理念上已经有了非常好的基础，而接下来的落实方面，除了两国政府之间的对话与合作之外，还可以增加政府与企业间的共同磋商与对话，增加互信与交流，妥善处理合作中出现的各类发展问题。因此，应形成中越两国国际经济事务处理机制，根据行业组织和企业投资发展需要，及时搭建沟通交流和共同协商的平台，并为投资企业问题的解决提供合法便利的条件。

（2）增强对外投资宏观指引和指导

在国际合作协议框架的基础上，相关政府部门需加强顶层设计，做好更加长远的产业规划和相应政策支撑，不但要应对竞争，更要把握机遇，在重点产业的全球产业链布局中占据先机。为此，要更好地推动对外投资，需要国家进一步完善对外投资管理体制机制、构建金融支持体系、促进国内外产业良性互动，引导企业对外投资更好地服务于经济发展的战略需求。

一是深入推进对外投资管理改革，完善我国对外投资管理体制机制。坚持"企业主体、市场原则、国际惯例、政府引导"，深入推进对外投资管理"简政放权、放管结合、优化服务"改革；加强宏观指导，支持国内有能力、有条件的企业创新对外投资方式，开展真实合规的对外投资活动，优化全球资源配置，更好地服务于国内实体经济发展；完善对外投资全过程管理，创新监管工具，做好事中事后监管，强化海外风险的防控机制，有效规范对外经济合作参与者的行为和市场秩序；优化对外投资综合服务，加强在发布境外投资信息、建立投资合作机制和推动海外利益保护等方面的协调，全面推进"互联网＋对外投资服务"，自上而下地形成多层面、多平台的支持体系，共同服务企业"走出去"。

二是构建金融支持体系，提升企业在全球市场的竞争力。加强亚洲基础设施投资银行、金砖国家新开发银行及其他多边开发机构共建"一带一路"项目的力度，推动中外深度合作，进一步推动与发达国家"一带一路"第三方市场合作，实现三方互利共赢。同时，制定鼓励企业对外投资的税收、信贷和保险一揽子政策措施；对海外投资企业给予资金支持、贷款担保和贷款风险分担，帮助企业在海外发展中提高自身的融资能力和资金安全性；加快国内金融体制改革，提升中国金融市场开放的广度和深度，为企业"走出去"提供更多的市场化融资渠道和避险产品等。

三是促进国内外产业良性互动，提升我国企业在全球产业链和生产网络中的地位。增强国内发展环境的稳定性和可预期性，发挥我国完整的工业体系、超大规模市场优势和内需潜力，吸引世界先进技术、管理模式和价值链网络落地中国，使更多的中国企业融入全球产业链，进而增强企业"走出去"全球配置资源的内生动力和能力。与此同时，鼓励企业以更大步伐"走出去"，在积极参与传统国际分工、稳住传统产业链供应链的同时，以"一带一路"倡议为依托，构建更加均衡和多元化的国际循环体系。通过"引进来"与"走出去"良性互动，促进提升我国产业基础能力和产业链水平，形成面向全球的贸易、投融资、生产、服务网络，推动形成国内国际双循环相互促进的新发展格局。

（3）推动建立政府、行业组织和企业三位一体的联合机制

投资虽然是企业的行为举动，但却远不是企业自己的事情。我国企业想要提高对外投资能力，既要依靠自身市场竞争力，还需要借助行业组织的专业指导，更离不开国家政策层面的协调帮助。目前很多发达国家已经形成了政府、行业组织和企业的联动机制，三个层面之间密切合作，形成国家内部大循环、国内国际双循环有效局面。以日本为例，该国形成了国内企业为主体、行业组织为核心、国家主管部门为后盾，共同应对国际争端的机制。政府部门不仅在国内制定各类政策帮助企业增强创新能力和市场竞争力，更是作为国家代表参与国际事务帮助企业解决投资问题；行业组织既要汇总梳理国内企业存在的各类技术问题与发展诉求，积极向政府反映行业技术和发展难题，还会为企业提供有效信息协助企业解决问题；而企业也非常重视政府颁布的政策和提供的平台，也会充分利用行业组织提供的信息来增强实力发展企业。正是依靠这种机制，日本经济才形成了战后"增长的奇迹"，

也正是日本等发达国家的实践，证明了这种联合机制是行之有效的。

为推动国内形成政府、行业组织和企业"三位一体"的联合机制，政府应主动牵头开展系统布局。政府针对国际投资规则方面建立完善的法律保障体系，确保国家声誉和企业合法利益不受侵害；行业组织掌握本行业核心技术发展状况，特别是投资国本行业绿色技术鉴别与需求情况，在对外投资中对企业技术评估和绿色鉴定、金融配套政策、目标国相关政策等方面开展指导；企业注重本身绿色技术应用以及产品质量稳定，并重视提升企业品牌形象和价值，遇到超越企业解决范围的问题及时向行业组织反馈，并主动参与政府搭建的利于问题解决的沟通平台。整个过程中，政府部门主动牵头并持续去做是最重要的，同时让企业看到其中的利益相关性并愿意参与进来，让行业组织有路径进行反馈且有资源和能力开展梳理指导，这样才能形成稳定且全面的"三位一体"联合机制。

2. 行业层面的应对措施

行业组织在全球经济中的作用是很重要的，为本国企业对外投资的成功更是起到核心作用。

（1）承接并发挥好政府和企业间沟通桥梁的定位和作用

行业组织本身就有大量的行业专家以及有社会影响力的企业家，具有在政府和企业间"承上启下"的地位。在国内，充分利用组织自身的集聚性优势弥补企业的单一性和分散性，实现资本的扩大效应和产业集聚的规模效应，并在此基础上进行资源整合，推动产业内有序分工与协作形成细分市场，制定各环节产品和服务质量标准，促进产业链上下游企业协同发展，引导企业自觉塑造综合品牌形象建设，形成有特色、有专长且富有竞争力的产业集群。国际上，全面收集并掌握本行业在国际市场的行情格局，对国外主要竞争对手企业的投资策略和发展模式进行研究和分析，帮助会员企业找准定位、认清差距，指导企业有针对性地开展借鉴和应用，提升企业的实力。

行业组织在对外直接投资的争端解决方面具有巨大的优势。在对外经济交往中，政府所能发挥的职能范围和程序，已经被限定在

WTO的法律框架体系之内，不可以直接参与国内外市场竞争，只能制定市场规则；而关于外商投资问题的解决，也设置了"用尽当地救济手段"条例，就是说海外投资者发生争端后，必须首先采用当地一切可以想到的方法和救济手段，除非发生东道国拒绝或者发生不公平执法等情况，才可以寻求外交保护，否则本国政府将无法发挥作用。但是行业协会却有对企业之间相互竞争与合作进行调节的优势，以会员企业代表的身份直接或间接参与对外直接投资和投资争端的解决。同时，行业组织对该行业和产品的国际发展竞争状况了解更加全面，对东道国的法律政策以及整个行业的竞争状况也更加熟悉，不仅比企业自身直接解决争端更加有效，而且还可以维护整个行业的权益。

（2）加强行业组织的自身建设，促进专业化和国际化发展

行业组织真正要发挥应有的作用，还必须完善自身建设。首先，必须要有市场化运作的意识，不能依靠政府生存，而要充分发挥服务于企业的作用；其次，要完善组织内部的各项制度，借鉴国际上相关行业组织的经验，建立相关的行业章程、自律监督制度、工作制度、通报制度等工作和管理制度；再次，要建立本行业的核心数据库，不仅要掌握本行业的专业技术及产能等综合情况，还要能发现行业关键技术难题，同时对行业内所有成员共享有价值的资源和信息，与企业形成密切沟通、互帮互助的态势；最后，要提高行业组织工作人员的业务水平和专业能力，既要懂技术，还要懂投资和法律。

行业组织可以重点从专业化和国际化两个方向来推动企业"走出去"。首先，行业组织要掌握本行业的技术体系特别是涉及环境污染的技术环节，同时结合行业的国际发展水平，对于国内主流技术体系能否达到目标国环保要求要有预判，同时针对目标国的各类技术法规和标准的具体要求情况要全面掌握。其次，行业组织还要借鉴国外同行的经验做法，实现国际化发展，参与到国际性行业组织中才能形成话语权并真正发挥作用。因此，一方面，行业组织应该加强相互间的联系，与目标国相关的行业组织积极开展交流与合作，建立稳定的沟通机制，为国内企业搭建专业的国际合作平台；另一方面，行业组织应

该加强与国际经济组织建立密切的联系，参与构建国际性行业协会联系网络，并争取各国际组织专项基金援助等资金。

（3）顺应国家战略为企业对外直接投资提供更多政策建议和支持

一是为本国政府出台行业相同的各类政策提供充实证据材料。首先，要对本行业全球发展状况充分了解和掌握，在此基础上为国内企业的发展方向提出合理建议，并推动相关部门出台相应支持政策；其次，要对投资目标国对本行业的各类政策非常熟悉并能应用，结合本国企业技术现状和投资需求，为政府出台推动中越两国相关行业经贸合作的政策提供充实材料，并能维护两国共同利益。

二是促进国内企业的技术进步和整体水平提升。充分进行市场调研，通过组织政、产、学、研、用相结合的方式，推动国内企业的技术进步。同时，积极开办各种技术研讨交流会，促进企业之间的技术学习及提升。

三是协调企业在对外投资中的合作。组织国际交流活动，让对外投资企业深入了解东道国当地政府和企业的发展关切，也让当地政府和企业加强对投资企业的理念和实力认识，促进两国的交流和合作。同时，对于行业上下游企业组团投资进行协作和指导，促成企业抱团发展。

3. 企业层面的应对措施

（1）掌握重点领域发展趋势，实现优先布局

把握发展方向加快投资布局对未来投资尤为重要。中国在越投资主要集中在纺织、电子、机械等领域的下游加工或装配，而且以中小型企业为主，基本上是以追求效益为目标，也因此造成部分质量和环保问题，使得越南对中方企业存在一些不信任的情况[①]。未来几年，现有合作产业的中上游领域成为最热门也是最值得追踪的投资方向，目前越南这些中上游产业技术短板明显、严重依赖进口，而中国制造业完全有能力利用自身产业链配套的丰富经验和高性价比优势，开展投资布局。

---

① 观察者网，沈建光：《群雄逐鹿之下，中国投资如何布局越南？》2020-11-3。https://www.guancha.cn/ShenJianGuang/2020_11_03_570089.shtml#comment，访问日期：2020-12-28。

（2）具备稳定技术工艺，满足绿色生产需要

重视全过程的绿色生产成为"走出去"企业的必然选择。目前，制造业是越南的支柱产业，绿色生产制造已经成为越南政府审批投资的最核心要素。企业作为跨国投资的主体，落地越南后，应该牢牢树立绿色生产的运营理念，在实际生产过程中还需要进一步有效实施绿色技术，重视生产全过程的绿色环保和产品品质的保障。以纺织加工的中上游产业即印染行业为例，印染行业"走出去"到越南投资最重要的技术问题就是污水排放标准，越南的污水排放标准与中国相比更加严格、项目种类更多，单纯以现有的技术工艺和设备"走出去"，会存在不符合污水排放标准的风险。因此，配合更高水平的污水处理工艺或者与绿色发展领域的污水处理企业合作共同"走出去"，成为产业布局成功的关键一环。

（3）增强风险意识和识别能力，避免盲目跟风

及时关注投资国政策调整并提前做出预案。对中国企业来说，越南是很有吸引力的投资目的地，很多领域提供优惠政策，近年来对越投资呈现迅猛增长势头[①]。但是，这并不意味着投资越南没有风险，更不代表所有投资都能成功。甚至越南政府鼓励投资的领域，也会因为政策到期、调整等因素，会增加不确定性。所以，企业在投资之前，必须全方位分析投资政策和变动影响，并对应可能的变化提前做出预案准备。以投资越南的再生能源行业为例，光伏发电属于政府优先支持和享受优惠的领域，享受上网电价补贴以及系列税收优惠政策，但是目前越南暂停审批光伏发电项目[②]、2021 年原有电价补贴政策将失效[③]，以及越南电力基础设施落后造成输电线路过载[④]等现状，都在提醒投

[①]　澎湃新闻：《越南驻华大使：促"两廊一圈"和"一带一路"有效对接》，2020-10-26。https://www.thepaper.cn/newsDetail_forward_9721314，访问日期：2020-12-28。

[②]　越南中国商会：《越南暂停增补太阳能发电项目》，2020-12-4。http://vietchina.org/ssxw/12712.html，访问日期：2020-12-22。

[③]　中国对外投资合作洽谈会：《越南风力和光伏发电等可再生能源引投资关注》，2020-3-30。http://www.codafair.org/index.php? a＝show&c＝index&catid＝112&id＝1983&m＝content，访问日期：2020-12-22。

[④]　越南中国商会：《越南光伏电站项目密集投产致部分输电线路严重过载》，2019-8-1。http://vietchina.org/ssxw/11524.html，访问日期：2020-12-22。

资者，若是没有光伏产业突出的技术支撑和长远布局，盲目投资是存在很大风险的。

（4）选择入驻园区并实地考察，确定最优方案

进驻园区是享受各类投资优惠政策的便捷途径。对园区进行考察时，首先要了解清楚园区产业定位，选择与企业发展方向匹配、而且可以获得政府各类优惠政策的园区；其次是掌握园区可提供的各类服务，不仅包括水电供应、物流设施、行政协助等基础配套服务，需要时还必须满足排污许可指标的要求。另外，地理位置也是很重要的一个考虑因素，对于需要从中国大量进口原材料或其他商品的企业来说，北部对他们而言就有地理位置优势，而南部交通便利的综合优势可能又更强，具体如何选择还需要进行综合评估。当然，中国未来若是以龙头企业联合产业链上下游，并搭配绿色发展领域合作伙伴共同"走出去"，开展国际产业链布局，完全可以考虑选择规划建设新的工业园区。

六、附录

附录表 1　《投资法》中明确鼓励和扶持绿色技术的条款

具体章、节	详细内容
第三章（优惠政策与投资扶持）第一节（投资优惠）	第十五条　适用投资优惠政策的形式及对象 1. 享受投资优惠的对象： （1）本法律第十六条第 1 款中规定的属于优先投资行业、领域的投资项目； 2. 享受投资激励的对象： （5）依照环境保护法生产和提供满足环境保护要求的技术、设备、产品和服务的企业。 第十六条　享受投资优惠政策的行业和投资地区 1. 享受投资优惠的行业、领域： （2）生产新材料、新能源、清洁能源、再生能源；生产附加值在价值的 30% 以上的节能产品； （7）回收、处理、再生产或再使用废弃物。

附录表 2　《投资法》中对造成环境污染项目的处罚规定

具体章、节	详细内容
第四章（在越南开展投资活动）第四节（开展实施投资项目）	第四十七条　停止投资项目活动 2. 有下列情形之一的，国家投资管理部门决定停止或暂停部分投资项目： （2）应国家环境管理部门的要求，纠正违反环境保护法的行为。 第四十八条　终止投资项目的活动 2. 在下列情况下，应该终止或者终止部分投资项目活动： （1）投资项目属于本法律第四十七条第 2、3 款中规定的情形之一，而投资商无力弥补停业条件。

附录表 3　《投资法》对高科技企业优惠和认定的规定

具体章、节	详细内容
第三章（优惠政策与投资扶持）第一节（投资优惠）	第十五条　适用投资优惠政策的形式及对象 2. 享受投资优惠的对象： （5）高技术企业、科学技术企业、科学技术组织。
第七章（组织实施）	第七十五条　修改、补充 21/2008/QH12 号《高科技法》第十八条第 1 款 《高科技法》第十八条第 1 款修改、补充如下： "1. 高科技企业需满足以下指标： （1）生产属于本法律第六条中规定的鼓励发展《高科技产品目录》中的高科技产品。 （2）在生产和管理达到越南质量标准、技术基准的产品过程采用环境友好、节约能源的措施；如越南还没有技术标准、基准的则采用国际行业组织的标准。 （3）政府总理规定的其他指标。"

附录表 4　越中两国投资法体现国际公认投资规则的具体条款

共同特征	越南《投资法》2020 年版	中国《外商投资法》
国民待遇、公平竞争	第一章（总则）第五条指出国家平等对待所有投资商，投资商可以在本法律不禁止的行业和领域进行投资。	第一章（总则）第四条明确国家对外商投资实行准入前国民待遇加负面清单管理制度；第二章（投资促进）第十六条明确国家保障外商投资企业依法通过公平竞争参与政府采购活动。

（续表）

共同特征	越南《投资法》2020 年版	中国《外商投资法》
征收赔偿	第二章（投资保障）第十条明确投资商的合法财产不被国有化或不以行政手段没收；由于国防安全、自然灾害等理由征收时，国家将按相关法律法规结算和赔偿。	第三章（投资保护）第二十条明确国家对外国投资者的投资不实行征收，特殊情况为了公共利益需要，可以依法征收或征用，并及时给予公平合理的补偿。
争端解决	第一章（总则）第四条指出外国投资者可在合同中约定达成相关外国法律或国际投资惯例（若该协议不违反越南法律规定）；第五条指出国家尊重和执行越南签署的国际投资条约。	第一章（总则）第四条明确中国缔结或者参加的国际条约、协定对外国投资者准入待遇有更优惠规定的，可以按照相关规定执行。
财产汇出	第二章（投资保障）第十二条规定外国投资者在完全履行了对越南国家财政义务后，可以将投资资金、投资结算款项、商业投资活动的收益、投资者合法拥有的资金和其他资产转移到国外。	第三章（投资保护）第二十一条明确外国投资者在中国境内的各类合法所得，都可以依法以人民币或者外汇自由汇入、汇出。

附录表 5　越中两国投资法法律条文风格展示

不同特征	越南《投资法》	中国《外商投资法》
宏观描述方面	对应的，基本没有	特点：有宏观的目的、意愿等描述。 第一章（总则） 第一条　为了进一步扩大对外开放，积极促进外商投资，保护外商投资合法权益，规范外商投资管理，推动形成全面开放新格局，促进社会主义市场经济健康发展，根据宪法，制定本法。 第三条　国家坚持对外开放的基本国策，鼓励外国投资者依法在中国境内投资。国家实行高水平投资自由化便利化政策，建立和完善外商投资促进机制，营造稳定、透明、可预期和公平竞争的市场环境。 等等。

（续表）

不同特征	越南《投资法》	中国《外商投资法》
易于执行程度不同	特点：简洁明了，易于执行。 对应的负面清单直接在条款或附件中明确列出：（第六条　禁止投资的行业、领域）、（第七条　有条件准入投资行业、领域）； 对应的投资优惠行业和领域直接列出：（第十六条　享受投资优惠政策的行业和投资地区）	特点：需要配合其他法规内容才能实际落实。 第一章（总则）第四条　国家对外商投资实行准入前国民待遇加负面清单管理制度。负面清单由国务院发布或者批准发布。 第二章（投资促进）第十四条　国家根据国民经济和社会发展需要，鼓励和引导外国投资者在特定行业、领域、地区投资。外国投资者、外商投资企业可以依照法律、行政法规或者国务院的规定享受优惠待遇。等等。

附录表 6　中国对外投资相关法规、政策汇总

颁布部门/执行时间	法规或政策名称	主要内容
商务部/2014 年 10 月 6 日	《境外投资管理办法》——商务部 3 号令	明确了商务部和省级商务主管部门负责对境外投资实施管理和监督，对企业境外投资实行备案和核准管理。规定了境外投资涉及敏感国家和地区、敏感行业的实行核准管理；其他情形的境外投资，实行备案管理；并明确了备案和核准的具体内容，以及违法行为法律责任。
国家发改委/2018 年 3 月 1 日	《企业境外投资管理办法》——发改委 11 号令	明确了发改委和省级发展改革部门作为境外投资主管部门，履行企业境外投资备案和核准、对境外投资进行宏观指导、综合服务和全程监管的职能。规定了涉及敏感类项目的实现核准管理，其他非敏感类项目的实现备案管理。并明确了核查和备案的手续、具体指导和服务的内容、监管的形式和内容及违法行为的法律责任。

（续表）

颁布部门/执行时间	法规或政策名称	主要内容
商务部、人民银行、国资委、银监会、证监会、保监会、外汇局7部门/2018年1月18日	《对外投资备案（核准）报告暂行办法》	明确了"凡备案（核准）并报告"的原则，规定了各主管部门的职责，指定了信息报送平台，对报告内容有具体要求，对报告主体开展"双随机、一公开"抽查，并对未履行报告义务的主体进行相应处罚。办法还指出中央管理的其他单位对外投资备案（核准）报告工作参照本《办法》执行。
商务部、国家统计局、国家外汇局/2019年1月1日	《对外直接投资统计制度》	详细规定了对外直接投资统计的内容和指标。
国务院/2008年8月5日	《外汇管理条例》	外汇管理制度由强制结售汇转为自愿结售汇。
国家发改委、商务部等28部门/2017年10月31日	《关于加强对外经济合作领域信用体系建设的指导意见》	规定了建立企业履行主体责任、政府依法监管和社会广泛参与的信用体系，以对外投资、对外金融等合作主体为重点，建立信用信息采集、共享规则的信用记录。
国家发改委、商务部、人民银行、外交部/2017年8月4日	《国务院办公厅转发国家发展改革委商务部人民银行外交部 关于进一步引导和规范境外投资方向指导意见的通知》国办发〔2017〕74号	明确了我国鼓励开展、限制开展和禁止开展的境外投资具体类型。
国务院/2015年5月13日	《国务院关于推进国际产能和装备制造合作的指导意见》	将钢铁、有色、建材、铁路、电力、化工、轻纺、汽车、通信、工程机械、航空航天、船舶和海洋工程等作为重点行业，分类实施，有序推进，并加大金融、财税等支持力度。

（续表）

颁布部门/执行时间	法规或政策名称	主要内容
国家发改委、外交部、商务部/2015 年 3 月 28 日	《推动共建丝绸之路经济带和 21 世纪海上丝绸之路的愿景与行动》	中国将围绕着合作框架签署、项目合作建设、完善政策措施、发挥平台作用展开行动。
国家外汇局/2015 年 6 月 1 日	《国家外汇管理局关于进一步简化和改进直接投资外汇管理政策的通知》（汇发〔2015〕13 号）	取消两项外汇登记核准的行政审批事项，简化部分直接投资外汇业务办理手续，加强对银行的培训指导和事后监管。
国家外汇局/2014 年 7 月 4 日	《国家外汇管理局关于境内居民通过特殊目的公司境外投融资及返程投资外汇管理有关问题的通知》（汇发〔2014〕37 号）	详细规定了我国境内居民设立特殊目的公司实现登记管理，并明确了具体登记的要求、流程和相关事项。

附录表 7 越中两国投资法各自突出侧重点

越南《投资法》	中国《外商投资法》
侧重 1：突出绿色技术投资优惠如附录表 1 所列。	侧重 1：突出知识产权保护 第三章（投资保护） 第二十二条 国家保护外国投资者和外商投资企业的知识产权，保护知识产权权利人和相关权利人的合法权益；对知识产权侵权行为，严格依法追究法律责任。 国家鼓励在外商投资过程中基于自愿原则和商业规则开展技术合作。技术合作的条件由投资各方遵循公平原则平等协商确定。行政机关及其工作人员不得利用行政手段强制转让技术。 第二十一条 还特别指出知识产权许可费可以依法以人民币或者外汇自由汇入、汇出。

(续表)

越南《投资法》	中国《外商投资法》
侧重2：重视投资过程顺利 第四章专门一章分四个部分来阐述投资者如何具体开展投资活动，包括可采用的投资形式、投资政策实施和投资者的选择、投资登记证签发调整迴回程序、投资项目实施，详细告知了项目投资涉及的全部审批行政手续，方便投资顺利实现。	侧重2：重视投资后效果 第二章（投资促进） 第十五条　国家保障外商投资企业依法平等参与标准制定工作，强化标准制定的信息公开和社会监督。 国家制定的强制性标准平等适用于外商投资企业。 第三章（投资保护） 第十条　制定与外商投资有关的法律、法规、规章，应当采取适当方式征求外商投资企业的意见和建议。 与外商投资有关的规范性文件、裁判文书等，应当依法及时公布。 第二十五条　地方各级人民政府及其有关部门应当履行向外国投资者、外商投资企业依法作出的政策承诺以及依法订立的各类合同。 第二十六条　国家建立外商投资企业投诉工作机制，及时处理外商投资企业或者其投资者反映的问题，协调完善相关政策措施。 第四章（投资管理） 第三十四条　国家建立外商投资信息报告制度。外商投资信息报告的内容和范围按照确有必要的原则确定；通过部门信息共享能够获得的投资信息，不得再行要求报送。

附录表 8　环境影响评估报告应包含的主要内容

依据	具体内容
第二章（环境保护规划、战略环境评估、环境影响评估和环境保护计划） 第22条环境影响评价报告的主要内容	1. 项目的来源、建设单位和主管机关对项目的批准；环境影响评价方法。 2. 对与项目有关的技术选择、工作事项和任何其他活动进行评价，这些活动可能对环境造成不良影响。 3. 评估项目所在地区、邻近地区的自然和社会经济环境现状，并证明选定项目地点的适宜性。 4. 废物来源的评估和预测，以及项目对环境和社区健康的影响。 5. 评估、预测和确定项目对环境和社区健康的风险管理措施。 6. 废物处置措施。 7. 尽量减少项目对环境和社区健康影响的措施。 8. 咨询结果。 9. 环境管理和监督计划。 10. 环境保护设施建设预算，以及为减少环境影响应采取的措施。 11. 适用环境保护措施的替代办法。

附录表 9　项目建设中环境保护的主要内容

依据	具体内容
第七章（制造、贸易和服务方面的环境保护）第 73 条建设中的环境保护	1. 施工规划必须符合环保法规规定。 2. 垃圾处理工程必须纳入项目生产经营场所建设的施工设计和预算中这些处理会对环境产生负面影响。 3. 施工必须满足以下环保要求： 　a) 采取措施确保居民区的建筑工地不会产生超出环境标准的灰尘、热量、噪声、振动和光线； 　b) 建筑材料采用合适的车辆运输，确保不泄漏，不环境污染； 　c) 固体废物和其他废物按照环境标准收集和处理。

附录表 10　项目运营阶段环境监测的主要内容

依据	具体内容
第十二章（环境监测）第 122 条监测的环境成分和排放物	1. 水包括地表水、地下水和海水。 2. 空气包括室内和室外空气。 3. 噪声、振动、辐射和光。 4. 土壤和沉积物。 5. 核辐射。 6. 废水、废气、固体废物。 7. 环境中排放和积聚的危险化学品。 8. 生物多样性。

附录表 11　环保法中对部分行业领域环境保护的具体要求

行业领域	涉及具体要求章节
经济行业	第七章　制造、贸易和服务方面的环境保护，共 15 个条款 第 65 条　经济区的环境保护 第 66 条　工业园区、出口加工区和高新区的环境保护 第 67 条　工业园区和集中商业区的环境保护 第 68 条　制造业和商业机构的环境保护 第 69 条　农业生产中的环境保护 第 70 条　贸易村的环境保护 第 71 条　水产养殖中的环境保护 第 72 条　医院和医疗设施的环境保护 第 73 条　建设中的环境保护 第 74 条　运输中的环境保护 第 75 条　货物进口和过境的环境保护 第 76 条　废料进口期间的环境保护

行业领域	涉及具体要求章节
经济行业	第 77 条　节日期间和旅游业的环境保护 第 78 条　化学品、农药和兽药的环境保护 第 79 条　研究机构和实验室的环境保护
生活活动	第八章　城市和居民区的环境保护，共 5 个条款 第 80 条　适用于城市地区和居民区的环境保护要求 第 81 条　公共场所的环境保护 第 82 条　适用于家庭的环境保护要求 第 83 条　自治环境保护组织 第 84 条　埋葬和火葬时的环境保护

附录表 12　环境技术法规和环境标准的具体内容

依据	具体内容
第十一章 （环境技术法规和环境标准）	第 113 条　环境技术法规体系 1. 环境质量技术法规包括： a) 土壤环境技术法规； b) 地表水、地下水环境技术法规； c) 海水环境技术法规； d) 空气环境技术法规； đ) 声音、光线和辐射环境技术法规； e) 噪声、振动环境技术法规。 2. 废弃物技术法规： a) 工业、服务业、养殖业、水产业、生活、交通等活动产生的废水的技术法规； b) 移动和固定源废气的技术法规； c) 危险废物技术法规。 3. 其他技术法规 第 114 条　环境技术法规建设原则 1. 实现环境保护目标；预防、治理环境污染、环境退化和环境问题； 2. 具有可行性，适合国家经济社会发展和技术水平，符合国际经济一体化要求； 3. 适用于地区、区域和生产行业的特点； 4. 地方技术法规必须严于国家技术法规，或符合专项环境管理要求。 第 115 条　环境技术法规的符号 1. 国家环境技术法规，符号为 QCVN，序号 MT：发行年份/BTNMT；

(续表)

依据	具体内容
第十一章（环境技术法规和环境标准）	2. 地方环境技术法规，符号为 QCDP，序号 MT。 第 116 条　环境质量技术法规要求 1. 环境质量技术法规规定了适合环境成分使用的环境因子的阈值极限值，包括： 确保人类和生物生命和正常生长的环境因素的最低值； 不影响人类和生物的生命和正常生长的环境因素的允许最大值。 2. 环境质量技术法规必须对确定环境因素的测量、采样和分析的标准方法提供指导。 第 117 条　废弃物技术法规要求 1. 废弃物技术法规必须明确规定废弃物中污染物的最大含量，确保不会造成环境污染； 2. 废弃物中污染物的含量根据毒性的性质、产生的废物的数量和废物接收环境的负荷能力确定； 3. 废弃物技术法规必须为确定污染物的取样、测量和分析的标准方法提供指导。 第 118 条　环境技术法规的制定和颁布 1. 国家、地方环境技术法规的制定、发布和认可的权限、顺序和程序，必须遵守《技术标准法规法》的规定； 2. 自然资源和环境部长颁布国家环境技术法规； 3. 各省人民委员会颁布地方环境技术法规。 第 119 条　环境标准 1. 环境标准包括环境质量标准、废弃物标准和其他标准； 2. 环境技术法规的全部或部分内容被法律文件和环境技术法规引用的，将强制执行； 3. 标准发布机构管理范围内适用的实体标准。 第 120 条　环境标准的建立、评估和颁布 1. 环境标准的制定、评价的权限、顺序和程序，必须遵守技术标准法和法规的规定； 2. 由自然资源和环境部组织起草，提出国家环境标准的评审意见； 3. 由科技部组织对草案进行评审，并发布国家环境标准； 4. 各机关、团体应当组织制定和发布与技术标准法规相应的具体标准。

附录表 13　《环境保护法》中提到"国际合作"相关的条款及特点

条款	具体内容	备注（特点）
第 一 章（一般规定）	第 5 条　环境保护的监管政策 11. 在环境保护方面寻求并开展更多的国际合作；履行国际环境保护承诺。	突出政策高度
第 四 章（应对气候变化）	第 41 条　温室气体排放管理 1. 温室气体排放管理应说明如下： e）开展国际合作，努力减少温室气体排放。 2. 自然资源和环境部应联合有关部委共同指导相关行业进行温室气体清查，编制国家温室气体排放管理报告，该报告要严格符合越南签署过的国际协定规定的标准。 第 42 条　臭氧消耗物质的管理 2. 禁止消耗臭氧层物质的生产、进口、临时进口和再出口、消费，与越南签署的国际协定中规定的条例保持一致。 第 48 条　应对气候变化方面的国际合作 1. 国家应制定国际合作政策，吸引更多投资和金融援助，支持技术的开发和转让，提高国家应对气候变化的能力，推动经济社会可持续发展。 2. 根据越南签署的国际协定中结合经济条件的承诺，规范参与减少全球温室气体排放的路线图和方式。	突出气候变化的国际责任履行和技术能力提升。
第 五 章（保护海洋和岛屿环境）	第 50 条　海洋和岛屿环境污染的控制和管理 4. 针对海洋和岛屿环境污染的预防和补救措施，必须符合越南签署的关于海洋和岛屿保护的国际协定。	
第 六 章（水、土、气环境保护）	第 53 条　监测和控制河水环境污染的程序 5. 对河流水和沉积物的环境质量进行跨境监测和评估，并在遵守国际法律和惯例的基础上共享必要的信息。	突出严格按签署国际协定的执行
第 九 章（废弃物管理）	第 92 条　危险废物的运输 2. 运往另一个国家的危险废物必须符合越南社会主义共和国签署的国际协定。	
第十一章（环境技术法规和环境标准）	第 114 条　建设环境技术法规的原则 2. 具有可操作性且适合社会经济发展和国家技术水平，满足国际经济一体化要求。	突出技术的适用性

（续表）

条款	具体内容	备注（特点）
第 十 四 章（监管机构对环境保护的职责）	第 139 条　国家环境保护管理 11. 加强环境保护方面的国际合作。 第 141 条　国家自然资源和环境部对环境保护的管理责任 12. 向政府提交参加国际组织，签署或申请成为国际环境保护条约的成员资格；主持国际环境保护合作活动。	突出政府职能机构对环境保护方面加强国际合作的要求
第 十 六 章（环境保护资源）	第 147 条　国家环境保护预算的支出 1. 环境保护支出包括： d）为环境污染的调查和检查提供支持；环境污染的控制和处理，环境事件的预防、应对和补救；废弃物管理和保护生物多样性；环境保护的培训和交流；环境保护法的普及和评估；国际环境保护合作的促进。	强调环境保护国际合作的资金支撑
第 十 七 章（环境保护国际合作）	第 156 条　签署并成为国际环境保护条约的成员 有利于全球、区域和国家环境保护并且适合越南的利益和能力的国际条约应予以考虑签署和参与。 第 157 条　国际经济一体化期间的环境保护 1. 国家应鼓励机构、组织和个人积极满足环境要求，以提高商品和服务在区域和国际市场上的竞争力。 2. 参与国际经济一体化的机构、组织和个人，应负责防止和尽量减少对国内环境的负面影响。 第 158 条　扩大国际环境保护合作 1. 国家鼓励组织、个人与外国组织、个人和海外越南人合作，提高国家环境保护的能力和效率；加强越南在该地区和世界环境保护方面的地位和作用。 2. 国家为外国组织、个人和海外越南人投资和支持的人力资源培训、科学研究、技术转让、自然保护等环境保护活动创造有利条件；发展和有效利用国际环境保护合作资源。 3. 国家应与周边和区域国家进一步合作，解决自然资源管理和开发以及环境保护问题。	突出环境保护国际合作的路径和主体，强调经济可持续发展的宗旨

附录表 14　环保法中涉及绿色技术的主要条款

依据	具体内容
第一章 （一般规定）	第5条　环境保护的监管政策 8. 加大环境科技发展力度；优先研究、转让和应用先进技术、高效和环保技术；引入环境标准，更好地满足环保要求。 第6条　建议采取的保护环境的行动方针 6. 开展科学研究、技术转让，应用废弃物处理和回收技术，以及其他环保技术。
第四章 （应对气候 变化）	第47条　为应对气候变化开发和应用科技成果 1. 应优先开展与应对气候变化有关的科技成果的研究、转让和应用等所有活动，包括： a) 发展气候变化对社会经济增长、环境问题和社区健康影响的管理、评估、监督和预测的单一科学学科或综合科学学科； b) 开展基础性和应用性科学调查研究；发展和转让减少温室气体和应对气候变化的技术成果；增强经济、重点制造业的竞争力；促进低碳经济和绿色产业的发展。 2. 相关机构、组织和生产经营单位应负责开展科学研究、技术转让和应用，以应对气候变化。
第六章 （水、土、气 环境保护）	第58条　地下水的保护 4. 必须建设化学工棚、处理设施和危险废弃物填埋场，确保技术安全，并按照法律规定采取必要措施，避免有害化学物质进入到地下水中。
第七章 （制造、贸易 和服务方面 的环境保护）	第76条　废料进口期间的环境保护 2. 废料进口商必须： b) 拥有符合环保要求的废品回收和废品杂质处理的技术和设备。
第九章 （废弃物管理）	第93条　危险废物处理设施条件 3. 有按照环境标准储存和处理危险废物的技术和专门设备。 第94条　环境保护规划中的废弃物管理内容 5. 危险废弃物处理技术。 第98条　环境保护规划中的常规固体废弃物管理内容 5. 常规固体废弃物处理技术。 第101条　污水处理系统 2. 每个污水处理系统必须满足： a. 有适合需要处理的废水类型的技术流程。

附录表 15 越中两国环保法对企业要求方面的具体条款

	越南《环境保护法》	中国《环境保护法》
项目规划阶段	第18条 环境影响评价对象 1. 环境影响评价对象包括： a) 由国民议会、政府和总理决定投资意向的项目； b) 使用位于野生动物保护区、国家公园、历史文化古迹、世界遗产地、生物圈保护区、风景名胜区的地块的项目； c) 可能对环境造成不良影响的项目。 2. 本条第1款b点和c点提及的项目清单应由政府规定。	第二章（监督管理） 第19条 编制有关开发利用规划，建设对环境有影响的项目，应当依法进行环境影响评价。未依法进行环境影响评价的开发利用规划，不得组织实施；未依法进行环境影响评价的建设项目，不得开工建设。
项目建设阶段	内容如附录表9所示	第41条 建设项目中防治污染的设施，应当与主体工程同时设计、同时施工、同时投产使用。防治污染的设施应当符合经批准的环境影响评价文件的要求，不得擅自拆除或者闲置。
项目运行阶段	第68条 制造业和商业机构的环境保护 1. 制造业和商业机构有义务： a) 按照环境标准收集和处理废水； b) 依法收集、分类、贮存、处置和排放固体废物； c) 依法尽量减少，收集，处理粉尘和废气；确保有害气体不向环境泄漏和排放；限制噪声、振动、光、热等对周围环境和员工产生不利影响的排放； d) 为预防和应对环境突发事件提供充足的资源和设备； dd) 制定并实施环境保护计划。 2. 制造企业或仓库必须确保在以下情况下不会对居民区产生负面影响：	第42条 排放污染物的企业事业单位和其他生产经营者，应当采取措施，防治在生产建设或者其他活动中产生的废气、废水、废渣、医疗废物、粉尘、恶臭气体、放射性物质以及噪声、振动、光辐射、电磁辐射等对环境的污染和危害。排放污染物的企业事业单位，应当建立环境保护责任制度，明确单位负责人和相关人员的责任。重点排污单位应当按照国家有关规定和监测规范安装使用监测设备，保证监测设备正常运行，保存原始监测记录。严禁通过暗管、渗井、渗坑、灌注或者篡改、伪造监测数据，或者不正常运行防治污染设施等逃避监管的方式违法排放污染物。

（续表）

	越南《环境保护法》	中国《环境保护法》
项目运行阶段	a）有易燃易爆物质； b）有放射性物质或强辐射物质； c）含有对人类和动物有害的物质； d）排放对人体健康有负面影响的灰尘、气味、噪声； dd）对水源造成污染。 3. 产生大量可能严重影响环境的废物的生产经营单位，必须有专门从事环境保护工作的单位或从业人员；其环境管理系统必须按照政府规定进行认证。 4. 制造业和商业机构的所有者有责任履行本条第1、2、3款以及有关法律法规中的环境保护要求。 第121条 环境监测 1. 环保机构和组织负责组织实施周边环境监测。 2. 自然资源和环境部公布名单，并指导有可能对环境产生影响的生产、经营和服务单位实施排放监测。 3. 不在排放监测责任单位名单上的生产、经营和服务单位，必须确保其符合环境技术法规和相关法规。 第125条 环境监测责任 3. 工业园区、出口加工区、高新区、工业园区、贸易村以及生产、经营、服务基地必须实施排放和环境成分监测计划；并依法向监管机构报告环境保护情况。 第129条 环境信息的收集和管理 3. 工业园区、出口加工区、高新区、工业园区、贸易村和生产、经营、服务基地编制环境档案；管理生产、经营和服务活动对环境的影响信息。 第130条 环境信息的发布和提供 1. 管理工业园区、出口加工区、高新区、工业园区、贸易村和生产、经营、服务设施，以及列入环境影响评估报告编制名单的组织和个人，负责向各省人民委员会环境管理机构报告本部门的环境信息。 2. 不属于本条第1款规定的名录范围的生产、经营和服务基地，负责向区、乡人民委员会提供有关的环境信息。	第45条 国家依照法律规定实行排污许可管理制度。实行排污许可管理的企业事业单位和其他生产经营者应当按照排污许可证的要求排放污染物；未取得排污许可证的，不得排放污染物。 第55条 重点排污单位应当如实向社会公开其主要污染物的名称、排放方式、排放浓度和总量、超标排放情况，以及防治污染设施的建设和运行情况，接受社会监督。

（续表）

	越南《环境保护法》	中国《环境保护法》
违规后的处罚	第148条　环境保护费 1. 向环境排放废物或者对环境造成负面影响的组织、个人，应当缴纳环境保护费。 2. 环保费的费率取决于： a) 排放到环境中的废物量、对环境负面影响的规模； b) 毒性水平，对环境的危害程度； c) 废物接收环境容量。 3. 环境保护费的费率根据各阶段环境保护要求和社会经济条件进行调整。 环保收费应当用于环保活动。 第160条　对违规行为的处罚 1. 任何组织和个人违反环境保护法，造成环境污染和环境恶化，给其他组织和个人造成损失的，应当依照本法和相关法律规定，负责弥补后果、恢复环境、赔偿损失。 2. 机构、组织、官员和公务员滥用职权，给组织、个人造成困扰和骚扰，对违反环境保护的行为进行包庇或者对环境污染问题不负责任的，视违法行为的性质和严重程度，依照有关法律的规定处罚。 第164条　造成环境污染的组织、个人的责任处理原则：	第6条　一切单位和个人都有保护环境的义务。 企业事业单位和其他生产经营者应当防止、减少环境污染和生态破坏，对所造成的损害依法承担责任。 第25条　企业事业单位和其他生产经营者违反法律法规规定排放污染物，造成或者可能造成严重污染的，县级以上人民政府环境保护主管部门和其他负有环境保护监督管理职责的部门，可以查封、扣押造成污染物排放的设施、设备。 第59条　企业事业单位和其他生产经营者违法排放污染物，受到罚款处罚，被责令改正，拒不改正的，依法作出处罚决定的行政机关可以自责令改正之日的次日起，按照原处罚数额按日连续处罚。 前款规定的罚款处罚，依照有关法律法规按照防治污染设施的运行成本、违法行为造成的直接损失或者违法所得等因素确定的规定执行。 地方性法规可以根据环境保护的实际需要，增加第一款规定的按日连续处罚的违法行为的种类。 第60条　企业事业单位和其他生产经营者超过污染物排放标准或者超过重点污染物排放总量控制指标排放污染物的，县级以上人民政府环境保护主管部门可以责令其采取限制生产、停产整治等措施；情节严重的，报经有批准权的人民政府批准，责令停业、关闭。 第61条　建设单位未依法提交建设项目环境影响评价文件或者环境影响评价文件未经批准，擅自开工建设的，由负有环境保护监督管理职责的部门责令停止建设，处以罚款，并可以责令恢复原状。 第62条　违反本法规定，重点排污单位不公开或者不如实公开环境信息的，由县级以上地方人民政府环境保护主管部门责令公开，处以罚款，并予以公告。 第63条　企业事业单位和其他生产经营者有下列行为之一，尚不构成犯罪的，

（续表）

	越南《环境保护法》	中国《环境保护法》
违规后的处罚	1. 监管部门应当及时研究、调查和总结环境污染及其后果。 2. 任何组织、个人造成环境污染、退化的，应当依法及时处理。 3. 责任处理原则如下： a) 组织负责人应对其组织活动任何违反环境保护的行为负责。 b) 造成环境污染、退化的组织和个人，应当负责补救后果并赔偿所造成的损害。 c) 个人在执行本组织交办的任务过程中造成环境污染、退化的，组织应当依法承担损害赔偿责任。	除依照有关法律法规规定予以处罚外，由县级以上人民政府环境保护主管部门或者其他有关部门将案件移送公安机关，对其直接负责的主管人员和其他直接责任人员，处十日以上十五日以下拘留；情节较轻的，处五日以上十日以下拘留： （一）建设项目未依法进行环境影响评价，被责令停止建设，拒不执行的； （二）违反法律规定，未取得排污许可证排放污染物，被责令停止排污，拒不执行的； （三）通过暗管、渗井、渗坑、灌注或者篡改、伪造监测数据，或者不正常运行防治污染设施等逃避监管的方式违法排放污染物的； （四）生产、使用国家明令禁止生产、使用的农药，被责令改正，拒不改正的。 第64条　因污染环境和破坏生态造成损害的，应当依照《中华人民共和国侵权责任法》的有关规定承担侵权责任。

附录表 16　越中两国环保法立法目的等宏观描述方面的具体条款

	越南《环境保护法》	中国《环境保护法》
立法目的等宏观描述	无具体描述	第一章总则 第1条　为保护和改善环境，防治污染和其他公害，保障公众健康，推进生态文明建设，促进经济社会可持续发展，制定本法。 第4条　保护环境是国家的基本国策。 国家采取有利于节约和循环利用资源、保护和改善环境、促进人与自然和谐的经济、技术政策和措施，使经济社会发展与环境保护相协调。 第5条　环境保护坚持保护优先、预防为主、综合治理、公众参与、损害担责的原则。 第6条　一切单位和个人都有保护环境的义务。 地方各级人民政府应当对本行政区域的环境质量负责。 企业事业单位和其他生产经营者应当防止、减少环境污染和生态破坏，对所造成的损害依法承担责任。 公民应当增强环境保护意识，采取低碳、节俭的生活方式，自觉履行环境保护义务。

第三篇　泰国

一、概述

泰王国（以下简称"泰国"）是中国推进"一带一路"倡议的重要节点。泰国地理位置重要，成为"21世纪海上丝绸之路"的重要战略支点国家。它位于中南半岛中心地带，东南接柬埔寨，向南接马来西亚，西北邻缅甸，东北部与老挝接壤，东南临太平洋泰国湾，西南濒印度洋安达曼海。

泰国经济发展理念与中国"一带一路"倡议高度契合。泰国政府于2016年正式提出"泰国4.0"战略和"东部经济走廊"发展规划，同时推进建设南部经济走廊和打造10大边境经济特区，不断推出新的经济政策和举措，为外商投资营造良好的投资合作大环境。泰国政府还积极响应"一带一路"倡议，主动将国家发展战略与澜湄合作、"南向通道"等区域合作对接，开展与中国的友好合作。泰国的发展规划及战略与中国推动的"一带一路"和国际产能合作战略具有高度的契合性。

中泰两国经贸来往密切。据中国海关统计，2019年中泰贸易额达917.5亿美元，中国连续7年成为泰国第一大贸易伙伴；2019年当年，中国在泰国投资额达到9.02亿美元，历史上首次超过日本，成为泰国最大境外投资来源地。中国对泰国投资分布广泛，涉及制造业、租赁和商务服务业、批发零售业、采矿业、电力热力供应、建筑业等。截至2019年7月，中国为泰国第二大出口市场和第一大进口来源地，也是泰国的第一大贸易伙伴。

泰国投资环境友好，投资前景光明。世界银行发布的《2019年营商环境报告》显示，在190个经济体中，泰国营商环境在全球排名第21位，综合得分80.1。泰国属于中等偏上的发展中国家，实行市场经济，对外开放，泰国人受佛教影响较深，尊崇佛教及王室，待人友善礼貌，欢迎外国人来泰投资。泰国投资促进委员会（BOI）是主管投资的部门，是泰国政府负责制定投资奖励优惠政策并为投资者提供协助服务的组织，在中国上海、广州等地设有专门的分支机构。它主要提供协助企业建立、提供投资机会及信息、进行吸引外资的宣传活动、申请奖励投资的咨询服务等方面的服务。

泰国在吸引和保护外资政策方面的法规较为齐全。泰国涉及外商投资领域的主要法律有《外商企业经营法（1999）》《投资促进法（1977）》《外国人工作法（2008）》及《工厂法（1992）》《税法》加以辅助性规定。其中《投资促进法（BOI 法案）》声明，政府保证不会干涉或国有化外国企业，泰国是东南亚地区第一个拥有此类投资法的国家。

虽然泰国对于外商投资有着一系列的优势条件及投资环境，但是对于投资者来说还是具有一定的风险。如泰国很大程度上依赖出口，受国际经济环境影响比较大，存在一定的政策和市场风险；泰国政治具有典型的军人政治的特点，军事势力强大，腐败等问题存在，民主法治进程有待进一步加快发展。近年来中国企业对泰国的投资热情不减，但是对于技术进入泰国的执行准则及法律法规不甚了解，导致中国企业投资或进驻泰国受到阻碍，因此研究泰国绿色技术的法律法规及技术标准非常重要。

二、法律政策体系概况

（一）立法及司法体系

泰国实行君主立宪制。国家立法议会负责制定法律，行使国会和上、下两院职权。泰国属大陆法系，以成文法作为法院判决的主要依据。

司法系统由宪法法院、司法法院、行政法院和军事法院构成：宪法法院主要职能是对议员或总理质疑违宪、对已经国会审议的法案及政治家涉嫌隐瞒资产等案件进行终审裁定，以简单多数裁决；行政法院主要审理涉及国家机关、国有企业及地方政府间或公务员与私企间的诉讼纠纷；军事法院主要审理军事犯罪和法律规定的其他案件；司法法院主要审理不属于宪法法院、行政法院和军事法院审理的所有案件，分最高法院、上诉法院和初审法院三级。

初审法院（审判法院）对案件进行原审并作出判决。法官决定事实和法律问题。在像曼谷这样的大省，一审法院可能会根据其主体管辖权而被称为不同的法院，如民事法院、刑事法院、劳动法院或少年和家庭法院。在农村地区，省级法院对除少数例外情况外的所有事项都有管辖权。如果一方不接受下级法院的决定，他们可以向上诉法院提出上诉，上诉法院通常会受理法律问题，而不是事实问题。在符合法定禁令的情况下，不接受上诉法院裁决的一方可将其案件提交迪卡法院（最高法院）。迪卡法院的判决是最终的。

（二）法律渊源

泰国法律有两个主要渊源：中央和地方政府的立法和行政部门。法院为了实现稳定和公平，通常会对随后同样情况的案件遵循先例，根据判决推翻先例的情况并不经常发生。

1. 宪法

自 1932 年泰国颁布首部《宪法》确立君主立宪制以来，泰国已经有 20 部《宪法》。泰国 1997 年《宪法》通常被称为"人民宪法"，被认为是参与其起草工作的公众参与程度以及其条款的民主性质的一个里程碑。宪法是泰国的最高权威法典，所有法律必须符合宪法规定。它规定了两院立法机构，两院均选举产生，第一次明确承认了人权，并制定了加强民选政府稳定的措施。

最近一次的宪法修正案由全民公投通过，于 2017 年 4 月 6 日生效。这部佛历 2560 年宪法，是泰国颁布的第 20 部宪法，包括 16 章，全部条文 279 条，重要内容是反腐和改革国家各方面，如政治、行政、法律、司法程序和教育等。该部宪法充分体现了保护人民权利，体现在将人民的权利义务放在国家机构之前，用专章的形式规定了人民的权利和自由。

2. 法案

法案是最常见的已知法律，由议会制定。例如民商法典、刑法典、民事诉讼法、刑事诉讼法等等。

3. 皇家法令

皇家法令通常由行政部门颁布以细化法律的实施，例如，根据税法修改税率的皇家法令。

4. 紧急法令

紧急法令由行政部门颁布，是内阁在紧急情况下保护国家免受迫在眉睫的伤害而颁布的，但是否持续执行还有待议会随后的确认。

5. 行政机关令

行政机关由立法机关授权发布规章制度，履行政府职能。

6. 内阁决议

内阁决议没有约束力，但会影响政府机构执行或解释规章制度。

7. 市政条例

地方政府可以出台关于建筑、卫生和城市规划等法规。

（三）仲裁

泰国的仲裁制度比较完善。泰国 2002 年颁布了新仲裁法——《泰历 2545 年仲裁法》，其内容涉及仲裁协议、仲裁程序、裁决撤销、裁决承认与执行等方面。该法的施行进一步完善了泰国仲裁制度，适应了社会的发展要求。

首先，仲裁裁决奉行"多数决原则"。除非仲裁当事人另有约定，裁决和仲裁庭作出的任何决定都应经由仲裁庭多数人作出，如无法得到多数通过，首席仲裁员应单独作出裁决或其他决定。裁决应以书面形式作出，并附有仲裁庭组成人员的签名，仲裁庭多数人的签名即可产生效力，但须说明缺漏任何签名的理由。其次，裁决应尊重当事人的意思自治：第一，除根据当事人达成和解协议或对仲裁费用和仲裁员报酬作出的裁决外，仲裁员不能对超出仲裁协议范围的事项作出裁决；第二，如当事人达成的和解协议未违反法律，仲裁庭应根据和解协议作出裁决，且该裁决与其他类型的裁决具有同等的法律地位和效力。

裁决一经作出并通知各方当事人，即具有终局效力。当事人不得就同一争议申请仲裁或提起诉讼，如一方当事人拒不履行裁决，另一方可向法院申请强制执行。

三、绿色技术相关重点法律政策研究

针对绿色技术"走出去"，本篇重点围绕投资法、环保法和新能源领域所涉及的法律政策展开，系统介绍泰国绿色技术相关法律政策体系。

（一）投资法及相关政策

泰国涉及外商投资领域的主要法律有《外商企业经营法（1999）》《投资促进法（1977）》《外国人工作法（2008）》及《工厂法（1992）》《税法》加以辅助性规定。

泰国主管投资方面的国家机构为泰国《投资促进法（1977）》第6条设立的泰国投资促进委员会（BOI），第16条赋予了BOI确认鼓励投资项目的权力，依此BOI制定的投资优惠政策吸引投资，既鼓励泰国国内投资，也吸引外商进入泰国投资，其目的是通过促进投资增强泰国的国家竞争力，同时BOI为投资者提供相应咨询服务。

泰国投资领域的主要政策为BOI网站公布的几大政策："七年投资促进政策""提高生产效率投资促进措施""发展泰国南部边境地区工业投资促进政策""泰国经济特区投资促进政策""泰国东部经济走廊投资促进措施"及"泰国一揽子＋计划"等。

1. 投资领域相关法律法规

（1）《投资促进法（1977）》

为吸引外商投资，泰国就促进投资制定了专门法律，并形成了较为完备的外商投资管理法律制度。泰国现行对于投资进行规制的法律为1977年颁布的《投资促进法（1977）》（Investment Promotion Act，B. E. 2520），并于1991年、2001年和2017年三次修正。

《投资促进法（1977）》是泰国投资优惠领域中的纲领性法律，在《投资促进法（1977）》的规定范围内制定投资优惠政策。《投资促进法（1977）》下设 7 章，分别为委员会、顾问及工作人员，申请和审批，权益，机械设备、原材料和必需物资，保证和保护原则，优惠待遇的撤销和附则。《投资促进法（1977）》规定的优惠权益详见表 3-1。

表 3-1 《投资促进法（1977）》规定的优惠权益

税收优惠	非税收优惠
1. 减免机器进口税（第 28、29 条） 2. 减免所需原料或者物料进口税（第 30 条） 3. 免征企业所得税和红利税（第 31、34 条） 4. 企业所得税减半征收（第 35 条（1）） 5. 双倍扣除运输费、电费和自来水费（第 35 条（2）） 6. 增加扣除用于便利设施安装和建设费用的 25%（第 35 条（3）） 7. 生产出口产品所需原材料或者物料免征进口税（第 36 条） 8. 用于研发的进口物品免征进口税（第 30/1 条）	1. 允许外国人入境了解投资环境和政策（第 24 条） 2. 允许引进外国熟练技术人员或专业人员在享受投资优惠权益的项目中工作（第 25、26 条） 3. 允许拥有土地所有权（第 27 条） 4. 允许汇出外币（第 37 条）

（2）《外商企业经营法（1999）》

为规范外国投资者在泰国的投资行为，泰国于 1972 年颁布第一部外商投资法《外国人经营法（1972）》，对"外国人"的定义及其经营范围进行了规定，后为进一步扩大外商投资，泰国于 1978 年对该法进行了修订。1999 年，泰国通过并实施了《外商企业经营法（1999）》，取代了之前的《外国人经营法（1972）》，成为泰国规范外商投资的专门法律，并于 2007 年、2017 年两次修订。

《外商企业经营法（1999）》共设 46 条，未分章节。《外商企业经营法（1999）》主要规定了对外国人（Foreigner）的定义，以及规定了泰国的外商投资准入范围。

一是外国人的定义。

相较于《外国人经营法（1972）》，《外商企业经营法（1999）》不管从体例表达还是对"外国人"的定义，都进行了更新（详见表 3-2）。《外商企业经营法（1999）》抛弃了以股东、合伙人或成员人数作为"外国人"的衡量标准，单纯通过最终控制方的国籍确定是否属于"外国人"。

表 3-2　"外国人"范围对比

《外国人经营法（1972）》①	《外商企业经营法（1999）》②
"外国人"是指没有泰国国籍的自然人或法人，其中包括： 1. 注册资本中至少有一半的份额由外国人持有的法人，或外国人的出资价值至少占其总资本的一半的法人。 2. 股东、合伙人或成员一半以上为外国人的法人，无论外国人投资的资本数额多少。 3. 管理合伙人是外国人的有限合伙企业或注册普通合伙企业。	"外国人"是指： 1. 非泰国国籍的自然人。 2. 注册地不是泰国的法人。 3. 在泰国注册的法人，但符合以下条件的： （1）注册资本中至少有一半的份额由符合第一款或第二款规定的外国人持有，或符合第一款或第二款规定的外国人的出资价值至少占其总资本的一半的法人； （2）管理合伙人或管理人员（managing partner or manager）是符合第一款的外国人的有限合伙企业或注册普通合伙企业。 4. 虽然在泰国注册但由符合第一款、第二款或第三款的外国人持股一半以上的法人；或符合第一款、第二款或第三款的外国人投资资本为注册资本一半以上的法人。

二是投资准入范围。

泰国采用负面清单列表的方式，打破了正面清单制度存在法律模糊地带的问题，将外国投资者禁止投资和限制投资的行业一一列出，使外国投资者能够清楚地了解不能在泰国进行的投资项目，提高了市场透明度，有利于发挥市场在资源配置中的决定性作用，从而吸引更多的外国投资进入泰国市场，推动经济的高速发展。

泰国通过《外商企业经营法（1999）》将其外商投资行业分为三类：完全禁止经营（List One）、经内阁授权部长许可后可以经营（List Two）和经外商经营委员会授权商业登记部部长许可后可以经营（List Three）（详见表 3-3）。

---

① Hua-Hin-Real-Estate, Service-Alien Business Law, http://www. hua-hin-real-estate. com/e_service_alien_business_law. html，2021-03-22.
② 《外商企业经营法(1999)》第四条。

表3-3　投资准入表

完全禁止经营	经内阁授权部长许可后可以经营	经外商经营委员会授权商业登记部部长许可后可以经营
新闻业、无线广播电台产业或广播电视产业；稻作农业、种植业或作物种植业；畜牧业；林业和天然木材加工业；渔业，仅限于泰国领水和专属经济区的水生物捕捞；泰国草药萃取业；交易或者拍卖泰国历史价值物品；制造或浇筑佛形象和僧人施舍碗；土地交易。	与国防安全有关的行业包括①生产、销售、维修、维护以下产品：(a) 枪支、弹药、火药、炸药；(b) 枪支、弹药、炸药的配件；(c) 军备、船只、航空器或军用车辆；(d) 所有战争相关的装备或组成部分；②泰国土地、水路或航空运输，包括国内航空产业。与艺术、文化、民俗手工艺品有关的行业包括①古董交易或属于泰国艺术和手工艺品的艺术品交易；②木雕生产；③蚕养殖业、泰国丝绸线生产业、泰国丝绸纺织业或泰国丝绸印染业；④泰国乐器生产业；⑤金器、银器、乌银器具、铜器或漆器生产业；⑥泰国艺术和历史有关的陶器生产业。与自然资源和环境有关的行业包括①蔗糖制造业；②盐业，包括地下盐；③岩盐开采；④采矿业，包括岩体爆破；⑤为家具和器皿制造进行的木材制造业。⑥泰国艺术和历史有关的陶器生产业。	1. 碾米和大米和其他农作物面粉生产；2. 渔业，特别是海洋生物捕捞；3. 林业；4. 夹心板、胶合板、刨花板或硬质纤维板的生产；5. 石灰生产；6. 会计服务业；7. 法律服务业；8. 建筑服务业；9. 工程服务业；10. 建筑业（涉及公共设施或交通设施需要特殊工具、设备、技术的基础服务设施建设或建筑业专家持有外国投资企业最低5 000万元泰铢；行政法规规定的其他建筑业类别除外）；11. 中介或代理业务，但不包括证券交易中介或代理、农产品期货交易、有价证券买卖服务；在下属企业中，为生产、服务需要提供买卖、采购、寻求服务的中介或代理业务；为投入资本最低在一亿铢以上的、行销国内产品或进口产品的国际贸易的外国人企业提供买卖、采购、推销、寻求国内外市场的中介或代理业务；部门规章规定的其他中介或代理业务；12. 拍卖业，不包括以国际竞价方式进行的拍卖，但拍卖古董、历史文物或泰国艺术作品、手工艺品或古董或具有历史价值的艺术品的除外；部级条例规定的其他类别的拍卖；13. 法律尚未禁止的与本土产品或农产品有关的国际贸易行业；14. 总资产低于1亿泰铢或各门店资产低于2 000万泰铢的零售业（商品不限种类）；15. 最低资产低于1亿泰铢的批发业（商品不限种类）；16. 广告业；17. 酒店产业，酒店管理服务业除外；18. 团体旅游业；19. 食品或饮料销售业；20. 种植培养产业；21. 其他服务产业，但行政法规另行规定的除外。

（3）投资领域法律法规的特点

一是赋予审批投资机构极大的行政权力。《投资促进法（1977）》作为泰国规范投资事宜的基本法律，赋予了投资审批机构极大的权力，认为BOI是保护和实施大力吸引外资进入的经济政策的重要部门。从这个角度出发，泰国将其投资审批机构的行政权力设定为高于部级的投资促进委员会，而且规定委员会主席由国务院总理兼任，委员会副主席由工业部长兼任，另不超过十位资深人员由国务院总理任命为委员会委员，及由秘书长担任委员和秘书，负责履行本法规定的职责①。泰国政府采用提高审批投资机构行政权力的手段，对外国投资和经营提供保障。

二是清晰规定涉及外国投资的相关程序性事项。在泰国政府看来，在法律中明确规定外国投资事项比赋予外国投资者优惠还要重要，如果在法律中对于投资的审批标准和程序规定不够完善，甚至会造成投资鼓励措施无法继续实行，从而影响外国投资者到泰国进行投资的决定。因此，《投资促进法（1977）》依次明确规定了投资促进委员会的人员组成、会议的召开，申请和审批事宜，投资者的相关权益，生产设备和原料，泰国政府的保证和保护原则，投资者优惠待遇的撤销及附则。泰国在投资领域中清晰地规定了投资相关事项，为在泰国进行投资的意向者提供了参考依据，同时也吸引了更多外商到泰国投资。

三是明确规定投资者的权利。《投资促进法（1977）》第三章第24条至第37条对投资者的权益进行了明确规定，共计14条，占有该法较大篇幅。泰国自20世纪50年代制定第一部《产业奖励法》以来，四部关于投资的专门法中，都专章对投资者的权利进行了规定。设立专章规定投资者的权利保证的目的在于能够保障外国投资者的权益从而吸引更多的外国投资者。

2. 投资领域相关政策

（1）优惠政策框架

根据其最新的七年投资促进战略（2015—2021），泰国主要以投资所属的行业为基础，按行业的重要性给予不同程度的优惠政策，另外也按项目所在地区及价值的不同给予额外的优惠。其总体目标是促进泰国经济可持续发展，增强经济竞争力，鼓励创新、高附加值、绿色科技相关产业及研发的投资。

_____

① 《投资促进法(1977)》第6条。

BOI 向投资者提供两种形式的优惠政策：一是税务上的优惠权益，主要包括免缴或减免企业所得税、免缴或减免机器进口税、免缴出口所需的原材料进口关税等；二是非税务上的优惠权益，主要包括允许引进专家技术人员、允许企业以公司名义获得永久土地所有权、允许外资独立持股、允许汇出外汇以及其他保障和保护措施等。

非税务优惠适用于所有获 BOI 批准的项目，税务优惠则根据项目所属行业和所在地等不同情况享受相应的优惠。一般来说，属于泰国政府鼓励支持产业范畴内的项目、位于受到特别鼓励投资区域的项目或者生产出口型的项目均可以获得更大程度的优惠。

此外，为鼓励外商投资，BOI 还放宽了对外商持股比例的限制，对于工业企业投资，无论工厂设在何处，允许外商持大部分或全部股份，如果有适当理由，BOI 可规定外商在某些受鼓励的行业持股比例的限额。

（2）相关政策

在吸引投资政策方面，BOI 颁布了系列行业鼓励政策和地区鼓励政策等，如"七年投资促进政策""提高生产效率投资促进措施""发展泰国南部边境地区工业投资促进政策""泰国经济特区投资促进政策""泰国东部经济走廊投资促进措施""根基经济投资促进措施"和"泰国一揽子＋计划"等（详见表 3-4）。

表 3-4　泰国投资优惠权益政策简介

投资优惠权益政策	主要内容概述
七年投资促进政策	对泰国鼓励投资项目进行了分类和对基础优惠措施进行了规定。
提高生产效率投资促进措施	鼓励更新机器，以更加节能、使用替代能源、减少对环境影响，鼓励研发和工程设计，以提高生产效率，给予特定投资项目额外优惠权益。
发展泰国南部边境地区工业投资促进政策	为鼓励在泰国南部边境进行投资规定了特别优惠权益。
泰国经济特区投资促进政策	对在 10 个经济特区设立的 13 类投资项目给予特别优惠。
泰国东部经济走廊投资促进措施	对在东部经济走廊覆盖的三个地区设立的投资项目给予额外优惠权益。

（续表）

投资优惠权益政策	主要内容概述
根基经济投资促进措施	促进社区投资，鼓励潜在的企业经营者参与支持社区企业，提高草根经济的竞争能力，给予投资项目额外优惠权益。
泰国一揽子＋计划	促进大型项目投资、发展人力资源和组建高技能劳动力，给予特定投资项目额外优惠权益。

其中，与绿色技术相关的投资政策主要涉及"七年投资促进政策"和"提高生产效率投资促进措施"。

一是七年投资促进政策。

"七年投资促进政策"（第 2/2557 号公告）是泰国吸引投资的纲领性政策，其具有以下六个宗旨：①鼓励提高泰国国家竞争力的投资项目；②鼓励环境友好型、能源节约型或使用清洁能源的投资活动以实现均衡和可持续发展；③鼓励新区域产业集群的形成以结合区域潜力加强投资集中度和稳固价值链；④鼓励泰国南部边境的投资项目以促进当地经济发展，从而提高地区稳定性；⑤鼓励经济特区的发展，特别是边境地区的发展，包括工业区内和工业区外的发展，以支持泰国加入东盟经济共同体；⑥鼓励海外投资以提升泰国商业竞争力和泰国在全球一体化中的地位。

该政策将投资活动分为基本优惠权益和按项目的价值给予额外的优惠权益，具体内容如下：

基本优惠权益下分八个类别：第一组别为根据产业不同进行的分类（详见表 3-5），为 A1 类、A2 类、A3 类、A4 类、B1 类、B2 类；第二组别为第八类四项核心技术的扶持产业；第三类为根据技术分类的第八类。

按行业类别给予的基本优惠权益分为五种（详见表 3-6），分别为免征企业所得税、免征设备进口的相关税费、免征研发目的使用的原材料的进口相关税费、免征生产出口产品进口原材料的相关税费以及非税收优惠。

表 3-5　七年投资促进政策基本优惠权益项目类别清单

根据行业类别进行分类	第一类 A1	知识型产业，以增强国家竞争力的设计和研发行业为主。
	第二类 A2	发展泰国基础设施建设的产业，具有高附加值的高科技行业，并且在泰国投资较少或尚未有投资的行业。
	第三类 A3	对国家发展具有重要意义的高科技产业，泰国国内现投资较少。
	第四类 A4	技术不如 A1～A3 先进，但能增加国内资源价值和加强产业链发展的行业。
	第五类 B1	没有使用高科技但对产业链发展具有重要意义的辅助产业。
	第六类 B2	
第八类四项核心技术的扶持产业	第七类	辅助目标技术发展行业并且符合合作条款的行业类别，分别为 5.6、7.11、7.13、7.14、7.15 和 7.19。
根据技术类别进行分类	第八类	发展科技与创新，包括发展目标技术产业，例如生物技术、纳米技术、先进材料技术和数字技术。

表 3-6　基本优惠权益——按行业类别给予优惠权益

措施 类别	免征企业所得税	免征设备进口的相关税费	免征研发目的使用的原材料的进口相关税费	免征生产出口产品进口原材料的相关税费	非税收优惠
A1	8 年，无上限	√	7.11 及 7.12.1～7.12.4 的经营活动	√	√
A2	8 年	√	—	√	√
A3	5 年	√	—	√	√
A4	3 年	√	—	√	√
B1	—	√		√	√
B2	—	√		√	√
第七类	10 年，无上限	√	仅限于 7.11	√	√
第八类	10 年，无上限	√	√	√	√

　　按项目价值给予额外的优惠权益下分三个类别：为提高竞争力而给予额外优惠权益，为带动地方繁荣而给予额外优惠权益及为发展工业区而给予额外的优惠权益，优惠政策也根据分类的不同进行调整。

　　A. 为提高竞争力而给予额外优惠权益

　　泰国政府在基础投资激励措施的基础上，根据投资项目类型的不同，对为提高竞争力的投资项目提供不同的额外的投资资金或费用开支加计扣除（详见表3-7）、额外的免征企业所得税年限（详见表3-8、表3-9）。

表 3-7　给予为提高竞争力项目的投资资金或费用的加计扣除比例

项目类型	加计扣除的投资资金或费用比例
技术研发：企业内部自我研发、外包给泰国其他机构进行研发或者与海外研发机构共同研发的项目。	300%
向泰国国内的技术及人力资源发展基金、科研学术机构、特定培训机构、研发机构或政府机构的捐款，以上必须经过泰国投资委的认可。	100%
使用泰国国内研发的技术所支付的费用。	200%
先进技术培训费用。	200%
为泰国人持股不低于51%的本土供应商提供先进技术培训和技术支持。	200%
产品及外包装设计：企业自我设计或外包给在泰国的企业设计，但需要得到投资委的认可。	200%

表 3-8　给予为提高竞争力项目的企业所得税免税增加年限

投资资金/费用支出	企业所得税免税增加年限
占前三年销售额比例1%或不低于2亿泰铢（取较低者）	1 年
占前三年销售额比例2%或不低于4亿泰铢（取较低者）	2 年
占前三年销售额比例3%或不低于6亿泰铢（取较低者）	3 年

表 3-9　给予为提高竞争力项目的企业所得税免税年限总表

措施 / 类别	免征企业所得税年限	增加企业所得税免税年限	总计企业所得税免税年限
A1	8 年，无上限	1～3 年，无上限	9～11 年，无上限
A2	8 年	1～3 年，提高上限	9～11 年，提高上限
A3	5 年	1～3 年，提高上限	6～8 年，提高上限
A4	3 年	1～3 年，提高上限	4～6 年，提高上限
B1	—	1～3 年 [*]	1～3 年 [*]
B2	—	—	—
第七类	10 年，无上限	1～3 年	11～13 年，无上限
第八类	10 年，无上限	1～3 年	11～13 年，无上限

（＊按照用于提高竞争力的投资资金/费用支出规定免税额度。）

B. 为带动地方繁荣而给予额外优惠权益

泰国政府在基础投资激励措施的基础上，对部分为促进内地繁荣的投资项目提供额外的企业所得税免税年限，对 A1、A2 类投资项目额外增加 5 年企业所得税减半征收，以及对除 B2 类项目外所有项目的运输费、电费和水费加计扣除 100%，期限为 10 年，公共便利设施的安装费或建设费按投资金额的 25% 在成本中扣除（详见表 3-10）。

表 3-10　为促进内地繁荣而给予额外优惠权益及为发展工业地区而给予优惠权益

给予设立于以下 20 个人均收入最低的府份的项目额外优惠措施：加拉信（Kalasin）、猜也奔（Chaiyaphum）、那空帕农（Nakhon Phanom）、难（Nan）、汶干（Bueng Kan）、武里南（Buri Ram）、帕（Phrae）、玛哈沙拉堪（MahaSarakham）、莫拉限（Mukdahan）、夜丰颂（Mae Hong Son）、益梭通（Yasothon）、黎逸（Roi Et）、四色菊（SiSaKet）、沙功那空（Sakon Nakhon）、沙缴（SaKaeo）、素可泰（Sukhothai）、素辇（Surin）、廊磨喃蒲（NongBuaLamphu）、乌汶（UbonRatchatani）和安纳乍能（AmnatCharoen），但泰国南部边境府份和经济特区另有规定的除外。

措施 类别	免征企业所得税年限	增加企业所得税免税年限	额外 5 年企业所得税减半征收	总计免征企业所得税	费用扣除*
A1	8 年，无上限	—	√	8 年，无上限 + 5 年企业所得税减半征收	√
A2	8 年	—	√	8 年，无上限 + 5 年企业所得税减半征收	√
A3	5 年	3 年	—	8 年	√
A4	3 年	3 年	—	6 年	√
B1	—	3 年	—	3 年	√
B2	—	—	—	—	—
第七类	10 年，无上限	3 年	—	13 年，无上限	√
第八类	10 年，无上限	3 年	—	13 年，无上限	√

（＊运输费、电费和水费加计扣除 100%，期限为 10 年；公共便利设施的安装费或建设费按投资金额的 25% 在成本中扣除）

C. 为发展工业区而给予额外的优惠权益

泰国政府在基础投资激励措施的基础上，对为发展工业区的投资项目提供了额外的免征企业所得税年限（详见表3-11）。

表 3-11　为发展工业区而给予的优惠权益

设立于工业区或工业园的投资项目将额外增加一年免征企业所得税年限			
措施 类别	免征企业所得税 年限	增加企业所得税 免税年限	总计企业所得税 免税年限
A1	8年，无上限	—	8年，无上限
A2	8年	—	8年
A3	5年	1年	6年
A4	3年	1年	5年
第七类	10年，无上限	1年	11年，无上限
第八类	10年，无上限	1年	11年，无上限

二是提高生产效率投资促进措施[①]。

BOI关于提高生产效率投资促进措施第9/2560号公告，鼓励更新机器，以更加节能、使用替代能源、减少对环境影响，鼓励研发和工程设计，以提高生产效率。这类促进措施对绿色技术的运用、绿色行业的发展有着政策导向性的作用。

该政策将投资优惠权益措施根据投资方向的不同分为四类：1. 投资于节能、替代能源和环保方面所享受额外投资优惠权益措施（详见表3-12）；2. 投资机器设备以提高生产效率的投资促进措施（详见表3-13）；3. 投资研发、工程设计以提高生产效率的优惠权益措施（详见表3-14）；4. 农业产业升级使之达到国际标准的投资促进措施（详见表3-15）。每一类投资优惠权益措施均对能够申请该优惠权益的行业提出了具体要求，同时也对能够申请该类投资优惠权益的行业范围作出了具体规定。

---

① BOI, Measure for Improvement of Production Efficiency，https://www. boi. go. th/un/production_effiiciency，2021-03-22.

表 3-12　投资于节能、替代能源和环保方面所享受额外投资优惠权益措施

投资项目要求	投资于节能或者使用替代能源或者减少对环境影响的机器更新，申请人必须递交计划书并执行以下规定中的任何一项： 1. 投资更新先进的机器设备，使之达到规定的节能比例要求。 2. 投资更新可以使用替代能源的机器设备，并且替代能源在总体能源使用的比例达到规定要求。 3. 投资更新机器，以减少对环境的影响，无论是废弃物排放，还是污水、废气排放等，以达到规定的标准。
投资优惠权益措施	1. 免征机器进口税。 2. 从原先经营业务中免征企业所得税 3 年，免税额度为本措施项下投入投资资金的 50%（不包括土地相关费用和流动资金）。 3. 免征企业所得税的期限自取得投资促进证后产生收入之日起算。
不得申请的行业类别	5.8　电子商务 7.7　辅助投资与贸易业务（Trade and Investment Support Office，TISO） 7.34　国际商务中心（International Business Center，IBC）

表 3-13　投资机器设备以提高生产效率的投资促进措施

投资项目要求	申请人必须根据规定递交更新机器方案。例如，在原有的生产线上引进自动化设备，以提高生产效率等。
投资优惠权益措施	1. 免征机器进口税。 2. 从原先经营业务中免征企业所得税 3 年，免税额度不得高于所投入投资资金的 50%（不包括土地相关费用和流动资金）。 3. 投资自动化系统的，如果与泰国自动化行业的联系价值达到该自动化系统总值的 30% 以上，企业所得税免征上限将提高到投资额的 100%（不包括土地资金和流动资金）。 4. 免征企业所得税的期限自取得投资促进证后产生收入之日起算。
不得申请的行业类别	4.6　通用汽车制造业 4.12　摩托车制造业（发动机排量小于 248 cc 除外） 4.16　混合动力电动汽车（HEV）及其部件制造业 5.8　电子商务 7.2　天然气站 7.7　贸易和投资支持办公室（Trade and Investment Support Office，TISO） 7.34　国际商务中心（International Business Center，IBC）

表 3-14 投资研发、工程设计以提高生产效率的优惠权益措施

投资项目要求	申请人必须根据规定提供研发与工程设计投资方案，须在研发与工程设计方面的投资或支出，不少于自递交投资申请之日算起前 3 年销售额的 1%；如果是中小企业，在研发与工程设计的投资不少于自递交投资申请之日算起前 3 年销售额的 0.5%。
投资优惠权益措施	1. 免征机器进口税。 2. 从原先经营业务中免征企业所得税 3 年，免税额度不得高于所投入投资资金的 50%（不包括土地相关费用和流动资金）。 3. 免征企业所得税的期限自取得投资促进证后产生收入之日起算。
不得申请该类的行业类别	5.8 电子商务 7.7 辅助投资与贸易业务（Trade and Investment Support Office，TISO） 7.34 国际商务中心（International Business Center，IBC）

表 3-15 农业产业升级使之达到国际标准的投资促进措施

投资项目要求	申请人必须提交符合国际标准如良好农业规范（Good Agriculture Practices，GAP），森林管理委员会（Forest Stewardship Council，FSC），森林认证体系认可计划（Program for the Endorsement of Forest Certification Scheme，PEFCs），食品安全管理体系（ISO 22000），可持续森林管理（Sustainable Forest Management System，SFM，ISO 14061）或其他等效的国际标准的农业产业升级投资计划。必须按照计划进行投资，且必须在获得投资促进证书后 3 年内取得上述国际标准的认可。
投资优惠权益措施	1. 免征机器进口税。 2. 从原先经营业务中免征企业所得税 3 年，免税额度不得高于所投入投资资金的 50%（不包括土地资金和流动资金）。 3. 免征企业所得税的期限自取得投资促进证后产生收入之日起算。

该政策提供的投资权益优惠主要集中于税费减免，为设备进口税的减免和基于投资资金计算的企业所得税的减免，四类企业所得税的减免均自企业取得投资许可证之日起算。

3. 绿色技术相关重点内容解读

（1）重点内容

下面简要列明泰国投资相关法律、政策明确鼓励绿色技术投资的内容（详见表 3-16）。

表 3-16　泰国投资相关法律、政策明确鼓励绿色技术投资的内容

法律、政策	具体章、节	详细内容
《投资促进法案 (1977)》	第 2 章 (申请与审批) 第 19 条	委员会批准享有优惠待遇的项目,必须具有适当的污染损害防治和环境保护措施,以保障人民的正常生活及自然与人类的长远生存。
《工厂法 (1992)》	第 1 章 (投资设厂) 第 7 条	根据对社会或环境影响的重要程度,主管部门有权为控制或防止不利后果、损害预防和规避风险制定部级规定以修正工厂的类型或规模。
	第 1 章 (投资设厂) 第 8 条第 5 目	为了控制投资设厂,主管部门有权规定第 7 条规定的任何或所有工厂类型必须遵守的有关下列事项的部级规定: (5) 采纳衡量废弃物、污染物或任何影响环境因素的标准并采用相应方式控制上述物质的排放。
七年投资促进政策	政策宗旨其一和其二	一是鼓励提高泰国国家竞争力的投资项目。通过鼓励研发,创新,农业、工业和服务业的价值创造,促进中小企业发展,公平竞争及全面增长的方式达到此目的;二是鼓励环境友好型,能源节约型或使用清洁能源的投资活动以实现均衡和可持续发展。
提高生产效率投资促进措施	政策宗旨	投资委关于提高生产效率投资促进措施第 1/2557 号公告,鼓励更新机器,以更加节能、使用替代能源、减少对环境影响,鼓励研发和工程设计,以提高生产效率。

（2）相关评析

通过上文有关投资领域法律法规及政策的阐述可知:

一是法律层面,明确鼓励绿色技术投资。在确定外商市场准入范围时,《外商企业经营法（1999）》采用负面清单模式规定了外国人禁止投资和限制投资的项目类型。与自然资源和环境有关的行业,泰国对于绿色技术投资的限制并不繁复,甚至在法律法规和优惠措施政策中以税收优惠等鼓励措施吸引外商投资。《投资促进法（1977）》在条文中明确指出投资委员会批准通过的投资项目具有适当的污染损害防治和环境保护措施。《工厂法（1992）》也在对工厂进行分类和再修订时将对环境影响的重要程度纳入考量范围。

二是政策层面,推出可操作性的绿色技术投资鼓励政策。"七年投

资促进政策"将环境友好纳入政策宗旨，鼓励环境友好型、能源节约型或使用清洁能源的投资活动以实现均衡和可持续发展。"提高生产效率投资促进措施"也将使用节能产品、使用替代能源、减少环境影响作为政策宗旨。其中，"提高生产效率投资促进措施"与绿色技术投资密切相关，该政策特别针对投资于节能、替代能源和降低环境影响方面的投资设有额外投资优惠权益措施。由此可以看出，使用相关新兴环保技术、清洁能源，属于泰国鼓励并享受投资优惠权益的项目，甚至是在部分行业中成为享受投资优惠权益的必要条件。

三是执行层面，BOI 制定的投资促进许可的申请标准中对绿色技术的使用提出具体要求。如农业和农产品加工产业中的制革厂或皮革加工厂经营活动，其申请投资促进标准对环境友好型技术的使用提出要求；轻工业领域中，任何漂白、印染等经营活动，必须使用环境友好型技术；化工产品、塑料及和造纸业领域中的环境友好型制造业，必须使用可再生资源或者在生产过程中使用可持续发展的绿色技术。针对此类经营活动，中国投资者可直接向 BOI 申请投资促进许可，若取得 BOI 投资促进许可，即可凭借该许可证直接向商业登记厅申请 BOC，可简化获得投资准入后再申请投资优惠权益的程序。

4. 比较研究

中国于 2019 年分别通过了《中华人民共和国外商投资法》（以下简称《外商投资法》）和《中华人民共和国外商投资法实施条例》（以下简称《实施条例》）。《外商投资法》生效后，《中华人民共和国中外合资经营企业法》《中华人民共和国外资企业法》及《中华人民共和国中外合作经营企业法》同时废止，这两部法律构成中国外商投资法律制度的基本框架。

《外商投资法》共设六章，第一章为总则，对外商投资及外商投资企业进行了定义，同时确定了中国外商投资的基本原则：准入前国民待遇加负面清单管理制度。第二章"投资促进"章节对特殊经济区域、县级以上人民政府的投资促进措施作出特别规定。第三章"投资保护"对中国对外商投资的保护进行了规定，例如除特殊情况下不进行征收、外汇自由等。第四章"投资管理"对外商投资进行了程序性规定，对准入负面清单以外领域的外商投资按照内外资一致的原则进行管理。第五章"法律责任"对外商投资者及行政机关工作人员中在外商投资过程中的法律责任进行规定。第六章为附则。《实施条例》的总体框架与《外商投资法》一致，共设六章，根据《外商投资法》对外商投资进一步作出详细规定。

中国的投资相关法律的规定较为宏观，需要结合配套法律法规才能够较好地落实，而泰国的投资相关法律更偏向实践，规定细节较为具体，对宏观性、原则性的内容并未过多涉及。下文将从几个方面对中泰投资领域相关法律进行对比。

（1）外商投资适用的基本原则方面

泰国注重实操，中国偏重适用原则。中国《外商投资法》和《实施条例》对外商投资适用的原则进行了规定，《外商投资法》《实施条例》行文中多次运用"平等""公平"等术语，强调为外商投资提供公平、平等的投资市场环境；《外商投资法》第四条明确中国对外商投资实行准入前国民待遇。而泰国《外商企业经营法（1999）》落脚在对实体、程序的详细规定，未对此类原则进行规定（见表3-17）。

表 3-17　泰中投资原则相关法律法规

泰国		中国	
《外商企业经营法（1999）》	无	《外商投资法》第三条	国家坚持对外开放的基本国策，鼓励外国投资者依法在中国境内投资。 国家实行高水平投资自由化便利化政策，建立和完善外商投资促进机制，营造稳定、透明、可预期和公平竞争的市场环境。
		《外商投资法》第四条	国家对外商投资实行准入前国民待遇加负面清单管理制度。 前款所称准入前国民待遇，是指在投资准入阶段给予外国投资者及其投资不低于本国投资者及其投资的待遇；所称负面清单，是指国家规定在特定领域对外商投资实施的准入特别管理措施。国家对负面清单之外的外商投资，给予国民待遇。

（2）负面清单执行方面

泰国规定明确，中国更灵活。泰国在《外商企业经营法（1999）》中明确规定了泰国禁止和限制经营的产业类型，而中国在《外商投资法》第四条规定了中国对外商投资实行负面清单管理制度，但并未以法律的形式确定外商投资的负面清单，而是规定负面清单由国务院发布或批准发布，并在《实施条例》中对此进行了详细规定（具体法条规定详见表3-18）。《实施条例》第四条规定了国家将根据进一步扩大对外开放和经济社会发展需要调整负面清单，根据国务院公报，2017 年至2020 年每年的负面清单及自由贸易试验区的负面清单都进行了调整，这意味着中国的负面清单制度能够灵活地适应中国的经济发展。

表 3-18　泰中负面清单相关法律法规

泰国		中国	
《外商企业经营法（1999）》第八条	根据第 6、7、10、12 条的规定，（1）由于特殊原因，外商不得经营列表 1（List One）的产业；（2）外国人只有经过内阁授权部长许可后方可经营列表 2（List Two）有关国家安全、艺术和文化传统和民间手工艺品、影响自然资源或者环境的产业；（3）外国人只有经外商经营委员会授权商业登记部部长许可后可以经营列表 3（List Three）的泰国本土企业尚不具备竞争力的产业。	《外商投资法》第四条	国家对外商投资实行准入前国民待遇加负面清单管理制度。 …… 负面清单由国务院发布或者批准发布。
		《实施条例》第四条	外商投资准入负面清单（以下简称：负面清单）由国务院投资主管部门会同国务院商务主管部门等有关部门提出，报国务院发布或者报国务院批准后由国务院投资主管部门、商务主管部门发布。 国家根据进一步扩大对外开放和经济社会发展需要，适时调整负面清单。调整负面清单的程序，适用前款规定。

（3）投资促进措施的制定方面

针对投资促进措施的制定，中泰两国具有较大差异。

　　一是投资促进政策的制定主体。

　　泰国为单一主体，中国为多部门协调。泰国设立投资促进专门法《投资促进法（1977）》，并根据该法成立 BOI，赋予其制定或者取消泰国的投资促进优惠权益的权力，投资促进优惠权益制定主体单一，投资优惠政策的查询较为方便。前文介绍的泰国 7 项投资优惠政策，均在 BOI 官方网站发布。中国在《外商投资法》和《实施条例》中设立了投资促进章节对其在宏观层面进行规定，从《外商投资法》和《实施条例》的相关规定可以看出，可以制定投资优惠权益的主体不局限于国务院投资主管部门，还有国务院商务主管部门、县级以上人民政府（见表 3-19）。此外，特殊经济区域也可实行特殊的投资优惠政策。

表 3-19　泰中投资促进相关法律法规

泰国		中国	
《投资促进法（1977）》	第六条　成立投资促进委员会。 第十六条　委员会鼓励投资的项目，应是对国家的经济、社会和稳定有利的重要项目，出口生产项目，投资高、使用劳动力或服务多的项目，或者使用农产品或自然资源为原料，且委员会认为是属于本国缺乏的，或还不足够的，或生产技术水平还落后的项目。由委员会公布鼓励投资项目的种类和规模要求，同时可以规定受鼓励投资项目应具备的条件，委员会可随时根据需要修改补充或取消该	《外商投资法》	第七条　国务院商务主管部门、投资主管部门按照职责分工，开展外商投资促进、保护和管理工作；国务院其他有关部门在各自职责范围内，负责外商投资促进、保护和管理的相关工作。 县级以上地方人民政府有关部门依照法律法规和本级人民政府确定的职责分工，开展外商投资促进、保护和管理工作。 第十三条　国家根据需要，设立特殊经济区域，或者在部分地区实行外商投资试验性政策措施，促进外商投资，扩大对外开放。 第十四条　国家根据国民经济和社会发展需要，鼓励和引导外国投资者在特定行业、领域、地区投资。外国投资者、外商投资企业可以依照法律、行政法规或者国务院的规定享受优惠待遇。

（续表）

泰国		中国	
《投资促进法（1977）》	条件。经委员会研究认为根据第二段规定所公布的鼓励投资项目，已不属受鼓励项目时，委员会有权公布暂不鼓励该项目，或取消鼓励该项目。	《实施条例》	第十条　外商投资法第十三条所称特殊经济区域，是指经国家批准设立、实行更大力度的对外开放政策措施的特定区域。 国家在部分地区实行的外商投资试验性政策措施，经实践证明可行的，根据实际情况在其他地区或者全国范围内推广。 第十九条　县级以上地方人民政府可以根据法律、行政法规、地方性法规的规定，在法定权限内制定费用减免、用地指标保障、公共服务提供等方面的外商投资促进和便利化政策措施。 县级以上地方人民政府制定外商投资促进和便利化政策措施，应当以推动高质量发展为导向，有利于提高经济效益、社会效益、生态效益，有利于持续优化外商投资环境。

二是对环境保护的相关规定。

泰国明确规定，中国兜底规定。泰国对投资项目的"绿色性"进行了相关规定，《投资促进法（1977）》第19条明确规定，BOI批准享有优惠待遇的项目，必须具有适当的污染损害防治和环境保护措施，以保障人民的正常生活及自然与人类的长远生存，第20条赋予BOI附条件地给予投资者投资优惠证书，条件为投资者对环境污染损害采取防治措施。中国《外商投资法》及《实施条例》由于从宏观上对外商投资进行规定，并未明文规定投资项目需要具有"污染损害防治和环境保护措施"，但是《外商投资法》第五章"法律责任"中进行了兜底规定，对外国投资者、外商投资企业违反法律、法规的行为，由有关部门依法查处，并按照国家有关规定纳入信用信息系统，即外商投资者若违反《中华人民共和国环境保护法》等相关法律，将依法承担行政责任、民事责任，甚至是刑事责任（详见表 3-20）。

表 3-20　泰中投资法中环境保护的相关法律法规

泰国		中国	
《投资促进法（1977）》	第十九条　委员会批准享有优惠待遇的项目，必须具有适当的污染损害防治和环境保护措施，以保障人民的正常生活及自然与人类的长远生存。 第二十条　委员会批准受鼓励投资申请人的申请后，可以在其所发给的投资优惠证书中，规定受鼓励投资人应对下列任何一项或多项要求，作为履行该证书的条件如下： （7）对环境污染损害采取的防治措施。	《外商投资法》	第三十八条　对外国投资者、外商投资企业违反法律、法规的行为，由有关部门依法查处，并按照国家有关规定纳入信用信息系统。
		《中华人民共和国环境保护法》	第五十三条至第六十四条规定了违反《中华人民共和国环境保护法》应承担的法律责任。

（二）环境保护法及相关政策

泰国对环境保护的立法可以追溯至 20 世纪 60 年代，泰国《工业标准法（1968）》对进出口工业产品制定标准，间接地要求泰国工厂承担环境保护责任。泰国以法律形式对环境管理进行规定始于 1975 年的《国家环境质量保护与促进法》。

1. 环保领域相关法律法规

（1）《国家环境质量促进和保护法》

泰国已经拥有几十部与环境和自然资源保护相关的法律，其中起核心作用的是 1992 年颁布的《国家环境质量促进和保护法》。该法包含正文和序言两大部分，内容广泛涉及各种环境问题，将预防、控制、纠错和保护等各个方面融为一体。

（2）其他法律法规

此外，泰国在环境保护领域还有《工厂法（1992）》《公共卫生法（1992）》《危险品法（1992）》等多部重要法律。

《工厂法（1992）》包含序言及正文两大部分，共 4 章、68 个条款。序言包括该法的颁布及生效时间、废除的相关法律、适用范围以及法律名词的解释等，共 6 个条款。正文包括工厂运营、工厂监管、罚则、暂行规定。该条例明确规定了工厂运营中产生的对环境有影响的有毒及其他废弃物的标准及管控方法。

《公共卫生法（1992）》包括 16 章、90 个条款。具体内容为：一般规定、公共卫生委员会、污水和废物的管理、建筑卫生、妨害行为、动物饲养和放牧控制区、危害健康的企业、市场食品销售场所和食品储存场所、在公共场所或道路上销售商品、地方主管官员和公共卫生官员的权力和职责、通知书、许可证、费用和罚款、申诉、罚则、暂行规定。其中第三章为处理污水及固体垃圾提供了主要的法律依据。

《危险品法（1992）》包含序言及正文两大部分，共 93 个条款。正文包括：危险物品委员会、危险物品控制、义务和民事责任、刑罚规定、暂行规定。该法是对工业危险废弃物进行处理的主要法律依据，针对工厂产生、运送以及处理废弃物提出了管控要求。

（3）环保领域法律法规的特点

目前为止，中外研究者对泰国环境保护领域法律及相关政策的研究还比较少。就收集到的文章而言，或是对中泰环境保护基本法进行比较研究，但由于其成文时间较早，难以应势而行；或是仅就环境保护领域的某一具体问题如环境影响评价制度、环境类非政府组织等进行分析；又或是只作为东南亚各国或澜湄流域国家相关法律制度国别研究中的一部分概括介绍。综合泰国环境保护领域法律及相关政策，可以总结为以下几个特征：

一是拥有相对完善的法律法规体系。

在环境管理方面，泰国基本法律是 1992 年颁布的《国家环境质量促进和保护法》，除上述《工厂法（1992）》《公共卫生法（1992）》《危险品法（1992）》等条例外，泰国自然资源和环境部还发布了一系列关于大气、噪声、水、土壤等方面污染控制和保护的公告，对于空气和噪声污染、水污染、土壤污染、废弃物和危险物质排放等标准以及违法违规行为的相应处罚作出了明确规定。总体而言，泰国环境保护法体系呈现出以环境保护基本法为中轴、以环境保护单行法为辐射的特征，其先有环境保护基本法后有环境保护单行法的发展历程也反映出该国在处理环境问题上注重全局把握、重视一般与特殊的态度。

二是拥有相对完善的主管部门。

泰国负责环境保护的政府部门是自然资源和环境部（Ministry of Natural Resource and Environment，简称：MNRE），作为中央环境保护主管机关，其主要职责是制定政策和规划，提出自然资源和环境管理的措施并协调实施，其下设有水资源厅、地下水资源厅、海洋与沿海资源厅、皇家森林厅、国家公园野生动物和植被保护厅、自然资源和环境政策规划办公室、污染控制厅、环境质量促进厅等部门。

1975 年的《国家环境质量保护与促进法》增设国家环境委员会，主要职责是协调各个政府机构、中央和地方政府之间关于环境保护的行动。1992 年的《国家环境质量促进和保护法》提高了环境委员会的地位并赋予其实际权力，环境委员会具有两大特点：其一是组成人员规格极高且专业性较强，在全面衡量各方利益的同时也能保证决策的科学性和有效性；其二是职能多样化和法定化，环境委员会行使制定环境质量标准、审议和通过各府环境质量管理行动方案、督促环境基金的使用等。在基本法中明确环境管理机构的各项职能，有利于厘清不同机构的分工权限和合作基础，防止相互推诿"踢皮球"现象。两相结合使得泰国国家环境委员会成为拥有有效资源机制的协调统筹机构，决策更专业科学，施行更通畅有效。

三是重视环境质量管理及污染控制。

《国家环境质量促进和保护法（1992）》以加强环境管理质量，维持和提高环境质量为其基本目标之一。为此，泰国在环境质量管理方面有许多专门规定。

一是完善各类环境质量标准。明确规定国家环境委员会制定和修改各种环境质量标准的义务，在认为适当的情况下国家环境委员会有权在环境保护区、污染控制区等特殊区域制定更高的环境质量标准。

二是规定环境质量管理规划制度。MNRE 经环境委员会批准后，编制"环境质量管理规划"的行动计划来具体实施国家保护和提高环境质量的政策和计划。政府各有关部门在各自职责范围内采取必要的措施来确保这一规划的有效实施，自然资源和环境部有义务指导其他政府部门和企业制定各自的行动计划；各府也有义务根据该规划制定地方规划、具体内容和审批期限。若地方政府未制定地方行动计划或该计划未获批准，在必要情况下国家环境委员会有权建议内阁总理命令 MNRE 针对该地区环境问题以该府名义代位制定地方环境实施计划。

四是扩大公民参与。

环境本身具有公共产品特性，相应地，环境保护也应是一项公共性的事业，是政府、企业和公民的共同责任。《国家环境质量促进和保护法（1992）》总则的第 6 条至第 9 条明确规定，鼓励公民和非政府组织共同参与到国家环境发展和保护中，具体内容包括：公众参与（第 6 条）、公众的环境知情权（第 6 条第 1 款、第 9 条）、环境救济补偿权（第 6 条第 2 款）、起诉权（第 6 条第 3 款）、公民的环境义务（第 6 条第 4、5 款）以及非政府组织的注册（第 7 条）及其活动（第 8 条）。

环境决策是一种综合性的决策，涉及多门学科，也事关多方利益群体。公众是环境问题的直接利益相关者。扩大公众参与，在增强公民环保意识、提高公民环保能力、激发公民环保热情的基础上，不仅有利于营造保护环境的良好社会风气，而且能够增强政府环保决策的科学性、民主性和有效性，同时也能减少政府治理环境的成本。

2. 环保领域相关措施

泰国《国家环境质量促进和保护法（1992）》第二章"环境基金"规定，国家环境部设立环境基金（第 22 条）。环境基金来源广泛，有国家总理拨付、国家财政预算、政府补助、环境执法罚没款项、国内外捐赠、基金投资所得等。本章还对环境基金的使用、管理等作了严格规定。环境基金主要用于污水集中处理厂或污水处理设施的采购、维护和保养，地方政府或企业提供控制污染所需要的贷款以及向其他任何提高环境质量的活动提供经济支持，其监督管理主要由环境基金委员会负责。此制度有力地推动了污染者付费原则的实现，被认为是泰国环境管理中最有效的刺激措施之一。

泰国《国家环境质量促进和保护法（1992）》第五章"鼓励措施"规定：执行国家相关规定的污染源所有者以及废弃物处理承包人可在设备进口、人才引进等方面申请优惠待遇（第 94 条）。这一章只有两个条款，分别规定了获得政府优惠待遇的申请条件和审批程序，目的在于推动环境守法，提高环境质量。

上述两项制度均涉及环境保护中的经济动力，体现泰国《国家环境质量促进和保护法（1992）》在环境管理理念上已经逐步引入了市场的力量：既提供资金支持又提供优惠待遇，为污染改善注入双重力量；同时，环境基金与鼓励措施还和污染者负担原则相结合。法律既规定污染者进行污染处理或支付治理费用的负面经济刺激，又提供优惠和财政支持等正面经济刺激，双管齐下，以政策驱动污染者减少排放、治理污染。上述两项制度详情见表 3-21。

表 3-21　环境基金和鼓励措施的相关规定

依据	具体内容
《国家环境质量促进和保护法（1992）》第二章环境基金	第 22 条　环境基金的设立及资金来源 财政部内应设立"环境基金"，由以下资金和财产组成： （1）来自石油基金的资金，数额由总理确定； （2）根据《年度支出预算法》（B. E. 2535（1992））设立的环境发展和生活质量循环基金转来的钱； （3）根据本法收取的服务费和罚款（khāprap）； （4）政府的临时拨款； （5）国内或国外私人捐助者、外国政府或国际组织捐赠的金钱或其他财产； （6）本基金所产生的利息和利益； （7）为基金的运作而收取的其他款项。 财政部下属的主计长司应持有环境基金的资金和财产，并根据本法从基金中支付款项。

（续表）

依据	具体内容
《国家环境质量促进和保护法（1992）》第二章环境基金	环境基金的使用 基金的支付应用于以下事项： (1) 作为赠款给政府机构或地方政府，以投资和运行中央废水处理或废物清除系统，包括购买土地、材料、设备、仪器和设备等操作和维护此类系统所必需的； (2) 作为地方政府或国有企业的贷款，用于提供专门用于该地方政府或国有企业活动的空气污染控制、废水处理或废物清除系统或其他设备； (3) 作为贷款给私人实体，如果该人有法律责任提供处理污染空气和废水的设施，或清除废物，或任何其他设备，以控制、处理或消除其活动或商业活动产生的污染物，或该人被许可从事服务承包商业务，以根据本法提供废水处理或废物清除服务； (4) 在国家环境委员会的批准下，作为补助金或赠款来支持基金委员会认为适当的任何与提高和保护环境质量有关的活动； (5) 作为管理基金的支出。
《国家环境质量促进和保护法（1992）》第五章鼓励措施	第94条　政府优惠待遇的申请条件 污染源的所有者或拥有者，如果根据本法或其他相关法律有责任提供处理被污染的空气或废水或清除其他废物的系统，包括这种污染源所需的设备、仪器、工具、器具或材料，或根据本法获得许可的服务承包商，有权要求政府在下列事项上提供支持和援助： 请求协助将王国没有的但必要机械、设备、仪器、工具、器具或材料进口到王国的进口税； 如果负责实体无法在王国境内提供或雇用合格人员控制根据第（1）款进口到王国的机器、设备、仪器或工具，则申请授权将外国专家或专门人员带入王国安装、监测或操作空气污染或废水处理或废物清除系统。这可能包括为这些人申请所得税豁免，以补偿他们根据本款在王国境内工作可能产生的税款； 污染源的所有者或拥有者，如果没有第1款所述的法律义务，但仍希望提供系统、设备、工具或器具，以控制空气污染、处理废水或清除来自豁免所有者的活动或商业活动的其他废物，也有权根据第1款要求政府提供支持和援助。 第95条　政府优惠待遇的审批程序 根据第94条向政府提出的支持和援助申请应按照部级条例规定的标准、程序和形式向国家环境委员会提出。 国家环境委员会应根据其认为合适的情况审查任何根据第1款提出的支持和援助申请，同时考虑到每个申请人的经济、财政和投资需要。如果认为应该向该申请人提供援助，国家环境委员会应建议有关政府机构在其权力和职责范围内向申请人提供相应的支持和援助。

3. 比较研究

世界范围内各国环境问题有其共性，而中泰两国同属大湄公河次区域的地理位置、同为发展中国家的国情、同样面临保护环境与经济发展博弈的难题，使得中泰两国环境保护领域的法律在主体脉络结构、总体精神、主要内容、具体举措和制度等方面有许多相似之处。如前文所述，泰国环境保护法律体系由环境保护基本法和环境保护单行法共同组成，由环境保护基本法对环境保护领域的重要问题进行较为抽象而全面的规定，由环境保护单行法针对其中某一方面作出具体规定，这同我国环境保护领域的法律体系相类似。我国以《环境保护法》为环境保护领域的基础性法律，依据《大气污染防治法》《水污染防治法》《固体废物污染环境防治法》《环境影响评价法》《清洁生产促进法》等单行法，以及中央、国务院、环保部等出台的指导意见、管理办法、通知等来具体实施、综合执行。而我国的环境资源管理体制呈现出"纵横交织"的特点。就具体内容而言，二者都重视扩大公众参与，采用奖惩结合的方式，环境保护以预防为主，强调污染者担责。

然而，囿于两国现实国情、发展程度、立法技巧与取向的差异，二者在环境保护领域的法律又有诸多不同之处。其中，不同之处主要表现在以下几个方面：

（1）环保法的执行力度不同

首先，在项目规划的准备阶段，两国都规定了环境影响评价制度，这一制度是对"预防"原则的贯彻。根据我国《环境影响评价法》第二条的规定，按评价对象的不同，将环境影响评价分为规范的环境影响评价和建设项目的环境影响评价；而从内容来看，泰国的环境影响评价更像是中国的建设项目的环境影响评价。此外，根据我国有关法律法规的规定，凡需向环境排放各种污染物的单位或个人，在正式投入运行并产生实际的排污行为之前，还应该取得排污许可证，这也是有效控制污染或破坏环境行为的手段之一。

其次，在项目建设的施工过程中，为进一步贯彻落实"预防为主"的原则，我国首创了"三同时"制度，而泰国环保法中并没有类似的要求。"三同时"制度是指一切新建、改建和扩建的基本建设项目(包括小型建设项目)、技术改造项目以及一切可能对环境造成污染和破坏的工程建设和自然开发项目,都必须严格执行防止污染和生态破坏的措施与主体工程同时设计、同时施工、同时投产使用的法律制度。并且,防治污染的设施应当符合经批准的环境影响评价文件的要求,不得擅自拆除或者闲置。"三同时"制度同环境影响评价制度相辅相成,环境影响评价制度是对建设项目决策阶段的环境管理,是为防止对环境有重大不良影响的项目进行和选址不当,而"三同时"制度是对建设项目实施阶段的项目管理,是为防止项目建成后对环境造成新的污染和危害,是对环境影响评价制度的继续完善。二者相结合,共同形成对建设项目的全过程管理。

再次,在项目运行阶段,我国《环境保护法》第四十三条还规定了超标排污收费制度,即排放污染物超过国家或地方规定的污染物排放标准的企业,须依国家规定缴纳超标准排污费,并负责治理。排污费征收的标准、加收及减收的条件、费用的使用及管理等依《排污费征收使用管理条例》的规定。征收排污费是调节经济发展与环境保护关系的一个重要经济手段,能促使排污者进行技术改造、开展综合利用,排污费专款专用也能为污染防治积累资金。

最后,对于违规后的法律责任,由上文论述可知,泰国环保法就违反环境质量标准、污染物排放标准以及污染行为的处理等作出规定,主要方式为监禁和罚款两种,手段相对较为单一。而根据我国《环境保护法》的规定,一切单位和个人都有保护环境的义务,故意实施破坏或污染环境的行为因而违反环境保护法,则须承担相应的法律责任。

(2)主管部门的权责分工不同

我国《环境保护法》在第一章第六条中就明确指出,地方各级人民政府应当对本行政区域的环境质量负责。在第十条中进一步划分,由国务院环境保护主管部门对全国环境保护工作实施统一监督管理,由县级以上地方人民政府环境保护主管部门对该行政区域环境保护工作实施统一监督管理,由县级以上人民政府有关部门和军队环境保护部门依照有关法律的规定对资源保护和污染防治等环境保护工作实施监督管理。并设专章即第二章"监督管理"对环境保护主管部门的职权作出规定，内容涵盖制定环境质量标准及污染物排放标准、建立环境监测制度、环境资源承载力预警机制和联合防治协调机制、依法进行环境影响评价、实行环境保护目标责任制和考核评价制度、报告环境状况和环境保护目标完成情况及依法接受监督等等。

（3）环保法的实施措施不同

环境规制是指政府以控制环境污染、改善生态环境为目的制定的有关法律或规范，包括污染物排放标准制定、环保稽查、污染税征收等。其所产生的"倒逼效应"能够促进企业进行绿色技术创新。政府支持是指政府通过各种政策来引导和支持企业绿色技术创新的行为。其中，政府的科技支持能够帮助企业克服内部创新资源的短缺、降低研发风险、降低融资成本，通过补偿企业绿色技术创新产生的正外部性来提高企业技术创新的效率；政府的节能环保措施可以弥补企业末端污染治理投入的不足，使企业能够将更多的资源投入到绿色技术创新中。环境规制和政府支持是促进企业提高绿色技术创新效率的两种有效方式，在中泰环保法中也都均有体现（详见表3-22）。

表 3-22　泰中环保法促进企业绿色技术创新的部分规定

	泰国环保法	中国环保法
基本国策及整体态度		《环境保护法》第四条 国家采取有利于节约和循环利用资源、保护和改善环境、促进人与自然和谐的经济、技术政策和措施，使经济社会发展与环境保护相协调。 《环境保护法》第七条 国家支持环境保护科学技术研究、开发和应用，鼓励环境保护产业发展，促进环境保护信息化建设，提高环境保护科学技术水平。 《环境保护法》第四十条 国家促进清洁生产和资源循环利用。 企业应当优先使用清洁能源，采用资源利用率高、污染物排放量少的工艺、设备以及废弃物综合利用技术和污染物无害化处理技术，减少污染物的产生。

（续表）

	泰国环保法	中国环保法
环境规制	环境质量标准及污染物排放标准［具体内容见二（三）］ 符合环保要求的处理技术和相应设备［具体内容见二（四）］ 罚则［具体内容见二（五）］	《环境保护法》第十五条　环境质量标准 《环境保护法》第十六条　污染物排放标准 《环境保护法》第四十一条　"三同时制度" 《环境保护法》第四十三条　排污费 《环境保护法》第四十五条　排污许可制度 《环境保护法》第四十六条　对严重污染环境的工艺、设备和产品实行淘汰制度 《环境保护法》第六章　法律责任
政府支持	环境基金及鼓励措施	《环境保护法》第十一条 对保护和改善环境有显著成绩的单位和个人，由人民政府给予奖励。 《环境保护法》第二十一条 国家采取财政、税收、价格、政府采购等方面的政策和措施，鼓励和支持环境保护技术装备、资源综合利用和环境服务等环境保护产业的发展。 《环境保护法》第二十二条 企业事业单位和其他生产经营者，在污染物排放符合法定要求的基础上，进一步减少污染物排放的，人民政府应当依法采取财政、税收、价格、政府采购等方面的政策和措施予以鼓励和支持。

由表 3-22 可见，我国环保法不仅使用多种环境规制及政府支持方法，通过反向倒逼及正向促进相结合的方式来推动企业采用、创新绿色技术，而且鲜明地提出为绿色技术提供优先支持，更是将技术政策和措施上升至基本国策的高度，这足以彰显我国对于绿色技术的态度。不仅如此，我国还专门制定了《清洁生产促进法》以促进清洁生产，提高资源利用效率，减少和避免污染物的产生，进而保护和改善环境，保障人体健康，促进经济与社会的可持续发展。该法共计六章，内容涵盖清洁生产的推行和实施，鼓励政策和法律责任等。通过制定有利于清洁生产的财政税收政策、产业政策、技术开发和推广政策、清洁生产推行规划，加强专项资金投入，建立信息系统和技术咨询服务体系等方式来推行清洁生产。而泰国环保法中对绿色技术的态度比较模糊，相关的环境规制措施及政府支持手段也比较宽泛，相比而言，我国环保法中对于绿色技术的态度更为明确、重视，方式更为多样，针

对性更强，责任也更为严格。

（三）新能源法及相关政策

泰国新能源发展起步比较早，但发展相对缓慢。进入到 20 世纪 90 年代后，泰国才开始制定一些系统性的政策和规划，在能源领域进行了一定的改革。

1. 新能源领域相关法律法规

泰国在新能源领域相关法律法规及政策文件详见表 3-23、表 3-24。从新能源的角度出发，泰国主要依据的是 1992 年颁布的《节能促进法 (B. E. 2535)》，除此之外，还有《促进海洋和沿海资源管理法（2015年）》、1999 年的《燃油蒸气回收部条例》等，泰国能源部发布的可再生能源发展计划也是泰国新能源领域的重要指引。

泰国新能源方面的法律制度与相关政策正在逐步健全。2016 年，泰国签署了《巴黎协定》，已承诺于 2030 年将碳排放量缩减 20%。泰国正在实施的《2015—2036 年新能源发展规划》也明确提出，未来将大力推进各类新能源的发展，计划到 2036 年将新能源在二次能源总消耗中的占比提升至 30%。在泰国"工业 4.0 战略"和"东部经济走廊"建设计划中，新能源也是重要的发展领域。

表 3-23　泰国新能源领域主要的法律法规

法律法规	主要内容
《国家能源政策委员会法 (1992)》，B. E. 2535，经《国家能源政策委员会法（2007）》（第 2 号）、B. E. 2550 和《国家能源政策委员会法（2008）》（第 3 号），B. E. 2551 修订	确定了国家能源政策委员会的任务、权力、职责和运作机制以及体制结构，国家能源政策委员会是监督泰国能源部门管理的最高政府实体，向内阁报告。定义了能源、可再生能源、不可再生能源和燃料的范围，供《能源工业法》B. E. 2550（2007）等参考。
《能源开发和促进法（1992）》，B. E. 2535	取代了经修订的《国家能源法》B. E. 2496（1953 年），同时规定了根据前一法案颁布的其他法令、监管机构或命令的执行影响。将"国家能源局"的名称改为当时的科学、技术和能源部（现科技部）的"能源发展和促进司"。详细界定该部的权限、职责、运作机制和应遵循的原则。

（续表）

法律法规	主要内容
《节能促进法（1992）》，B. E. 2535，经《节能促进法（1992）第 2 版》修订，B. E. 2550	侧重于节能和提高效率方面的关键能源最终使用部门，包括工业和建筑部门。就促进能源利用的政策和措施而言，目的是提高能源利用效率。确定有关政府实体的权力和职责，并（在体制和财政上）确定促进和支持提高最终用途部门能源效率的支助计划和方案。规定了对不遵守法案或欺诈行为的处罚。
《能源工业法（2007）》，B. E. 2550	为电力和天然气行业建立了一个新的监管框架，独立执行能源政策制定、实施、监管。主要目标是通过积极参与和增加竞争，鼓励私营部门和公众的参与，提高效率和对环境负责，利用能源资源，也促进可再生能源的利用。设立了能源监管委员会，并确定了其权限和职责以及某些业务的具体细节，如制定电价、能源网络系统监管和电力发展资金。为能源行业政策制定提供全面指导，并确定部长的权力。

（1）《节能促进法（1992）》（Energy Conservation Promotion Act, B. E. 2535）

该部法律第 3 条首先界定了"新能源"的定义，即包括木材、薪柴、稻壳、甘蔗渣、生物质、水、阳光、地热、风和波浪等产生的能源；"不可再生能源"则包括煤炭、油页岩、焦油砂、原油、燃料、天然气和核能等产生的能源。该法律第 4 条规定了替代能源发展和效率部的权力和职责，包括开展研究和规划替代能源、提高能源效率等相关事宜；如果国家对于建设管道等设施造成财产所有人的损害，赋予财产所有人索赔权和起诉权。法律规定了任何人不得生产或扩大规定能源的生产，除非获得替代能源开发和效率部的许可证，许可证的申请和颁发应符合部长条例规定的标准和程序。对于需要根据其他法律获得许可证或特许权的任何受管制能源的生产，还应获得其他法律规定的许可证或特许权。在可能发生管制能源短缺的偶然情况下，赋予总干事可以改变生产能源类型以及报酬率、增加或减少能源生产分配的权力。

该法案在第三章规定了促进使用节能材料或设备，第 23 条认为部长应在国家能源政策委员会的指导下并在其建议下就以下事项发布部颁条例：①制定机械设备能源利用效率标准；②按类型、规模、能耗量、能量转化率和能源利用效率水平，将任何机械设备指定为高效机械设备；③按类型、质量、标准指定节能材料或设备为节能材料或设备；④要求机械或设备制造商和分销商展示能效指标。

该法案第四章"节能资金"专门规定了为了提倡新能源，能源部应设立一个称为"节能基金"的基金，作为周转资金，并为实施节能工作提供援助或补贴，这实际上是对提倡新能源奖励补贴的基础规定。第 25 条规定了基金的资金应用于以下目的——①作为投资和实施节能的流动资金、援助资金或补贴，或者用于解决官方机构和国有企业节能所带来的环境问题；②作为对私营部门投资、实施节能或者解决节能带来的环境问题的流动资金、援助资金或者补助；③作为对官方机构、国有企业、教育机构或私人组织的援助资金或补贴，用于下列事项：节能计划或与预防和解决因节能而引起的环境问题有关的方案；能源开发、推广和节约的调查和研究，预防和解决节能带来的环境问题，制定能源政策和计划；节能或者防治、解决节能环境问题的示范、试点项目；能源方面的研究、培训和会议；与开发、推广、节约能源，预防和解决节能带来的环境问题有关的广告、信息传播和公共关系；资助节能促进工作的行政费用，以确保遵守本法。

该法第 40 条规定了具体的奖励内容，对节约能源和采用新能源的可以享受国家的补贴和协助。需要安排采取节能措施的指定工厂、指定建筑物及其所需的机械、设备、工具、用具、材料，或者高效机械设备、节能材料的生产、销售者，有权申请晋升和协助，具体如下：①免除本法规定的特殊费用；②根据第 25 条从基金获得的援助资金或补贴。工厂、建筑物的所有人、政府官员和国营企业没有第一项规定的节能措施的义务，但希望安排使用机械、设备、工具、器具或者运行控制系统的，有权申请晋升以及第一款下的援助。

2. 新能源领域相关政策

（1）泰国综合能源蓝图（Thailand Integrated Energy Blueprint "TIEB" 2015—2036）

它是由国际可再生能源机构（IRENA）团队和泰国能源部（MOE）的替代能源开发与效率部（DEDE）联合实施的，主要由三个计划构成：能源发展计划（PDP2015）、能源效率发展计划（EEDP2015）、替代能源发展计划（AEDP2015）（详见表 3-24、表 3-25）。

表 3-24　泰国新能源领域主要的政策文件

计划	主要内容
能源发展计划（PDP2015）	2012 年，泰国能源部与泰国发电局（EGAT）共同制定了 2012—2030 年泰国能源发展规划，形成了电力系统发展框架。2014 年底，为应对经济和基础设施发展以及东盟经济共同体的变化，电力发展规划的小组委员会考虑开发新的能源发展计划。PDP2015 的主要目标是通过减少对天然气发电的依赖、通过清洁煤炭技术增加煤炭发电比例、从邻国进口电力以及发展可再生能源来提高电力系统的可靠性。此外，该计划旨在发展输电和配电系统，以支持可再生能源发展和东盟经济共同体。2015 年 2 月 16 日，由国家能源政策委员会（NEPC）批准了泰国智能电网 2015—2036 年发展总体规划，为泰国智能电网的整体发展制定了政策、方向和框架，根据智能电网规划，在目前和不久的将来可再生能源将迅速增加到主电网中。值得注意的是，南方电网公司也有智能电网建设的发展规划。近年来，双方高层领导定期互访，工作层面成立了联合工作组，围绕智能电网等课题开展了紧密的交流与合作。
能源效率发展计划（EEDP2015）	由于能源资源有限、环境问题、全球变暖等气候变化的挑战，使得能源价格将成为影响能源利用的最为敏感的问题之一。因此，泰国能源部能源政策与规划办公室制定的 EEDP2015，对前述问题均有述及。EEDP2015—2036 针对热能和电力设定了节能目标，力争到 2036 年，全国以及工业、商业、居民等能源密集型行业的能源密集度相比 2010 年均能够下降 30%。能源密集度，又称为单位 GDP 能耗，是指生产每单位商品或服务所消耗的能源数量。为实现上述目标，还应制定节能推广策略和指导方针，并为相关组织制定执行计划。

计划	主要内容
替代能源 发展计划 （AEDP2015）	可再生能源已被推广用于解决全球变暖和温室气体引起的气候变化问题。尽管一些可再生能源的发电成本仍高于煤炭、天然气和水电等传统能源，但可再生能源仍然逐渐在电力系统中发挥重要作用。因此，政府一直在努力推进AEDP2015 计 划，旨在构建低碳社会。此前，根据PDP2010 和之前的 AEDP，可再生能源的推广时间是2012—2021 年，目标是在 10 年内替代 25% 的化石燃料消耗，并根据 NEPC 的指导去分析 AEDP 对能源价格的影响。再者，由于可再生能源自身的无穷性，可再生能源发展潜力巨大，在 AEDP2015 中，可再生能源促进计划旨在增强能源多样性，实现多种能源组合发电，减少对化石燃料的依赖，解决城市固体废物和农业废物等社会问题。因此，AEDP2015 的目标是将可再生能源和可替代能源的使用量增加到最终能源消耗总量的 30%。

表 3-25　2015—2036 年能源计划的主要目标

能源 计划	总体目标	行业细分		
		电力部门	热能	运输
EEDP	到 2036 年，能源强度比 2010 年下降30%	预计节省 90 865 GWh/7 813 ktoe，占总节省量的 15%	预计可节省1 367.3 万吨油当量，占总节省量的 26%	预计节省30 213 千吨油当量，占总节省量的 58%
PDP	燃料/发电能力组合（2015-2036）： 气体：64%～37% 煤炭：20%～23% 核能：0%～5% （2035 年） 进口 水电：7%～15% 可再生能源 能源：8%～20%		效率不低于 45%的热电联产应占 10%	

（续表）

能源计划	总体目标	行业细分		
		电力部门	热能	运输
AEDP	可再生能源（最终能源消耗）：39 389 ktoe，或 2036 年 TFEC 的 30%，即 131 000 ktoe	19 684 兆瓦（装机容量）：太阳能光伏：6 000 兆瓦 风力：3 002 MW 大型水电站：2 906 MW 小型水电站：376 MW 生物量：5 570 兆瓦 沼气：600 兆瓦 WTE：550 兆瓦 能源作物：680 MW	25 088 ktoe（最终能耗）：城市固体废弃物：49.5 万吨当量 生物量：22 100 ktoe 沼气：1 283 ktoe 太阳能加热：120 万吨当量 其他：10 ktoe	生物乙醇：1 130 万升/天 生物柴油：1 400 万升/天 热解：53 万升/天 压缩沼气：4 800 吨/天 其他：10 ktoe

第一，能源发展计划 PDP2015 制定了 6 条鼓励节能的指导方针如下：取消/修改能源价格补贴以创造市场价格；引入税收优惠/ESCO 基金，鼓励使用高效电器；引入货币激励/补助金或软贷款以及能源管理咨询，以鼓励使用高效电器；定义工业工厂和建筑能源法规应承担的义务，树立公众节能意识；为发电商和分销商制定能效资源标准。

第二，能效发展计划 EEDP2015 也是重要的新能源领域的政策，该规划制定了实施提高能效的预算资助，规定了头五年的资助预算，在头五年，这项能源发展计划将获得政府特别是节能促进基金的资助，总额为 295 亿泰铢，平均每年 59 亿泰铢。该实施预算可按支出类型分类如下：实现节能的直接资金，200 亿泰铢（68%）；管理和公共关系活动，30 亿泰铢（10%）；基础设施建设，以适应有关标准和能效标识的强制性措施，15 亿泰铢（5%）；供资研究、开发和示范工作 35 亿泰铢（12%），人力资源和机构能力发展 15 亿泰铢（5%）。如果按经济部门分配预算（基于指定的主要节能目标份额），预算将如下：工业部门 110 亿泰铢；交通部门 95 亿泰铢；商业建筑和住宅部门，分为大型商业建筑集团 40 亿泰铢和小型商业建筑集团商业建筑和住宅集团 50 亿泰铢。

第三，替代能源发展计划 AEDP2015 是泰国能源部发布的对新能源发展具有重要推动作用的文件。该发展计划遵循国家的能源蓝图目标，一方面要保障能源安全，另一方面要提高能源效率，增加国内新能源的产量。计划 3.1 条规定了新能源的发电目标，即要实现可再生能源发电要占据 20% 的比例，这符合《2015—2036 年电力发展计划》（PDP2015）中的燃料多样化比率，该计划指出 2036 年 15—20 年内可再生能源发电所占比例。可再生能源促进计划旨在加强社区减少对化石燃料的依赖，并解决诸如城市固体废物和农业废物等社会问题。因此，该计划旨在鼓励垃圾、生物质和沼气发电作为首要任务。根据规划，垃圾发电的潜力为 500 兆瓦，生物质发电的潜力为 2 500 兆瓦。新 AEDP 的主要目标是在 2036 年将可再生能源发电的比例从目前的 8% 提高到 20%。

（3）新能源电价补贴计划

早在 2006 年，泰国就成为东盟首个向新能源电力生产商在正常电价的基础上，依据不同的技术提供固定额度的政府补贴的国家。2015 年该固定额度的补贴模式被固定上网电价加浮动电价的模式取代。泰国新能源上网电价补贴政策极大地刺激了私人资本在泰国新能源领域的投资，2014 年泰国新能源并网发电装机总量就已经达到了 5 710.3 MW。2017 年泰国对新能源上网电价政策再次进行了调整。依据不同的装机容量、新能源种类、不同的地区分别设定不同的上网价格。为了鼓励微型新能源公司积极发展储能装置，为用电高峰期提供持续电力供给并促进南部边疆地区新能源产业的发展，政府还会给予签署公司合同购电协议的微型新能源公司，以及在南部边疆地区建立新能源电站的微型新能源公司额外的补贴。

（4）BOI 为新能源的投资提供了一系列有吸引力的税收和非税收优惠

由于认识到替代能源对国家的重要性，BOI 将替代能源作为目标。

在 BOI 的可持续发展投资促进下，提升到以更高技术为基础的知识产业，以下活动被列为优先活动：利用能源，如农业材料、沼气和风能等替代能源生产电力或蒸汽动力；从农产品中制造酒精或燃料，包括废料、垃圾；使用可替代能源的节能机械或设备或机械制造；燃料电池的制造等（见表 3-26、表 3-27）。

表 3-26　泰国 BOI 的优惠项目

优惠类别	豁免企业所得税	免征进口关税		非税收激励**
		机器	出口产品的原材料	
A1	8 年（无上限）			
A2	8 年（上限）*	√	√	√
A3	5 年（上限）			

注：＊除土地成本和营运资金外，企业所得税免征额上限为初始投资额。
＊＊包括允许引进外国专家及工人就业，拥有土地，并在国外携带或汇出外币；此外，除正常折旧外，还扣除了基础设施安装或建设成本，不超过项目的 25%。

表 3-27　具体项目与对应优惠类别

	项目	优惠类别
太阳能	太阳能电池和所需的原材料	A2
	太阳能发电设备	A2
	太阳能发电设备零部件	A3
风能		A2
小水能		A2
废物能	废物能源发电设备	A1
	农业废料燃料设备	A2
生物质能	生物质发电设备	A2
	生物质煤和球团生产设备	A3
沼气	沼气发电设备	A2
	废水沼气转换设备	A2

3. 比较研究

我国在最常用的几个能源领域制定了专门立法，例如《煤炭法》

《可再生能源法》《节约能源法》等，这些法律对能源领域的治理起到了一定的保护作用，确立了我国能源法律的现行制度，填补了我国能源领域法律的空白。此外，还有一些部委规章文件，对我国新能源发展作出一些政策指引，比如：国家发展改革委印发《分布式发电管理暂行办法》、国家发展改革委《关于调整可再生能源电价附加标准与环保电价有关事项的通知》、国家能源局《关于印发水电工程质量监督管理规定和水电工程安全鉴定管理办法的通知》、国家能源局《关于规范风电设备市场秩序有关要求的通知》、国家能源局《关于鼓励社会资本投资水电站的指导意见》、国家能源局《关于印发水电工程验收管理办法的通知》等多部能源行政法规。通过上述阐述，中泰在新能源法律法规及政策的比较总结如下：

一是法律层面，两国都制定了较为完善的新能源领域的法律制度。既包括专门立法，也包括配套性的政策文件。两国都制定了援助资金或补贴等激励措施，中国的新能源补贴方面以总体节能为目标。

二是政策层面，两国法律政策制定涉及多个部门。中国涉及农业、能源、发改委等多个部门以国务院为平台制定节能措施，鼓励新能源使用并得到政府强有力的保证和支持；泰国关于新能源政策的制定、实施与管理职责分散在多个政府部门，国家能源政策委员会、能源管理委员会和能源部均具有政策制定职能，财政部、工业部、内政部和交通运输部等部门也可制定相关政策和措施。

四、中泰重点合作领域技术标准体系研究

进入 21 世纪，在泰国政府"自足经济"（Sufficiency Economy）原则的指导下，最大限度地实现能源"自足"成为泰国新能源的发展目标。2004 年，泰国政府制定首个新能源发展战略规划，设定了新能源发展的具体量化指标。此后，泰国政府每隔 5 年便依据近期的新能源发展状况对新能源发展规划进行调整，逐步提高新能源的量化指标，

泰国新能源的政策体系和市场规划更趋完善。2014 年，巴育军政府上台后，新能源依然是泰国政府重点发展的领域。2015 年，巴育政府出台《2015—2036 年泰国新能源发展规划》，加快泰国向新能源转向的步伐，并向世界展示其新能源发展的绿色未来。经过几十年的不懈努力，新能源现已发展成为泰国工业化的重要动力源泉。

（一）新能源领域

项目名称：泰国 PTG 生物质发电[①]

项目地址：泰国南部北大年府的农集县

该项目是我国"一带一路"倡议在泰国实施的重点工程。项目位于泰国南部北大年府与马来西亚交界处的农集县，由泰国 PTG 公司投资，中国大唐集团有限公司所属大唐环境产业集团股份有限公司 EPC 总承包方式承建，承建范围包括：设计、采购、制造、运输、施工、安装、调试、培训、试运行和性能试验等。项目建成后，将实现周边地区橡胶树根、片，棕榈叶，棕榈果壳等农作物废料的有效利用，为当地提供清洁电力，或将成为泰国生物质发电行业的标杆，对泰国社会经济发展具有重要意义。

泰国 PTG 1×24 MW 生物质电厂项目采用往复炉排秸秆发电技术，单机容量 24 兆瓦，于 2018 年 4 月开工，2019 年 11 月 8 日锅炉水压试验一次成功，2020 年 3 月 5 日汽轮机冲转一次成功，2020 年 4 月 20 日并网一次成功，具备商业发电条件。该项目在开发过程中，累计为当地创造就业机会近千人次。项目投运后，年发电量将达到 1.92 亿千瓦时，预计运营期年纳税 28 万美元，不仅将大大缓解泰国南部北大年府用电紧张局面，而且对当地经济增长和社会发展具有重要拉动作用。

2020 年 5 月 13 日，泰国 PTG 1×24 MW 生物质电厂成功并网发电，投入商业化运营，标志着泰国南部最大的生物质发电厂项目建设任务圆满完成。

---

① 谭效德、胡滨:《泰国 PTG24MW 生物质电厂总承包项目分析综述》,《能源与环境》,2019(06):105—109。

(二) 标准比较

1. 主要技术参数

一是燃料构成。

本项目燃料为橡胶树根、片，棕榈叶及棕榈果壳的混合物。橡胶树根、片，棕榈叶的占比分别为 70%、20%、10%。燃料各成分的占比在一定范围内变化，变化范围如下：橡胶树根、片（70%～100%），棕榈叶（0～30%），棕榈果壳（30%～50%）。合同要求锅炉能在 4 种混烧工况下长期、安全、稳定、连续运行，并能达到保证热效率、产出不低于额定流量、额定压力和额定温度的蒸汽。

二是主要设备选型。

本项目采用无锡华光工业锅炉有限公司生产的往复炉排炉，锅炉额定蒸发量为 100 t/h，采用单汽包自然循环、单锅筒、单炉膛、平衡通风、固态排渣、全钢构架、底部支撑、半露天布置。额定蒸汽压力 9.81 MPa，额定蒸汽温度 520℃，锅炉设计效率＞87%。烟气净化系统采用三级静电除尘器。

锅炉除渣机采用水浸式刮板输送机，连续输送从炉排末端排渣口排出的底渣、锅炉第二和第三通道的灰渣落到炉排上，最后以湿渣形式运输到锅炉外面的堆渣场。ESP 料斗中的飞灰通过螺旋输送机和密封式刮板输送机输送至储灰构筑物。

本项目采用杭州汽轮机股份有限公司生产的 HNK50/71 型冷凝式汽轮机，额定功率：24 MW，额定进汽量：96.3 t/h；主蒸汽额定压力：9.1 MPa（a）；主蒸汽额定温度：515℃。

本项目采用法国 Leroy-Somer 公司生产的 LSA60MCDV175/4P 发电机；额定容量：28.24 MVA；额定功率：24 MW。

三是污染物排放标准。

根据泰国有关污染物排放标准，本项目的主要污染物排放如下：在 25℃，1.013 25 bar，7% O_2 工况下，SO_x（as SO_2）＜48 ppm，NO_x（as NO_2）＜129 ppm，粉尘＜80 mg/Nm^3，CO＜600 ppm。

2. 相关指标参数对比

根据已有该项目的一手材料，对中泰两国生物质发电燃烧后污染物排放标准进行比较。本项目锅炉蒸发量为 100 t/h，根据中国生态环境部相关要求：单台出力 65 t/h 以上的采用生物质发电锅炉执行《火电厂大气污染物排放标准》（GB 13223—2011）中循环流化床火力发电锅炉的排放控制要求，详情见表 3-28。

表 3-28　大气污染物排放标准比较

中国 标准工况：温度 273 K，1.013 25 Pa		泰国 工况：25℃，1.013 25 Pa，7% O_2	
SO_2	100 mg/m³	SO_2	66 mg/m³
NO_2	100 mg/m³	NO_2	83 mg/m³
粉尘	30 mg/m³	粉尘	80 mg/Nm³
CO	—	CO	359 mg/m³

根据公式：

$$mg/m^3 = (M/22.4) \times [273/(273 + T)] \times [P/101\,325] \times ppm$$

其中，M 为大气污染物的摩尔分子量；T 为开尔文温度；P 为大气压。

由表 3-28 可知，中国大气污染物的排放标准是标准工况下的数值，根据现有材料，泰国的工况与国内标准工况不同，温度存在差异。根据上述公式可知，其他条件相同的情况下，T 越大，ppm 转换为 mg/m³ 越小，由此可判断泰国的排放标准与中国相当。

3. 项目管理模式

根据泰国法律，特别是《外商经营法》的有关规定，外籍或者外国公司不能在泰国向建设项目提供建筑业务，除非获得商业发展局（DBD）颁发的外商营业执照（FBL）。另外，泰国对于外籍经营管理类人员实行严格的配额限制。根据泰国《外国人工作管理紧急救令》规定，外籍员工在泰国工作必须获得工作许可。任何外籍人违法打工，将视情节处以监禁或罚款。除了从事投资、经商、从教以外的外籍工作人员申请工作许可均十分困难。泰国海关及移民局对签证问题十分敏感，因此外国驻泰工作人员携旅游或商务签证频繁往返中泰两国存在诸多问题。

针对上述问题，本项目在合同签订时进行了有效规避，采用境外合同和境内合同模式相结合的模式，将合同范围内的整体设计、设备/材料采购归入境外合同，在中国执行；土建设计及建筑安装施工分包给当地建筑安装施工企业，在泰国执行。

针对本项目管理界面多、人才综合素质要求较高、劳工问题突出等特点，大唐环境产业集团股份有限公司积极探索项目管理模式，拓宽人才组织渠道，加强属地合格人员招聘，组建联合项目部；尽可能降低中国员工的比例，在确保关键管理岗位、关键技术岗位得到保障的前提下，雇佣当地管理人员和施工人员，不但确保了项目运转必需的人力资源，同时解决了当地就业问题，得到了当地政府和有关部门的支持和赞许。

（三）案例启示

（1）太阳能和生物质能仍是泰国新能源发展的重点领域

在太阳能领域，2018 年 12 月，泰国能源政策和计划办公室召开听证会，商议国家电力发展规划的修改事宜，住宅屋顶太阳能计划是听证会的重点。该计划鼓励居民在房屋安装家用太阳能光伏发电装置，并允许用户将储存的剩余电量输送到国家电网，从而获得政府电价补贴。这将大大促进泰国太阳能产业的进一步发展。在生物质能领域，2017 年，泰国政府发起"生物经济"（Bio-economy）计划。根据泰国投资促进委员会（BOI）的规定，该领域的投资可以享受进口设备关税减免和为期 8 年的企业所得税减免。泰国计划今后 10 年内吸引 4 000 亿泰铢私人资本进入该领域，以促进生物产业的发展。

（2）提高能源利用效率是泰国新能源技术的重点发展方向

"开源"和"节流"是泰国新能源发展的两个重要方面。在开发新能源的同时如何节约能耗、提高能源的利用效率已经成为泰国政府关注的重点领域，是新能源技术的重要发展方向。泰国第十二个国家经

济社会发展计划（2017—2021 年）将新能源技术列为国家重点发展的
12 项技术类型之一。早在 2007 年举行的亚洲太平洋经济合作组织
（APEC）峰会上，泰国及其他各国领导人提出通过合作，到 2030 年使
得区域内的能源强度在 2005 年的基础上降低 25％的目标。为了实现
这一目标，泰国能源部制定了《泰国 20 年能效发展规划（2011—
2030 年）》，作为国家节能方面的长期政策框架和纲领性文件。该规
划包括两个重要方面：一是在国家层面和经济部门层面设立短期
（5 年）和长期（20 年）的两类节能目标；二是制定相应规划，为相关
部门具体行动提供指导，以实现节能目标。工业建筑、大型商业建筑、
小型商业或住宅建筑及交通运输业是该规划的主要目标部门，其中，
交通运输业和工业是重点实施领域，分别占 2030 年总节能目标的
44.7％和 37.7％。

（3）中泰两国基础设施差异大

中国和泰国的新能源基础设施总体来说并未在世界上处在领先水
平，中国的基础设施水平要比泰国发达一些。总体来说，泰国陈旧的
基础设施是限制新能源发展的重要因素。以新能源电力为例，泰国电
网基础设施老旧，城市电力线路设计不规范，布局混乱。泰国新能源
电力的发展不仅需要建设新电站，还需要对其电网进行智能化的升级
改造。当前，泰国电网的改造进程远远落后于新能源电站的发展步伐。
泰国需要在新能源电网等基础设施领域方面加强投入，以促进其新能
源产业的全面发展。中国企业在"走出去"之前，应对当地的基本情
况做好充分的准备，以便于项目的顺利开展。

（4）实时关注当地法律及政策

泰国政局变动，自能源部成立以来，泰国能源战略、政策及能源
管理方向调整频繁，管理工作的方向不甚明确，泰国能源管理停滞或
推延，不利于国家能源的可持续发展。另外，部门主管领导多次变更，
不仅耽误了国家的能源立法工作，还严重影响了国家能源安全工作的
正常运行。因此，中国企业应时刻关注相关法律及政策的颁布，做好
充足准备，将投资风险降到最低。

五、投资泰国风险分析与应对建议

(一)潜在风险

1. 各类审批程序复杂且耗时较长

中国投资者对泰国进行绿色技术投资涉及审批程序较多,在外资准入时,若中国投资者绿色技术投资领域属于限制类产业领域,则需要向泰国商业部或泰国商业登记厅申请外国人经营许可证(FBL)或经营认可证(BOC),第二类限制类产业 FBL 需要向泰国商业部提交申请,由商务部提交内阁审批,审批期限为 60 日,但若因特殊原因内阁无法在规定期限内作出审批,可以决定审批期限延长 60 日,即第二类限制类产业 FBL 的最长审批期限为 120 日;第三类限制类产业 FBL 需要向泰国商业登记厅提交申请,审批期限为 60 日。纵观泰国外资准入审批程序期限,最短期限为 60 日,最长可达 120,对比其他东盟成员国的审批期限,新加坡 10 至 20 日[①],柬埔寨 3 日,越南 15 日[②],泰国的审批期限明显过长。

在取得 FBL 后,部分产业的中国投资者还需要得到环境影响评估(EIA)制度许可才可以开展经营活动。虽然 EIA 制度许可审批最短期限为 75 日,但其相关报告前期准备时间较长,还需多次组织公众参与,又无形中拉长了投资者取得 EIA 制度许可的期限。

2. 审批标准透明度低

审批标准透明度低,体现在中国投资者进行泰国绿色技术投资领域时的部分审批程序中,由于法条或是公告的文字过于模糊,中国投资者不能通过泰国法律或者公告的条文自我判定是否符合其标准。泰国《外商企业经营法(1999)》《国家环境质量促进和保护法(1992)》及其相关公告,对需要进行外资准入审批和环境影响评估制度(EIA)

---

① 余劲松:《国际投资法》,北京:法律出版社,2003 年版,第 133 页。

② 陈志波、米良:《东盟国家对外经济法律制度研究》,昆明:云南大学出版社,2006 年版,第 31 页。

审批的产业范围进行了详细规定，但是对于审批过程中采用的标准的表述过于模糊。同时，虽然绿色技术的标准尚未确立，这对投资者进行投资预估带来一定障碍。如申请投资促进许可时，BOI 规定从事制革厂或皮革加工厂经营活动，必须使用环境友好型技术，但是并未说明"环境友好型技术"的认定标准，投资者难以在申请前对已有技术是否属于"环境友好型技术"进行预判。此外，《国家环境质量促进和保护法（1992）》也未以法律形式确定环境基金和支持措施的申请标准及条件，而是授权国家环境委员会制定。中国投资者在进行投资活动前或审批申请前，不能根据其相关规定作出准确判断或调整，对投资行为形成一定阻碍。

3. 投资法律变化或优惠政策更新

泰国政权变动频繁，政局的变动必然导致法律的变动，此类政治风险是投资者对外投资面临的最严重也是最不可控的投资风险。泰国几次政变后对外资审查越发严格，这对于外国投资者来说是对投资行为产生直接影响的风险，同时也是投资者无法控制的风险。

另外，作为外国投资者重要投资因素之一，投资优惠权益的更新带来的风险也是外国投资者无法控制的。泰国投资优惠政策"七年投资促进政策"是泰国投资促进七年战略（2015—2021）的重要政策，现已进入该政策的最后一年，且 BOI 公布的部分投资优惠已过申请节点，但泰国尚未对投资优惠政策进行更新，泰国未来的政策发展尚不明确，会加大中国投资者的投资风险。

（二）协同解决应对建议

1. 中国政府对绿色技术投资风险的应对

中国与泰国签订《关于促进和保护投资的协定》（以下简称《中国-泰国 BIT》）的时间较早，当时正值中国改革开放初期，也是国有企业转型初期。中华人民共和国成立后，中国企业以国有企业为主，而国有企业采用苏联的经营管理制度，各个环节都由国家决定，企业并没有自主决定经营的权利，虽然在 1978 年确立了"放权让利"的方针，但并未真实触及国有企业所有权转变的问题，并未实现所有权和经营权相分离，企业代表国家，所以在投资协定中并未纳入投资者和东道国投资争端的解决方式。但随着改革开放的不断推进，中外跨国投资变得越来越常见，私人企业也加入了对外投资的步伐中。中国与部分国家重新签订了双边投资协定，将投资者与东道国之间的投资争端解决也纳入了争端解决机制中，赋予了投资者向仲裁机构提起仲裁的权利。泰国作为东盟的成员国之一与中国签订了《中国-东盟自由贸易协定》，《中国-泰国 BIT》中的部分内容在《框架投资协议》进行了更新，如《框架投资协议》中补充了《中国-泰国 BIT》国民待遇的空白、规定了投资者可以独立向仲裁机构针对投资争端提起仲裁，但《中国-泰国 BIT》仍是调整中泰两国之间投资关系的重要法律依据，为更好地促进两国之间投资发展，避免条约适用的纠纷，重新签订《中国-泰国 BIT》显得尤为必要。

2. 逐步在合作协定中纳入绿色投资理念，建立技术标准

中国正在参与多个双边投资协定和自由贸易协定的谈判，这也为中国促进绿色技术投资实现全球可持续发展提供了一个平台。2020 年 10 月，《中华人民共和国政府和柬埔寨王国政府自由贸易协定》中纳入了绿色投资理念，强调应当重视绿色投资的增长作用①。随着中泰经济合作日益密切，中泰两国在双边投资协定或其他国际协定中也可逐步纳入绿色投资理念，加强中国和泰国绿色技术投资合作，同时可以学习《泰国-美国友好合作条约》《泰国-澳大利亚自由贸易协定》《经济伙伴协定》，对中泰两国之间合作密切的绿色技术投资产业领域进行约定，简化中泰两国之间的投资审批程序，促进投资活动的开展。

同时，应加快建设绿色技术标准的步伐。绿色技术尚处于发展阶段，泰国认定标准的建立有助于解决泰国绿色技术投资审批的透明度不足的问题。例如，泰国投资优惠中的"环境友好型技术"的认定标准尚不明确，若建立国际绿色技术标准或中泰两国达成绿色技术认定

---

① 中华人民共和国商务部:《商务部国际司负责人就中国和柬埔寨签署自由贸易协定答记者问》[EB/OL]。

标准互认，对中国投资者对泰国进行绿色技术投资大有裨益。为此，中国首先建立自身技术标准，在中国本国绿色技术创新的基础上，关注国际绿色技术标准的发展趋势，对我国的绿色技术标准的制定作出规划和及时调整，实现绿色技术创新和绿色技术标准的相互促进，绿色技术创新推动绿色技术标准的制定，再通过绿色技术标准的制定提高绿色技术创新水平。

3. 以国内立法提升中国投资者对环境保护的重视

《境外投资管理办法》（商务部令 2014 年第 3 号）第 20 条、《企业境外投资管理办法》（发改委令 2017 年第 11 号）第 41 条、《对外承包工程管理条例》（国务院令第 527 号）第 4 条第 2 款，都规定了中国境内企业对外投资必须履行应承担的企业社会责任、环境保护责任等。

在对外投资审批方面，《对外投资备案（核准）报告暂行办法》（商合发〔2018〕24 号）对中国企业对外投资的相关事宜进行了细致规定。第 13 条规定了中国境内投资者应当向相关主管部门定期报送"保护资源环境"的相关信息。如果中国投资者没有及时履行报告义务，中国投资者会受到来自商务部的相关措施，以督促中国投资者履行《暂行办法》的项下义务，措施一般有提醒、约谈、通报等。如果商务部判定中国投资者未履行报告义务情节严重的，将暂停为其办理投资备案（核准）手续，这在一定程度上可以规避中国境内投资者在东道国出现严重违反当地环境法、导致环境污染的行为。

另外，针对民营企业的境外投资，也有相关法律法规进行规定。《民营企业境外投资经营行为规范》（发改外资〔2017〕2050 号）第五条要求民营企业在境外投资时要注重资源环境保护，从企业投资前的环境尽职调查、投资过程中的经营方式到企业的环境事故应急预案、生态修复都进行了规定。与《境外投资管理办法》《企业境外投资管理办法》《对外投资备案（核准）报告暂行办法》仅是宽泛地要求企业履行环境保护义务不同，《民营企业境外投资经营行为规范》对中国民营企业投资者的环境保护义务提出了具体的规定。中国民营企业在设有环境保护法律制度的国家或地区进行投资项目的，应当根据东道国的相关法律要求申请许可。若中国民营企业投资者的投资东道国或者地区，尚未建立自身的环境保护相关法律，并不意味着中国投资者免除环境保护义务的承担。中国投资者在投资过程中，借鉴国际认可的环境保护标准，并实施相应的环境保护措施，以保护当地生态环境。这意味着中国民营企业在环保法律体系建设相对落后的国家或者地区进行投资时，也应当履行环境保护义务，在生产经营中实现环境效益，不能以环境污染为代价发展经济获取利益。

综上，中国现有立法对中国投资者对外投资时的环境保护责任的监督主要体现在事后监管，《民营企业境外投资经营行为规范》虽对企业投资前的环境尽职调查、投资过程中的经营方式到企业的环境事故应急预案、生态修复进行了规定，但属于原则性规定，尚未落实至细节，在未来的立法中应当加以补充。

(三) 中国投资者对绿色技术投资风险应对

1. 做好尽职调查，充分了解泰国法律政策

首先，中国投资者进入泰国投资前，应充分了解泰国外资准入的相关规定，对泰国准入产业领域和相应要求有着清晰的认知，避免因对投资准入法律的误解导致投资失败。此外，中国投资者可以合理运用投资促进产业在申请外资准入时的优惠权益，凭借投资促进许可申请 BOC，简化审批程序，节省取得外商投资许可的时间，对中国投资者业务的开展极为有利。中国投资者应通过尽职调查充分了解泰国对绿色技术投资的相关现行法律法规及优惠政策的制定。泰国对绿色技术投资的相关规定并不集中，散落在《外商企业经营法（1999）》《投资促进法（1977）》《国家环境质量促进和保护法（1992）》以及各类公告中，公告制定的标准和条件决定中国投资者在投资时应承担的义务和享受的权利和权益，且公告变更频繁，若不及时掌握最新规定可能会对投资成本、投资优惠带来直接影响。中国投资者对泰国进行绿色技术投资前，要对泰国的法律法规以及相应政策进行全面掌握，有助于降低投资风险。

2. 合理选择投资领域和投资规模

泰国"七年投资促进政策"将"鼓励环境友好型，能源节约型或使用清洁能源的投资活动以实现均衡和可持续发展"纳入政策宗旨，"提高生产效率投资促进措施"政策也将使用节能产品、使用替代能源、减少环境影响作为政策宗旨，但是并非所有绿色技术投资都能享受"七年投资促进政策"的优惠权益。同时，"提高生产效率投资促进措施"政策对投资项目的条件提出要求，投资规模不得低于100万泰铢，若属于中小企业不得低于50万泰铢且须泰籍自然人持股51%以上。由于《外商企业经营法（1999）》的规定，该要求对经营限制类产业的外籍人来说并未有影响，但对于其他产业的外国投资者来说，投资前需要对投资金额和投资优惠权益加以权衡。此外，投资规模的选择也会影响到中国投资者投资行为的推进。EIA制度对应当提交环境影响评估制度报告的产业领域和规模进行了规定，其中，审批程序更为复杂的环境和健康影响评估报告对产业领域和规模提出了更严格的标准。因此，中国投资者在进行投资行为前应当合理选择投资领域和投资规模，在实现环境效益的同时，保证自身利益最大化。

3. 重视环境影响评估制度

环境影响评估制度是多数中国绿色技术投资者在进入泰国市场开展经营活动前必将经过的一个环节，中国投资者是否能够真正开展投资业务取决于是否取得环境影响制度的许可，且环境影响评估制度的流程期限较长，最短期限为75日，能否顺利推动环境影响评估制度流程对中国投资者十分重要。虽然中泰两国都设有环境影响评估制度，但在具体规定上有所不同，泰国环境影响评估制度除了注重环境影响，对当地居民生活等方面的影响同样加以重视，给予对当地居民生活等方面的重视，泰国环境影响评估制度公众参与程度更高。对于只需要提交环境影响评估报告的工程项目或经营活动，至少需要组织2次公众参与，对于需要提交环境和健康影响评估报告的工程项目或经营活动，则至少需要4次。中国环境影响评估制度中虽对公众参与有所规定，但属于原则性规定，对公众参与的适用范围、阶段都未进行细致规定，因此在具体实践过程中，可操作性较差①。中国投资者在进行绿色技术投资时，应重视中泰两国环境影响评估制度的差异。泰国自1991 年至今的环境影响评估制度相关报告均可在泰国政府网站上查询，构建了泰国环境影响评估制度数据库②，中国投资者在准备和制定环境影响评估报告过程中，可参考以往的环境影响评估制度报告，提高自身相关报告质量。

六、附录

附录 1　缩写检索表

AEDP2015	替代能源发展计划
APEC，Asia-Pacific Economic Cooperation	亚洲太平洋经济合作组织
ASEAN，Association of Southeast Asian Nations	东南亚国家联盟
ASPEC，The ASEAN Patent Examination Cooperation	东盟专利审查合作计划
BOC，Business Operation Certificate	经营认可证
BOI，Board of Investment Thailand	投资促进委员会
DEDE	替代能源开发与效率部
DIP，Department of Intellectual Property	泰国知识产权厅
EEC，Eastern Economic Corridor	泰国东部经济走廊投资促进措施
EEDP 2015	能源效率发展计划
EIA，Environment Impact Assessment	环境影响评估
EGAT，Electricity Generating Authority of Thailand	泰国国家电力局
FBL，Foreign Business License	外国人经营许可证
GBEC	绿色建筑节能法规
LEED，Leadership in Energy & Environmental Design	绿色建筑认证体系

---

① 王军：《我国环境影响评估中公众参与问题探析》，载《佳木斯职业学院学报》2015 年第8 期，第 103 页。

② KultipSuwanteep，TakehikoMurayama，ShigeoNishikizawa.

（续表）

MEA，Metropolitan Electricity Authority	泰国都市电力局
MNRE，Ministry of Natural Resource and Environment	自然资源和环境部
MOC，Ministry of Commerce	泰国商业部
PCT，The Patent Cooperation Treaty	专利合作条约
PDP2015	能源发展计划
PPH，Patent Prosecution Highway	专利审查高速路
TGBI	泰国绿色建筑研究所
TIEB，Thailand Integrated Energy Blueprint 2015-36	泰国综合能源蓝图
TREES CS	对核心和外壳建筑的绿色评级系统
TREES NC	对新建筑的绿色评级系统
TREES，Thai's Rating of Energy and Environmental Sustainability	泰国能源和环境可持续性评级系统
WIPO，World Intellectual Property Organization	世界知识产权组织
WTO，World Trade Organization	世界贸易组织

附录 2　法律、政策检索表

Agreement on Trade-Related Aspects of Intellectual Property Rights	与贸易有关的知识产权协议
Alien Working Act，B. E. 2551	外国人工作法（2008）
ASEAN Framework Agreement on Intellectual Property Cooperation	东盟知识产权合作框架协定（1995）
ASEAN Patent Examination Cooperation	东盟专利审查合作计划
Energy Conservation Promotion Act，B. E. 2535	节能促进法（1992）
Enhancement and Conservation of National Environmental Quality Act（No. 2），B. E. 2561	国家环境质量促进和保护法（2018）（第2号）
Enhancement and Conservation of the National Environmental Quality Act，B. E. 2535	国家环境质量促进和保护法（1992）
Factory Act，B. E. 2535	《工厂法（1992）》

(续表)

Foreign Business Act，B. E. 2542	外商企业经营法（1999）
Hazardous Substance Act，B. E. 2535	危险品法（1992）
Investment Promotion Act，B. E. 2520	投资促进法（1977）
Ministerial Regulation on the Application for Patent Protection to Implement the Patent Treaty Cooperation，B. E. 2552	为促进专利保护的实施专利合作条约的部长法令（2009）
Paris Convention for the Protection of Industrial Property	《保护工业产权巴黎公约》
Patent Act，B. E. 2522	专利法（1979）
Patent Cooperation Treaty	专利合作条约
Public Health Act，B. E. 2535	公共卫生法（1992）
Revenue Code	税法
Investment Promotion Measure for Grassroots Economy	根基经济投资促进措施
Investment Promotion Measures in the Eastern Economic Corridor	泰国东部经济走廊投资促进措施
Investment Promotion Policy for Industrial Development in Border Provinces in Southern Thailand	发展泰国南部边境地区工业投资促进政策
Investment Promotion Policy for Investment in SEZ	泰国经济特区投资促进措施
Measure for Improvement of Production Efficiency	提高生产效率投资促进措施
Policies for Investment Promotion	七年投资促进政策
Thailand Plus Package	泰国一揽子＋计划

第四篇　哈萨克斯坦

一、概述

哈萨克斯坦共和国（以下简称"哈萨克斯坦"）是中国推进"一带一路"倡议的重要节点。在地理位置上，其位于亚洲中部，西濒里海，北接俄罗斯，南与乌兹别克斯坦、土库曼斯坦、吉尔吉斯斯坦接壤，东邻中国，是中亚地区重要组成国家之一；国家规模上，哈萨克斯坦国土总面积约为 272 万平方千米，国土面积排名世界第九，人口按照外交部最新数据，为 1 913.36 万人，140 个民族中以哈萨克族为主（占比 68%），其次为俄罗斯族（占比 20%）[①]；经济发展上，2020 年哈萨克斯坦 GDP 为 1698.4 亿美元，同比下降 2.6%，近年受到新冠疫情和油价下跌影响，哈萨克斯坦经济有所萎缩，然而实体经济增长 2%，同时哈萨克斯坦积极开展恢复经济增长一揽子计划，经济态势总体平稳，亚洲开发银行对 2022 年哈萨克斯坦经济增长的预期维持在 3.5%不变[②]；产业结构上，哈萨克斯坦有着丰富的自然资源，同时受地形地貌和历史沿革影响，其经济以石油、采矿、煤炭和农牧业为主；政治环境上，哈萨克斯坦为总统制，目前总统为卡瑟姆若马尔特·托卡耶夫，并实行渐进式民主政治改革，总体局势较为平稳，同时在外交上奉行"全方位务实平衡"的外交政策，与俄罗斯、美国、中国、欧盟和中亚国家都有着良好的外交关系。

哈萨克斯坦投资营商环境良好，相关法律政策健全。哈萨克斯坦自 1991 年宣告独立以来，不断加强贸易合作并积极吸引外国投资，目前已与 190 多个国家和地区建立了贸易关系，于 2001 年协同中国等五国成立上海合作组织，2015 年成为世界贸易组织第 162 个正式成员国，并与中国、英国、美国、法国、俄罗斯等国家签订了保护投资的双边协议，与越南、独联体其他国家签订了自贸协定，签署了《釜山公约》《莫斯科公约》《欧亚经济联盟条约》等条约，从而加强境外投

---

① 傅简单：《关于纳扎尔巴耶夫〈哈萨克斯坦—2050〉战略的评述》，《大学》，2021（49）：82—85。
② 同上。

资保护，帮助哈萨克斯坦引进外资和高新技术[①]。此外，哈萨克斯坦国内也先后发布了《哈萨克斯坦吸引外国直接投资的优先经济领域的清单》《与投资者签订合同时的优惠政策》《国家支持直接投资法》等多项政策和法律法规，2003 年新的《投资法》采用"一视同仁"的政策——给外国人以国民待遇，对投资者在哈萨克斯坦境内投资作了各种保证。哈萨克斯坦的法律规定所批准的国际协议优先于国家法律，即如果所批准的国际协议中的规则不同于国家法律中的原则内容，将接受国际协议中的原则；而根据 2012 年发布的《哈萨克斯坦—2050》战略，其仍将引进外来技术和投资作为国家经济发展的重要方面。在世界经济论坛发布的《2019 年全球竞争力报告》中，哈萨克斯坦在141 个国家和地区中排名第 55 位，在世界银行发布的《2020 年营商环境报告》中，哈萨克斯坦在 190 个经济体中排名第 25 位。总而言之，哈萨克斯坦的投资环境总体良好且稳定，可以预见在未来的几十年间，仍将为中企在哈萨克斯坦的投资提供良好的机遇。

哈萨克斯坦是中国的永久全面战略伙伴。哈萨克斯坦是"一带一路"沿线的重要国家，随着两国对低碳经济发展的日益重视，中哈两国在绿色技术合作和交流上有着广阔的发展前景，哈政府也出台了一系列政策和法规支持绿色技术投资。然而，哈萨克斯坦关于绿色经济的法律法规在现阶段仍未完善，同时受限于我国在哈萨克斯坦的投资力度目前仍较低，许多企业对哈萨克斯坦的法律政策仍不熟悉。为此，随着中哈两国之间的绿色技术转移转化交流活动的日益频繁，研究哈萨克斯坦绿色技术法律政策将为中国企业推进"绿色技术走出去"战略提供指导，以避免相关法律风险，具有重要的理论和现实意义。

二、法律政策体系概况

（一）整体概况

哈萨克斯坦采用大陆法系，其法律渊源主要包括：宪法、法律、

---

① 傅简单:《关于纳扎尔巴耶夫〈哈萨克斯坦—2050〉战略的评述》,《大学》,2021(49): 82—85。

普通法和条例、其他法规、规范性法令及国际条约。受到苏联时期的影响，哈萨克斯坦法律体系以宪法为根本大法，以法典、法律为主，以总统令、行政法规、地方性法规为重要组成部分①。哈萨克斯坦的司法机构包括最高司法委员会、司法鉴定委员会、宪法委员会、最高法院和各级地方法院。2001 年初，哈萨克斯坦通过了《司法体系与法官地位法》，规定法官独立司职，只服从宪法和法律。

1. 宪法

哈萨克斯坦共和国宪法具有最高法律效力，是哈萨克斯坦国家法律体系及立法进一步发展的核心和基础。哈萨克斯坦宪法在 1995 年 8 月 30 日经全民投票批准成立，宣布哈萨克斯坦为总统制单一制共和国并确认了总统的最高权力；此后于 2017 年 3 月 10 日总统纳扎尔巴耶夫签署修改国家宪法的法令。根据修改后的宪法，总统将部分权力移交政府和议会，政府和议会权力得到加强。宪法中与投资相关的主要规定有：

（1）宣布了包括保护个人自由、调和市场力量、促进贸易和投资等经济立法体系的基本原则，确立了市场经济。

（2）规定私有财产受法律保护，个人财产因公共利益的原因而被征收，应当给予同等价值的补偿。

（3）规定财产必须以有益于社会的目的来使用，这对投资者的财产使用范围施加了限制。

（4）规定人人享有自由地从事经营活动，自由利用其财产从事任何合法经营活动的权利，为其他外资立法提供了宪法依据。

（5）规定已经被批准的国际条约优先于国内法，可以在国内直接实施，除非该条约的实施需要将其转化为国内法。

2. 民法典

民法典是哈萨克斯坦与商业行为相关的核心立法行为，当民法典与其他法律冲突时，民法典具有优先性。

---

① 郭锐、王登凯：《哈萨克斯坦油气合作的法律风险与防控》，《国际石油经济》，2019，27（12）：64—70。

民法典将外国投资者实施的投资行为定义为民事法律行为，这意味着外国投资者与其他主体具有平等性，拥有同等的民事权利，不享有特权和豁免。除此之外，民法典还规定对财产权利的终止仅能由法院依据法律作出判决方可终止，以及任何个人都享有契约自由等。

3. 其他相关法律法规及总统令

哈萨克斯坦涉及投资的法律以哈萨克斯坦共和国宪法为基础，由投资法和哈萨克斯坦其他法律文件组成，具体除宪法外，主要还包括 1992 年颁布的《对外经济活动法》、《外国投资法》（1994 年修订后颁布）、《外汇调节法》，1995 年颁布的《工商登记法》，1997 年颁布的《国家支持直接投资法》，2000 年颁布的《劳动法》，2001 年颁布的《税法》《外汇调节法》《许可证法》《补贴与反补贴法》《反倾销法》《保障措施法》《专利法》《商标、服务标记及原产地名称法》《不公平竞争法》《银行法》《融资租赁法》《金融市场及金融机构监管法》《建筑法》《电信法》《谷物法》《交通法》《海关事务法》《反垄断与价格法》《知识产权法》，2003 年新颁布的《投资法》，2015 年颁布的《企业经营法典》等。另外，哈萨克斯坦独立以来颁布的大量总统令，如《关于经济特区的总统令》《哈萨克斯坦总统关于哈经济特区一些问题的命令》《关于哈萨克斯坦共和国海关事务的总统令》《总统关于放宽对外经济活动的命令》《关于外国人法律地位的命令》等，连同《关于国家支持投资实施的若干问题》《关于批准战略性投资项目清单》《投资补贴发放办法》《投资优惠申请接收、登记和审议办法》等文件，构成了当前哈萨克斯坦投资领域的法律法规体系。根据规定，哈萨克斯坦对外资无特殊优惠，实施内外资一致的原则；鼓励外商向优先发展领域投资，但对涉及哈萨克斯坦国家安全的一些行业，哈萨克斯坦有权限制或者禁止投资。值得注意的是，由于哈萨克斯坦宪法规定国际条约优于国内法，因此如哈萨克斯坦共和国批准的国际条约作出不同于相关国内法内容的其他规定，则适用国际条约规定。

哈萨克斯坦保护环境的有关法律体系逐步成型，目前除了覆盖范

围比较全的《生态环境保护法》外，还对森林、水、土地等资源在单
独法规中有所规定。相关法律主要包括：2003 年 7 月 8 日颁布的《哈
萨克斯坦共和国森林法》，2003 年 7 月 8 日颁布的《哈萨克斯坦共和
国水法》，2003 年 6 月 20 日颁布的《哈萨克斯坦土地法》，2007 年
1 月 9 日颁布的《哈萨克斯坦共和国生态环境保护法》，2008 年 2 月
19 日颁布的《2008—2010 年环境保护方案》，2021 年 1 月 1 日颁布
《生态法典》等。此外，还颁布了相关的总统令，包括：2003 年 12 月
3 日颁布的《2004—2015 年生态安全》总统令；2006 年 11 月 14 日颁
布的《2007—2024 可持续发展过渡方案》总统令等。

哈萨克斯坦保护知识产权的法律主要包括国内颁布的法律以及参
照执行的其他国际法，具体包括：1996 年 6 月 10 日颁布的《与贸易有
关的知识产权协定》；1971 年 7 月 24 日签署的《保护文学和艺术作品
伯尔尼公约》、1996 年 12 月 20 日签署的《建立世界知识产权组织的
版权公约》，以及其他保护知识产权的国际法规。哈萨克斯坦法律承认
并保护知识产权，有责任根据法律赋予的权力制止侵权行为。知识产
权所有人有权要求侵权者赔偿侵权行为给产权所有人带来的所有损失，
追缴违反版权和著作权非法获得的所有收入。

(二) 绿色技术相关法律

鉴于绿色技术相关法律的范围定义较为宽泛，因此，本篇仅仅研
究与绿色技术关联程度高且较为重要的法律政策。绿色技术相关法律
政策主要体现在绿色技术本身的保护问题，绿色技术落地过程中所涉
及的法律问题以及后续涉及绿色技术应用所带来的环境社会影响。绿
色技术相关法律主要涉及"绿色"法，包括《土地法》《水法》《环保
法》等；另外涉及"技术"法，主要包括《知识产权法》等；同时还
包括绿色技术落地转化相关法律，主要包括《投资法》《公司法》《税
法》等。总体而言，绿色技术相关法律涵盖绿色技术转移转化全生命
周期，考虑到各国的法律法规类别、形式繁多，本篇研究集中介绍各
国绿色技术相关共通的重点法律政策，以期更深入了解绿色技术相关
法律政策，因此重点聚焦在哈国的《投资法》《环境保护法》《可再生

能源法》三项法律上。

(三) 绿色发展现状

1.《阿斯塔纳"绿色桥梁"倡议》

哈萨克斯坦目前发布的与绿色技术相关的主要政策为《阿斯塔纳"绿色桥梁"倡议》。《阿斯塔纳"绿色桥梁"倡议》的首要目标是推动建立欧亚太伙伴关系，并在此基础上勾勒出从现行的传统发展模式向绿色增长转变的蓝图。

《阿斯塔纳"绿色桥梁"倡议》在基于所作出的各项承诺之上，执行以下各项相关决议和建议。包括：《约翰内斯堡执行计划》《关于亚洲及太平洋区域可持续发展的金边纲要》《21世纪议程》《千年发展目标》，亚洲及太平洋经济社会委员会（亚太经社会）第六十一届会议的相关文件，其他联合国、全球性、国际性和区域性协定，第五届亚洲及太平洋环境与发展部长级会议，《2006—2010年亚洲及太平洋区域可持续发展执行计划》，第六届"欧洲环保"部长级会议和《关于进一步执行小岛屿发展中国家可持续发展行动纲领的毛里求斯战略》。

在倡议中，加强各行业部门之间的、区域内部的，以及各区域之间合作有5种具体方法。目前，亚太经社会和欧洲经济委员会已分别着手开展了旨在协助各国执行各项决议和建议的区域活动，并根据目标，《阿斯塔纳"绿色桥梁"倡议》共设立了5个专题领域。具体详见表4-1：

表4-1　《阿斯塔纳"绿色桥梁"倡议》内容

具体方法	专题领域（政策领域）	
① 推动就各种新出现问题和老大难问题开展高级别的、高度公开的政策对话	专题领域1：以符合生态效益的方式利用自然资源和对各种生态系统服务进行投资	① 为发展和加强环境监测、自然资源综合管理、综合评估工具的使用、生态系统利用的规划等方面的跨境合作提供技术、信息和专家资助；
		② 促进保护生物多样性的各种经济手段，尤其是在小岛屿国家中，包括发展可持续的渔业，以及预防对土地、水资源和海洋生态系统的人为污染；

（续表）

具体方法	专题领域（政策领域）	
		③ 推广生态系统综合管理的最佳做法，实施生态系统管理的新模式，高效利用自然资源；
		④ 开发促进对自然资源高效利用的监测系统，并将之用于国际贸易协定之中。
② 针对各种新出现的和最新的政策解决手段和工具开展规范性和分析性研究	专题领域 2：推进低碳发展和适应气候变化	① 在增强抵御气候变化能力及其适应性和缓解方面（包括能效的创新），交流良好做法、科学知识、技术和前沿经验；
		② 提供一个平台和专家库，专门用以支持处理适应、缓解和提高抵御能力的区域项目的开发，同时为此创建一个技术转让机制；
		③ 在制定适应气候变化的国家政策和战略方面（包括对化石燃料补贴的审查），交流信息，并提供方法上的协助。
③ 以政策制定者为对象进行能力建设，以推动进一步制定、采取和落实这些政策，同时亦评估可用的最佳做法和方法、立法手段和经济手段	专题领域 3：促进可持续的城市发展	① 促进开展具有包容性和可持续的城市规划和设计工作；
		② 促进绿色建筑的发展；
		③ 促进低碳公共交通的发展；
		④ 促进符合生态效益的水资源基础设施和发起一场"废水利用革命"；
		⑤ 促进对城市废物的可持续管理；
		⑥ 促进和开发低碳的和有助于扶贫的房屋和住区。
④ 开发技术转让和投资的新机制，并加强各种现行机制，从而维系具有重大全球性环境影响的亚洲及太平洋生态系统	专题领域 4：促进绿色商业和绿色技术	① 实行可持续的绿色公共采购；
		② 营造一个有利的环境并创建各种机制，用以促进在国家和国际两级开发绿色技术和对创新活动进行投资；
		③ 促进有利于生态的定价体系，包括实行环境税费和预算方面的改革；

（续表）

具体方法	专题领域（政策领域）	
		④ 在由政府发起的投资和采购、生态产业园区和可持续的废物管理（变废为宝和废物变资源变产品）的推动下发展循环经济；
		⑤ 促进承担企业社会责任和提供体面的绿色就业机会；
		⑥ 通过对研究与开发的公共投资，促进开展符合生态效益的创新活动。
⑤ 开发吸引绿色投资和创新性环境管理办法的机制，包括对各种经济激励措施、税费的跨境调整和应用	专题领域5：促进采用可持续的生活方式和改善生活质量	① 以生产者为对象实行各种可持续的生产政策；
		② 以消费者为对象的可持续消费政策；
		③ 通过亚洲及太平洋可持续消费和生产区域性服务平台，相互交流知识和最佳做法。

2. 生态环境现状

哈萨克斯坦能源利用效率有待提高。根据德国观察、新气候研究所和国际气候行动网络联合发布的《2021年气候变化绩效指数报告》（CCPI），哈萨克斯坦在全球61个国家和地区中排名第55位，得分28.04（满分40分）。从具体的四类指标看，温室气体排放、可再生能源、能源利用效率和气候政策四类指标评估得分分别为2.84（总分40分）、5.94（总分40分）、10.67（总分20分）和8.59（总分20分）[①]，详见表4-2。而其中较低的自然资源利用效率也将给哈萨克斯坦带来持续性的经济损失。据哈政府测算（根据2012年经济水平），由于不能高效利用自然资源（水资源利用、能源消耗、土地利用、废弃物处理等），哈每年遭受经济损失约为40亿～80亿美元，预计到2030年将达到140亿美元，如果提高能源利用效率，则每年可节约开

---

① 哈萨克斯坦气候变化绩效指数列排名全球第55位，https://baijiahao.baidu.com/s?id=1705424339878242052&wfr=spider&for=pc。

支 30 亿～40 亿美元，如果提高土地利用效率（提高农业单产），每年可创造 15 亿～40 亿美元产值[①]。

表 4-2　2021 年哈萨克斯坦气候变化绩效指数

指标	当前得分	总分
温室气体排放	2.84	40
可再生能源	5.94	40
能源利用效率	10.67	20
气候政策	8.59	20

哈萨克斯坦用水存在浪费和污染问题。一是工业和农业用水浪费严重。目前哈萨克斯坦工业用水缺乏必要的废水回收设备，农业用水则仍以大水漫灌为主，缺乏节水措施。根据哈萨克斯坦公布的官方数据，参照 2012 年和 2013 年的发展速度与用水规模，加上气候变化因素，预计到 2040 年哈境内水资源仅能满足一半的消费需求，即每年缺水 122 亿立方米[②]。水污染主要存在以下问题：一是生产和生活废水直接排入河流湖泊，包括采矿业、加工业、建筑业、畜牧业和灌溉农业的污水排放。例如，东哈萨克斯坦州每年向河中倾倒两亿立方米左右废水，导致河水中的铁、铜、锰等重金属含量超标 17 倍。二是工业和农业生产对地下水污染严重，包括各种沉沙池、固体和液体废料存放场所、石油产品的贮藏罐、滥用农用化学品等的情况，如塞米巴拉金斯克机场的地下油料库中约 65 吨航空煤油曾对约 15 平方公里的地下水造成污染。

哈萨克斯坦土地资源面临沙化、盐碱化和肥力下降等问题。土地沙化主要是受风和水的侵蚀，其中风力影响最大，截至 2015 年底，遭风力侵蚀的土地约占农业用地总面积的 11%（约 2 400 万公顷），遭水力侵蚀的土地占农业用地总面积的 2%（约 500 万公顷）[③]。土地盐碱

---

①　УказПрезидентаРеспубликиКазахстанот30мая2013года №577 "ОцепиипопереходуРеспубликиКазастанкзелнойэкономике"hp://adilezankz/doc/U1300000577.

②　张宁：《哈萨克斯坦跨界水资源合作基本立场分析》,《欧亚经济》2015 年第 4 期。

③　КомитетпостатистикеМинистерстванациональнойэкономикиРКОхранаокружающейсредыиустойчивоеразвитиеКазахстана2014—2018Астана2019C46—56.

化的主要原因是自然地质条件和农业灌溉，据联合国粮农组织 2012 年数据，哈全国盐碱化的土地约为 1.11 亿公顷，其中因灌溉导致的盐碱化土地面积约为 4 043 万公顷，占灌溉总面积（20 659 万公顷）的 1/5，盐碱化土地相对集中在南部和中部，尤其是咸海附近的克孜勒奥尔达州。土壤肥力下降主要是由于不合理的水土利用和植被减少，据哈农业化学服务中心 2009 年数据，哈境内约 2 660 万公顷耕地肥力严重下降，98% 的灌溉地和 63% 的非灌溉地腐殖质已经大幅减少，森林地区的腐殖质平均厚度由 0.52 米降到 0.47 米。肥力下降不仅影响作物产量，也迫使农业生产大量使用化肥，导致碱性土壤中的硼、氟、铅等元素含量较高[①]。

　　哈萨克斯坦存在大气环境污染问题，主要表现为温室气体排放和大气污染两个方面。2012—2016 年，哈温室气体年均排放量约为 3.298 亿吨，人均 18 吨，每 1 万美元 GDP 平均排放 800 公斤二氧化碳，排放源以能源为主，包括电力和热力生产燃烧各种燃料以及资源开采过程中产生的挥发性气体（甲烷等），年均排放 26 亿吨，约占排放总量的 82%。空气污染以气态污染物为主，约占排放总量的 4/5，其中每年排放含硫物 71 万～79 万吨（占大气污染物的 1/3），排放一氧化碳 45 万～49 万吨（约占 1/5），排放氮氧化物 25 万吨（约占 1/10），污染源主要是交通工具尾气排放、工厂排污排气等，大气环境受各地的主导产业影响较大。例如 2013—2017 年阿拉木图和阿斯塔纳地区的污染源主要是电力生产、汽车尾气等（污染指数为 6～119），阿克套、阿特劳、巴甫洛达尔等地主要是化工和石化（污染指数为 3～6），阿克托别主要是黑色冶金和化工（污染指数为 33～6），热兹卡兹甘主要是有色金属冶炼（污染指数为 65～8），卡拉干达主要是电力生产、煤炭和汽车尾气（污染指数为 7～96），铁米尔套主要是钢铁行业（污染指数为 6～81），奇姆肯特主要是冶金、电力和石化等（污染指数为 71～10），埃基巴斯图兹主要是煤炭开采和电力生产（污染

---

　　① ПостановлениеПравительстваРеспубликиКазахстанот24января2005года №49 " Программапоборьбесопустыниваниемв РеспубликеКазахстанна2005—2015годы".

指数为 18～4)①。

哈萨克斯坦固体废弃物处置问题有待解决。2021 年初全国 3 200 个垃圾填埋场已累积 1.25 亿吨固体废弃物。然而，根据 2019 年情况，哈废弃物处理水平仅为 15%，远低于发达国家 30% 的指标，哈在生产和消费过程中产生的废弃物管理方面仍有许多工作要做。从垃圾来源看，采掘业是哈最大的固体废弃物来源，其产生的尾矿垃圾约占固体废弃物总量的 60%～80%。从地区分布看，采掘业、冶金和建材工业较发达的科斯塔奈州（铁、铝、石英、建材等）、巴甫洛达尔州（有色冶金和机械制造）、卡拉干达州（煤炭和黑色冶金）产生的固体废弃物最多，约占全国总量的 4/5，克孜勒奥尔达州、阿特劳州、曼吉斯套州、南哈萨克斯坦州和西哈萨克斯坦州等农业区和油气产地的固体废弃物产量相对较少。

3. 绿色发展战略

鉴于可预见的生态污染问题，为加强国内环境保护，应对可能出现的缺水、气候变化、固体废弃物排放污染、生物多样性遭到破坏等问题，同时也为了改变现有经济结构，提升国家抗风险能力、促进人口就业，哈萨克斯坦将绿色经济作为国家经济发展的重要方向，明确提出了绿色发展战略。

哈萨克斯坦首任总统纳扎尔巴耶夫在 2010 年 7 月 1 日举办的"第三届阿斯塔纳经济论坛"开幕式上提出关于应对气候变化、发展绿色经济、落实全球能源生态战略的主张，提倡发展清洁能源、重视环保、改革经济结构和发展模式，标志着哈萨克斯坦政策上从传统经济向绿色经济过渡，此后，哈官方于 2012 年发布"2050 年战略"，2013 年通过《哈萨克斯坦向绿色经济转型构想》《2030 年前哈萨克斯坦燃料能源综合体发展构想》和《2014—2040 年哈萨克斯坦水资源管理国家纲要》。

"2050 年战略"系哈萨克斯坦首任总统纳扎尔巴耶夫于 2012 年底发表的年度国情咨文《哈萨克斯坦——2050：成功国家的新政策方

---

① Комитетпостатистике МинистерстванациональнойэкономикиРКОхранаокружающейсреды иустойчивоеразвитиеКазахстана2014—2018.

针》，该文件明确提出确保"哈萨克斯坦在 2050 年前进入世界前 30 个发达国家行列"的总目标，在绿色经济方面要求哈萨克斯坦采用全新的自然资源管理体系，提出：能源市场在保持碳氢化合物为主体的同时，发展可替代能源和可再生能源，积极引进太阳能和风能技术，到 2050 年可替代能源和可再生能源在全部能耗中所占的比重大于 50%；需要提高土地利用率，将土地租赁与技术和资金投入相结合，努力发展节水农业，争取 2030 年前 15% 的农业灌溉采用节水技术；发展技术密集型产业，争取 2030 年前国家经济结构以加工业为主，2030 年后以技术密集型产业为主。

表 4-3　《哈萨克斯坦向绿色经济转型构想》的目标①

领域	指标	2020 年	2030 年	2050 年
水资源	满足经济社会发展需求	保障居民用水	满足农业用水需求（2040 年前）	永久性解决水资源供应问题
	解决流域内水资源短缺问题	2025 年前最大限度解决流域内水资源短缺问题	解决流域内水资源短缺问题	—
农业	提高劳动生产率	提高两倍（与 2012 年相比）	—	—
	小麦单产	1 400 千克/公顷	2 000 千克/公顷	—
	每吨粮食灌溉耗水量	450 立方米	330 立方米	—
能源	单位 GDP 能耗（与 2008 年相比）	下降 25%（2015 年下降 10%）	下降 30%	下降 50%
	可再生能源发电量占总发电量的比重	3%	30%	50%
大气污染	发电的温室气体排放量	维持 2012 年水平	下降 15%	下降 40%
	硫化物和氮化物排放量	—	达到欧盟标准	—

① УказПрезидентаРеспубликиКазахстанот30мая2013года №577 " ОцепцииопереходуРеспубликиКазахстанкзелёнойкономике".

（续表）

领域	指标	2020 年	2030 年	2050 年
废弃物处理	居民固体废弃物填埋率	—	100%	—
	垃圾处理率	—	95%	—
	废弃物再利用率	—	40%	50%

《哈萨克斯坦向绿色经济转型构想》在绿色经济方面，则参照经合组织标准，具体提出：到 2030 年，可再生能源在电力生产中的比重达到 30%，单位 GDP 能耗与 2008 年相比下降 30%，每公顷耕地的小麦单产达到两吨，每吨粮食的灌溉耗水量降至 330 立方米，发电的温室气体排放量下降 15%，硫化物和氮化物的排放量达到欧盟标准，固体废弃物填埋率达到 100%，垃圾处理率达到 95%，废弃物再利用率达到 40%，促进各地区平衡发展，尤其是农牧业为主的经济区（合理利用水资源和土地）和边远地区（保障电力供应和使用可再生能源）。在计划实施部分，明确说明：第一阶段（2013—2020 年），要新建和改造基础设施，夯实绿色经济基础，并鼓励高效利用自然资源；第二阶段（2020—2030 年），要合理利用自然资源，大力普及可再生资源利用和节能技术，力争实现经济结构转型；第三阶段（2030—2050 年），要在新经济结构基础上实现第三次工业革命，详见表 4-3。

《2030 年前哈萨克斯坦燃料能源综合体发展构想》在总结能源工业成果的基础上，对煤炭、石油、天然气、核能和电力等五大领域的未来发展作出规划，明确提出要扩大能源勘探开发，提高能源利用效率，鼓励节能，发展新能源（包括可再生能源、核能、伴生气加工、交通用气改造、煤化工等），加强国际合作，2030 年可再生能源的发电量在总发电量中的比重达到 30%，2050 年达到 50%，单位 GDP 能耗（与 2008 年相比）2015 年下降 10%，2020 年下降 25%，2030 年下降 30%[1]。

---

[1] ПостановлениеПравительства РеспубликиКазахстанот28июня2014года №724 " Концепцияразвитиятопливно-энергетическогокомплексаРеспубликиКазахстандо2030года".

《2014—2040 年哈萨克斯坦水资源管理国家纲要》在水资源的绿色化发展方面明确提出以下目标：单位 GDP 用水量 2020 年下降 33%，地表水资源量 2020 年增加 6 亿立方米，城市和农村的集中供水覆盖率到 2020 年分别达到 100% 和 80%，排水设施覆盖率分别达到 100% 和 20% 以上，确保生态平衡用水 390 亿立方米的需求，降低灌渠和灌溉设施的在途水损失，灌溉节水技术覆盖率在部分灌区不低于 50%，在工业企业不低于 20%，工业循环水设备覆盖率不低于 30%，居民家庭安装水表覆盖率达到 95%，城市供水系统水损失率不高于 15%。

纵观哈萨克斯坦绿色发展方面的相关政策，不论是在能源、水资源利用还是废弃物处理等其他方面，均将绿色技术的应用作为重要发展方向。

4.“一带一路”倡议的相关合作

哈萨克斯坦是中国建设“一带一路”的“首倡之地”和关键节点。地处欧亚大陆结合部的哈萨克斯坦是贯通亚欧非大陆的枢纽，也是“一带一路”的重要沿线国家之一。2013 年 9 月，习近平主席访哈期间，首次提出共建“丝绸之路经济带”倡议，哈萨克斯坦方面给予积极响应。双方就加强中国“一带一路”建设与哈方“光明之路”新经济政策对接合作达成重要共识并已取得一批早期收获。2018 年 6 月，习近平主席与来华访问的哈总统纳扎尔巴耶夫举行会晤，两国元首一致同意继续加强政治互信和互利合作，加深两国人民相互了解和友谊，促进地区和世界和平与可持续发展，在构建人类命运共同体道路上先行一步[①]。

中哈在可再生能源领域的合作项目主要有：中信建设公司承建（中国政府援建项目）1 兆瓦太阳能电站（位于阿拉木图市的阿拉套创新技术园区）和 5 兆瓦风能电站（位于阿拉木图州的马萨克农业区），中国电力建设集团公司下属的中国水电工程顾问集团有限公司、中国电建集团湖北工程有限公司承建的巴丹莎 200 兆瓦风电项目（位于阿克托别州），国家电力投资集团下属的中国电力国际发展有限公司中标

---

① 2018 年对外投资合作国别（地区）指南——哈萨克斯坦，https://www. yidaiyilu. gov. cn/zchj/zcfg/6673. htm。

的札纳塔斯 100 兆瓦风电项目（位于江布尔州萨雷苏区札纳塔斯市），中国电力建设集团有限公司的谢列克 60 兆瓦风电项目（位于阿拉木图州卡普恰盖区），光伏板制造商东方日升公司在欧洲复兴开发银行的融资支持下建设并运营的 40 兆瓦（卡拉干达州阿克托盖区古里沙特）和 50 兆瓦（图尔克斯坦州丘拉克库尔干）两个光伏电站项目等。另外中国的节能设备和产品已进入哈萨克斯坦市场，中哈现代农业示范园区（位于阿拉木图州图尔根农场）已结出硕果，中国广核集团有限公司与哈萨克斯坦原子能公司合资建设核燃料组件厂也在顺利进行。目前中哈已正式开展 55 个"一带一路"投资项目，但投资规模和占比仍较低，目前在哈萨克斯坦的外资总额中，中国的投资额仅占约 6%，而在哈萨克斯坦 3.2 万家活跃外资公司中，也仅有 1 700 家左右是中国公司①。我国在哈投资仍有巨大的发展潜力。

　　"一带一路"将成为保护生态环境、造福沿线人民福祉的绿色之路②。2015 年，我国发布的《推动共建丝绸之路经济带和 21 世纪海上丝绸之路的愿景与行动》明确指出要重点突出生态文明的发展理念，在生态环境保护、保护生物多样性和应对日益严峻的气候条件恶化等方面，坚持以保护人类共有的生存环境为出发点，建设绿色丝绸之路。在 2017 年，中国环境保护部、外交部、国家发展和改革委员会、商务部四部委联合印发《关于推进绿色"一带一路"建设的指导意见》，环保部发布《"一带一路"生态环境保护合作规划》，上述文件为落实打造绿色"丝绸之路"提供了路线图和施工图，提出从六个方面重点推进生态环保合作（深化环境污染治理，推进生态保护，加强核与辐射安全，加强生态环保科技创新，推进环境公约履约，鼓励分享重点领域的成功经验及良好实践），要求将绿色发展全面融入"政策沟通、设施联通、贸易畅通、资金融通、民心相通"的具体任务和措施③。

---

① https://lenta.inform.kz/cn/6_a3794819.
② 王维：《建设绿色"一带一路"》，《人民网》，http://theory.people.com.cn/n1/2019/0429/c40531-31057598.html。
③ 《环境保护部国际合作司负责人就〈关于推进绿色"一带一路"建设的指导意见〉与〈"一带一路"生态环境保护合作规划〉有关问题答记者问》。

2019 年，在第二届"一带一路"国际合作高峰论坛上，习近平主席指出"要坚持开放、绿色、廉洁理念，把绿色作为底色，推动绿色基础设施建设、绿色投资、绿色金融，保护好我们赖以生存的共同家园"。2021 年 6 月，"一带一路"亚太区域国际合作高级别会议发起绿色发展伙伴关系倡议，号召国际社会加强防疫抗疫合作、寻找全球经济复苏动力、通过实现绿色和可持续发展为人类增进福祉。

哈萨克斯坦作为"一带一路"沿线的重要国家，是中国的永久全面战略伙伴。中哈都面临提高资源利用效率、发展可再生能源、治理环境污染、应对生态退化和气候变化、解决水资源短缺等难题和挑战，都制定了利用新技术、新材料和新工艺调整经济结构，推动绿色基础设施、绿色投资和绿色金融建设，构建绿色供应链、产业链、价值链的发展计划，两国在发展绿色"丝绸之路"方面具有共同的理念和需求，有着广泛的务实合作领域，具体体现在以下几个方面：

第一，共享绿色理念，共同构建全球绿色治理体系。本着创新、协调、绿色、开放、共享发展理念，坚持绿色、低碳、循环、可持续原则，围绕《联合国 2030 年可持续发展议程》，分享生态文明建设和绿色发展经验，努力实现经济发展与环境保护的双赢，探索新的经济增长模式，避免以牺牲生态环境为代价换取经济发展和进入全球价值链。

第二，发展绿色产能和贸易，完善绿色生产、采购和销售链条，努力实现经济效益、社会效益和生态效益的统一。具体包括：发展循环农业、新能源、生物质、节能环保、信息数据等绿色生态产业，在自贸区和便利化谈判中涉及环保内容，减少绿色产品的关税和非关税壁垒（尤其是检验检疫），增加绿色产品和服务的进出口，特别是有利于污染治理的环保产品和服务，完善危险物品管理，打击固体废弃物非法越境转移，推动环境标志相互认证，争取环境标志产品进入政府采购等。国际劳工组织 2018 年 5 月 14 日发布的《2018 年全球就业和社会展望：绿色就业》报告指出，如果各国制定适当政策推动绿色经济发展，到 2030 年，绿色经济将为全球创造 2 400 万个就业机会①，

---

① 《国际劳工组织：绿色经济将为全球创造就业机会》。

在此，绿色产能合作是一种升级版的全球分工重构进程，是在综合考虑各地区自然条件和发展水平以及经济社会和环境承载能力等因素基础上，通过共商、共建、共享来确立可持续发展项目，绝不是落后或污染的产业转移。

第三，开展绿色投资合作。具体包括：加强投资项目的环境因素管理，将项目建设运营阶段的绿色因素前移到立项阶段，提高项目筛选过程中的生态环保要求，支持资源节约和环境友好型项目合作，鼓励企业开发使用低碳、环保、节能的材料与工艺，减少污染物排放，尝试推广环保强制保险，发行绿色债券筹集融资，改善绿色交通、建筑、能源等基础设施，提升节能、低碳和污染物排放的运营管理水平，增加环境信息透明度，建立绿色项目示范基地等。

第四，扩大绿色能力建设。具体包括：加大节能与环保技术和管理人才培养，加强生态环保类非政府组织的合作（参与、监督、协调），探讨建立绿色技术数据库和信息平台（生态环保大数据库和信息共享平台），协调节能和绿色标准与规范，规划政策、规则、标准三位一体的软联通，打造政策对话和沟通、环境知识和信息、绿色技术交流与转让等三大平台。

三、绿色技术相关重点法律政策研究

（一）投资法

在独立初期，哈萨克斯坦为摆脱经济停滞带来的影响，早在1992年即通过了《外国投资法》，随后在1997年又颁布《国家支持直接投资法》以吸引外国投资。2003年，为适应经济新形势下的发展需要，哈萨克斯坦颁布新《投资法》，废止了之前的《外国投资法》及《国家支持直接投资法》，成为哈国在投资立法领域的一项重大举措，实现其外资法立法体制由"双轨制"向"单轨制"转变①。同原先的规定相

---

① 张勇：《中国企业在哈萨克斯坦投资的法律环境评析》，《新疆师范大学学报（哲学社会科学版）》，2013,34(03):48—54。

比，新《投资法》最主要的修改在于取消某些只针对外商直接投资的优惠政策，对国内外投资实行统一特惠。2012 年哈萨克斯坦又对《投资法》进行了修订，主要增加了对某些原材料免征关税的规定。具体优惠措施见下文专题介绍。

1. 法律总体框架与整体内容综合评析

哈萨克斯坦《投资法》主要分为总则、投资法律制度、国家对投资的鼓励和最终条款 4 章组成，详见表 4-4。

表 4-4　哈萨克斯坦投资法

章节	主要内容
总则	第一条　本法适用的基本概念
	第二条　哈萨克斯坦共和国投资法律
	第三条　投资活动客体
投资法律制度	第四条　哈萨克斯坦共和国境内投资商活动的法律保护保障
	第五条　收入使用保障
	第六条　国家机关有关投资商活动的公布
	第七条　国家机关对投资商活动能够的监督和检查
	第八条　国有化和收归国有时投资商的权利保障
	第九条　争议解决
	第十条　投资商权利的转让
国家对投资的鼓励	第十一条　国家鼓励投资的目的
	第十二条　授权机关
	第十三条　投资特惠的种类
	第十四条　提供投资特惠的程序
	第十五条　提供投资特惠的条件
	第十六条　税务投资特惠
	第十七条　免除关税
	第十八条　国家实物赠与
	第十九条　申请投资特惠的要求
	第二十条　投资特惠申请的审议期限

（续表）

章节	主要内容	
国家对投资的鼓励	第二十一条	合同的签订
	第二十二条	解除合同的条件
最终条款	第二十三条	合同的稳定性
	第二十四条	废止哈萨克斯坦共和国部分法律文件

从哈萨克斯坦《投资法》的特点看，该法主要有以下几点特征：

一是法律覆盖面完善，具有很强的实用性。就哈萨克斯坦投资法功能而言，该法为外商投资实践提供可依据的法律基础，具有可操作性，体现出法律政策的实践导向性。外商投资活动过程中的投资优惠与权利保护均有法律提供支持，从投资活动的客体到投资主体权利的保护、争议的解决、投资优惠、税务优惠以及合同的签订在投资法中都有一整套的法律规范进行指导，实用性极强，这也是哈萨克斯坦法律的典型特征。由《哈萨克斯坦共和国投资法》整体框架可以看出，哈萨克斯坦对投资者的保护、促进提供优惠与便利措施，法律政策激励投资者在哈萨克斯坦投资，并规定了投资者的保护途经与措施。国家通过实施特惠政策，通过政府授权机关鼓励流向优先投资领域的投资。

二是哈萨克斯坦收紧优惠政策，但优惠指向明确。①国内外投资对待无差别，适当减少优惠待遇。新投资法同原来的《外国投资法》和《国家鼓励支持直接投资法》相比，最大的差别是取消了原来某些只针对外商直接投资的优惠政策，对国内外投资一视同仁，实行统一的特惠政策。此外减少了特惠政策的实施期限和减税内容，原《国家支持直接投资法》中规定的税务和关税减免期（含延长期）最长可达十年，新投资法缩短到五年，同时原《国家支持直接投资法》规定"实施投资项目所必需的设备、原材料全部或部分免征进口税"，新投资法规定免税对象限于哈无法生产/生产不足/生产不符合要求的机械设备。②出台优先投资领域清单。根据《投资法》，哈萨克斯坦的优惠政策要求必须符合规定的优先投资领域清单，主要涉及农业、林业及其服务，捕鱼、养鱼及其服务，食品生产等35类领域，并明确了各领域享受投资优惠政策投资总额的上限。

三是明确政府职责，保障投资者权利和合法利益。①在《投资法》第三章"国家对投资的鼓励"中，明确提出哈政府相关职责，包括"根据投资者与哈国家授权机关签订的投资合同，哈萨克斯坦国家授权机关保证协助哈方有关企业采购投资者生产的产品"等；在合同签订中，明确"授权机关在通过提供投资特惠决议后的十个工作日内，参照示范合同内容制定和签订合同，合同签订之后五个工作日内由授权机关完成登记并开始生效"，对政府机关的合同办理效率提出了严格要求。②为了有效保护投资者的权利和合法利益，哈萨克斯坦政府任命了"投资监察员"。其主要职责是，处理投资者关于在哈开展投资活动中产生的问题的申诉，提出解决问题的建议，其中包括与哈萨克斯坦国家机关进行协调；对投资者在法庭外和解、进入司法程序前解决出现的问题给予协助；制定并向哈政府提交完善哈有关法律法规的建议。

2. 投资法中绿色技术相关重点条文解读

《投资法》中绿色技术相关法律条文主要体现在第十一条以及第十五条。

第十一条第一款：国家建立有利的投资环境目的是鼓励投资，发展经济，采用现代化技术扩大和更新现有生产能力，新建和保持现有的劳动岗位以及保护环境。本款法条体现了哈萨克斯坦对以技术促进环境保护的重视程度。采用现代化技术保护环境也是绿色技术转移转化的本质要求。本款法条为绿色技术落地哈萨克斯坦提供了积极的政策信号。

第十五条"提供投特惠的条件"中，明确规定了对哈萨克斯坦共和国法人所有的资本进行投资，必须是新建、扩大和采用新技术更新现有生产。绿色技术能够降低能耗、保护环境，因此符合采用新技术更新现有生产的政策规定。哈萨克斯坦《投资法》中优惠政策种类繁多，提供的投资优惠包括免交关税、国家实物赠与和投资特惠。具体来看，对实施投资项目的法人进口的技术设备、成套设备和技术设备

备件以及原料和（或）材料，最多免征 5 年进口关税；给予其临时无
偿使用属于哈萨克斯坦国家的财产或者临时无偿使用土地，随后这些
财产将被无偿赠予给法人或无偿使用土地者。此外，实施优先投资项
目的新成立的法人，如其投资额超过 200 万倍的月核算基数，还可享
受税收优惠、投资补贴、外籍劳务不受限、稳定的税收和移民政策、
"一个窗口"服务等优惠和便利措施。

　　① 税收优惠。包括免缴企业所得税、土地税和财产税。免缴企业
所得税（目前的所得税为 20%）与土地税：企业自签署优先投资项目
合同的当年 1 月 1 日起生效，从签署合同的下一年起连续 10 年内免缴
企业所得税与实施投资项目所需地块的土地税（即总计 11 年）。免缴
财产税：对实施优先投资项目的法人在哈境内首次投入使用的设施，
自首批资产计入企业固定资产的当月 1 日起生效，从首批资产计入企
业固定资产的下一年起连续 8 年内免征财产税。

　　② 投资补贴。哈萨克斯坦对投资者建筑安装工作和采购设备（除
增值税和消费税以外）的实际花费（实际花费不得超过哈国家鉴定结
论确认的花费总额）给予 30% 的补贴，同时为避免补贴发放延误，还
规定补贴在项目投产 3 年后开始发放，在投资合同效力终止前发放
完毕。

　　③ 外籍劳务不受限。签署了优先投资项目合同的法人及法人邀请
的总承包人、承包人、分包人，或者是为这些法人在设计、城市建设
和建筑活动（包括勘察和设计活动、工程技术服务）领域提供服务的
企业，使用外籍劳务不受配额限制和不需申领使用外籍劳务许可。

　　④ 稳定的税收、移民政策。如在签订投资合同后哈萨克斯坦税法
和使用外国劳务的规定发生变化，哈方将对实施优先投资项目的法人
仍沿用原政策，包括哈萨克斯坦税法规定的税率如在今后上调，对实
施优先投资项目的法人仍实行签订投资合同时的税率（但增值税和消
费税除外）。此外，哈方自然垄断主体提供服务的最高价格，如电价、
水价、燃气价格，对实施优先投资项目的法人至少 5 年保持不变。

　　⑤ "一个窗口"服务。哈工业与新技术部投资委员会专门设立办

理投资有关手续的办事大厅，由哈萨克斯坦各有关部委联合办公，通过"一个窗口"的模式最大限度地简化投资者获得投资许可所需的手续，减少其与办理投资许可手续的各有关部委的直接接触，缩短办证时间，提高服务效率。

综合上述重点法条来看，哈萨克斯坦对于以新技术促进环境保护、更新生产采取积极鼓励的态度，并且具有一定的优惠条件。绿色技术企业可以抓住哈萨克斯坦关于绿色技术推广使用的优惠鼓励政策，为绿色技术转移转化争取更多的发展机会，同时发展绿色技术、保护东道国环境也是履行企业社会责任的重要体现，容易得到当地政府和人民的认可。

从以上两个关于绿色技术的法律条文可以看出，哈萨克斯坦绿色技术的投资环境总体而言是积极的，有着较多的优惠鼓励措施。有意在哈萨克斯坦发展的投资企业首先应当成为哈萨克斯坦法人才能享有投资优惠政策。投资者可以选择在哈萨克斯坦新设一个法人，也可以投资哈萨克斯坦当地企业以获得优惠资格。

3. 与我国对应法律对比情况

一是法律体系框架的系统性和完整性不同，哈国偏重投资鼓励。从投资法内容框架体系上对比哈萨克斯坦《投资法》，我国《外商投资法》立法体系更具有系统性与完整性。我国《外商投资法》体系结构主要体现在四个方面：投资促进、投资保护、投资管理、法律责任。四个环节环环相扣，互为一体，为外商投资进入中国提供全方位的规定与保护。从外商进入的投资促进政策、外商进入后经营过程中的投资保护、投资管理到最后的法律责任，我国《外商投资法》提供了外商投资全流程的法律规定。哈萨克斯坦《投资法》内容体系主要包括总则、投资法律制度、国家对投资的鼓励、最终条款四个方面，内容主要偏重于国家对投资的鼓励，外商投资法律规定的角度比较单一。

二是投资立法角度不同，哈国注重可操作性。就投资法的立法角度而言，我国的投资法上位法更侧重于理论上的指导意义，注重法律规范的逻辑完整性与政策导向作用。实践中的具体细则主要由下位法进行规定，需要相配套的规范性法律文件辅助予以实施。例如《中华人民共和国外商投资法实施条例》《外商投资电信企业管理规定》《最高人民法院关于审理外商投资企业纠纷若干问题的规定》等，详细地规定了外商投资重点领域的相关处理规定。哈萨克斯坦投资法上位法更注重实践中的可操作性，通过争议解决方式、权利保护、税收优惠以及合同的签订将外商投资关注的重点一一规定，为投资实践提供可以参考的规范性流程。哈萨克斯坦并没有下位法的具体立法机构，立法权主要集中在议会、内阁与总统。内阁与总统立法和议会立法具有同等的法律效力，内阁颁布的法律、总统令都可以取代立法机构的立法。

三是投资领域设定方法不同。在限制投资领域方面，中国采取负面清单制度，总的政策把控上比较完整，有利于明确外商投资方向。中国外商投资准入负面清单（以下简称负面清单）由国务院投资主管部门会同国务院商务主管部门等有关部门提出，报国务院发布或者报国务院批准后由国务院投资主管部门、商务主管部门发布。相比之下，哈萨克斯坦在投资限制上并没有明确负面清单制度，对于投资领域分为优先发展投资领域与限制投资领域。2014 年 6 月，哈总统签署法令，对政府鼓励投资的行业给予一系列税收优惠政策，这些鼓励投资的行业包括：黑色冶金业、有色冶金业、炼油、石化、食品、农药、工业化学品、交通工具及配件和发动机制造业、电气、农业机械制造业、铁路设备制造业、采矿业机械设备制造业、石油炼化开采机械设备制造业、建材、创新和航天工业。此外，对涉及国家安全的一些行业，政府有权限制或禁止外商投资，如银行业、保险业、矿产投资、土地投资等。

四是哈国投资法突出合同办理流程。就投资法的主要内容而言，哈萨克斯坦与我国外商投资法相比最大的特色体现在哈国政府和投资商签订的投资合同。《哈萨克斯坦外商投资法》第三章第二十一条规定"授权机关在通过提供投资特惠决议后的 10 个工作日内，参照示范合同内容制定和签订合同。合同签订之后5个工作日内由授权机关完成登记并开始生效"。第二十二条规定了投资特惠合同的解除条件"解除投资特惠合同必须具备以下条件：①投资特惠在合同期满后停止生效，或在本条规定的程序内在合同有效期满前停止生效；②经双方协商解除合同或单方解除合同，合同有效期可以提前终止；③投资商不履行自己的合同义务，或者发现申请人歪曲或隐瞒信息，并影响通过了提供投资特惠决议，授权机关有权在发出书面通知通知投资商3个月后，单方面解除合同；④如果投资商单方面提出提前解除合同，则其应补交根据投资特惠合同免交的关税和税款，并根据哈国法律缴纳罚金；⑤如果双方协商提前解除合同，投资商应补交根据投资特惠合同免交的关税和税款；⑥提前解除合同时，投资商以实物形式归还其获得的国家实物赠与，或者返还根据合同条件确定国家实物赠与的最初价值"。在上述前三项情况下，投资商应补交根据投资特惠合同免交的关税和税款，并按哈国法律接受罚款制裁。

五是优惠侧重点不同，哈国以推动行业发展为主。以企业所得税为例，哈萨克斯坦在2003年出台新投资法后，也不再区分内外资企业，不为外资企业设立单独的优惠政策，这点与我国相同；目前主要针对哈萨克斯坦缺乏的新技术以及一些有待发展的行业，如农业、食品生产、电力、天然气、热气和水生产等提供最多五年的免税优惠。相比之下，我国主要是为了增强市场活力以及在部分高新技术和环保技术等重点发展领域，设立了相关优惠政策，如对于小型微利企业和高新技术企业制定了企业所得税减免，对于符合《环境保护、节能节水项目企业所得税优惠目录》《资源综合利用企业所得税优惠目录》要求的企业施行前三年免征企业所得税，后三年减半征收企业所得税的优惠；对于纳入《鼓励外商投资目录》（2020版）的企业，如绿色农畜产品（乳、肉、绒、皮毛、粮油、马铃薯、果蔬）生产加工、绿色食品生产等，进行企业所得税减少15%的优惠。此外我国也更注重在营商环境的培育上为企业提供更好的服务，如进一步减少外资准入限制、完善国家级开发区综合投资环境等，详见表4-5。

表 4-5　哈萨克斯坦与中国对外资企业投资优惠政策比较

哈萨克斯坦	中国
符合规定的优先投资领域清单，对哈萨克斯坦共和国法人所有的资本进行投资，新建、扩大和采用新技术更新现有生产的，提供投资特惠：投资额折合 500 万（不含）美元以下，免征 2 年；投资额折合 500 至 1 000 万（不含）美元，免征 3 年；投资额折合 1 000 至 2 000 万（不含）美元，免征 4 年；投资额折合 2 000 万（不含）美元以上，免征 5 年，此外还规定了各领域享受投资优惠政策投资总额上限。	符合条件的小型微利企业，减按 20% 的税率征收企业所得税。
实施优先投资项目的新成立的法人，如其投资额超过 200 万倍的月核算基数，企业自签署优先投资项目合同的当年 1 月 1 日起生效，从签署合同的下一年起连续 10 年内免缴企业所得税。	国家需要重点扶持的高新技术企业，减按 15% 的税率征收企业所得税。
实施优先投资项目的新成立的法人，如其投资额超过 200 万倍的月核算基数，对投资者建筑安装工作和采购设备（除增值税和消费税以外）的实际花费（实际花费不得超过哈国家鉴定结论确认的花费总额）给予 30% 的补贴，同时为避免补贴发放延误，还规定补贴在项目投产 3 年后开始发放，在投资合同效力终止前发放完毕。	小型微利企业：年应纳税所得额不超过 100 万元的部分，减按 25% 计入应纳税所得额，按 20% 的税率缴纳企业所得税，再减半征收企业所得税；对年应纳税所得额超过 100 万元但不超过 300 万元的部分，减按 50% 计入应纳税所得额，按 20% 的税率缴纳企业所得税。 企业从事下列项目的所得，免征企业所得税： 1. 蔬菜、谷物、薯类、油料、豆类、棉花、麻类、糖料、水果、坚果的种植； 2. 农作物新品种的选育； 3. 中药材的种植； 4. 林木的培育和种植； 5. 牲畜、家禽的饲养； 6. 林产品的采集； 7. 灌溉、农产品初加工、兽医、农技推广、农机作业和维修等农、林、牧、渔服务业项目； 8. 远洋捕捞。

（续表）

哈萨克斯坦	中国
	企业从事下列项目的所得，减半征收企业所得税： 1. 花卉、茶以及其他饮料作物和香料作物的种植； 2. 海水养殖、内陆养殖。 企业从事国家限制和禁止发展的项目，不得享受本条规定的企业所得税优惠。
	企业从事规定的国家重点扶持的公共基础设施项目的投资经营的所得，自项目取得第一笔生产经营收入所属纳税年度起，第一年至第三年免征企业所得税，第四年至第六年减半征收企业所得税。
	企业从事规定的符合条件的环境保护、节能节水项目的所得，自项目取得第一笔生产经营收入所属纳税年度起，第一年至第三年免征企业所得税，第四年至第六年减半征收企业所得税。
	一个纳税年度内，居民企业技术转让所得不超过 500 万元的部分，免征企业所得税；超过 500 万元的部分，减半征收企业所得税。
	对于符合《鼓励外商投资目录》（2020版）的西部地区和海南省鼓励类产业的外商投资企业，减按 15% 征收企业所得税。

（二）环境保护法

为加强国内生态环境的保护，哈萨克斯坦于 2007 年 1 月 9 日颁布了《哈萨克斯坦共和国生态保护法》。此后，该法经过了多次修正，在 2021 年 1 月 2 日哈萨克斯坦总统托卡耶夫签署批准了新的《生态法典》。

1. 法律总体框架与整体内容综合评析

哈萨克斯坦环保法共 47 章，326 条，涉及内容广泛，主要包括：基本法律条款，个人、社区以及政府的权利与义务，国家机构在环境保护领域的权责，生态保护规则，环境保护领域的技术规范，环境影响评估，环境许可证，环境审计，政府管制区域内温室气体的排放与吸附、温室气体排放配额、温室气体排放证书，环境保护的经济调节手段，环境造成的经济损失评估，环境领域的国家控制、自然资源的保护、利用和再生产，国家环境治理形式，工业环境控制，公共生态控制，环境和自然资源监测，国家记录的污染地区，国家废物产生消费管理目录，国家温室气体排放和吸附评价体系，生态信息，自然资源使用者和污染源核算，地区环境紧急情况及环境灾难，环境教育和意识，研究和环境领域的国际合作保护，实施经济及其他活动的环境要求，污染环境的法律责任及生态纠纷解决等内容。

哈萨克斯坦环保法从框架和内容上看，具有强烈的实践指导意义。具体特征有：

一是覆盖环保各相关利益方。从个人、社区以及政府的权利与义务到环境的评估以及责任的追究都有明确的规定，主要内容也涉及温室气体方面的排放管制。

二是设立了环保税。哈萨克斯坦实施的《环境保护法》特别规定在哈投资的企业必须缴纳环保税；如果对环境造成污染或对居民健康造成危害，企业必须给予赔偿。

三是制定了碳排放管理框架。在温室气体排放方面，确定了不同企业的气体排放配额、温室气体排放证书，哈萨克斯坦国家对温室气体排放和吸附的基本规定包括：①向设施经营者分配温室气体排放配额；②建立市场机制，减少温室气体排放和吸附；③设备操作人员的管理。对于温室气体排放配额，如果企业未取得温室气体排放配额，不得经营安装，温室气体排放配额记入经营者账户、禁止安装经营者超过温室气体排放限额、安装经营者有权出售或者购买配额单位。

四是重视环境评估。哈萨克斯坦将环保评估对象划分为四类，包括：①根据工业设施的卫生分类第一和第二危险类别的有关活动以及矿产勘探开采（常见矿物除外）；②根据工业设施卫生分类涉及危险等级三的活动、常见矿物勘探开采、森林和水资源利用；③与根据工业设施的卫生分类危险等级四有关的活动；④与工业设施卫生分类有关的危险等级五以及各种野生动物利用的活动（业余和体育渔业及狩猎除外）。评估内容包括大气环境、水资源、土壤、植被、动物、社会经济环境影响等十多项内容。此外《哈萨克斯坦环境污染损害经济评估细则》还规定了相关评估办法，十分细致且具有可操作性。

2. 环境保护法中绿色技术相关重点条文解读

哈萨克斯坦环保法中关于绿色技术的重点条文见表4-6。

表4-6　相关重点条文解读

节	条款	项	内容
第一节 基本条款	第1条	第十二项	最好的可用技术——使用和计划的工业技术，机械和设备，确保组织和管理措施，旨在减少经济活动对环境的负面影响，以确保达到环境质量的目标。
	第6条		环境保护技术规范。
第三节 经济手段 调节环境保护	第96条	第一项	关于环境保护的安排是一个复杂的技术工程，以技术、体制、社会和经济措施来实现保护环境和改善环境质量的目的。
第七节 环境教育和意识、 环境保护领域的 国际合作	第185条	第二项 第5款	生态节约型资源的科学依据、开发与实施技术。

一是绿色技术项目环保要求涵盖项目规划、建设、运营各方面。哈萨克斯坦环保法属于绿色法，绿色技术应用所产生的后果应当受环保法所规制。哈萨克斯坦环保法第一节基本条款规定：最好的可用技术——使用和计划的工业技术，机械和设备，确保组织和管理措施，旨在减少经济活动对环境的负面影响，以确保达到环境质量的目标。绿色技术运用的项目当中在规划、建设、运营各阶段都要注意对环境所产生的影响，应当符合环境保护法的要求。

二是重视技术手段在环保中的应用。绿色技术是环境保护的手段之一，哈萨克斯坦环保法对于采取技术手段保护环境十分重视。首先，在第一节的基本条款开篇介绍了采用技术确保组织和管理措施，旨在减少经济活动对环境的负面影响，以确保达到环境质量的目标；其次，指出关于环境保护的安排是一个复杂的技术工程，以技术、体制、社会和经济措施来实现保护环境和改善环境质量的目的；最后，在国际合作领域注重生态节约型资源的科学依据、开发与实施技术。哈萨克斯坦对于绿色技术的推广及应用十分重视，力图通过绿色技术的广泛使用来达到保护环境的目的。

3. 与我国对应法律对比情况

一是立法思路各有侧重，哈国侧重规范行为活动。就两国环保法立法的思路而言，我国环保法侧重于环境保护的具体措施来进行规定，例如监督管理、保护和改善、防治污染和其他公害以及信息公开和公众参与四个方面；哈萨克斯坦侧重于规范人的行为活动，例如规定个人、社区及政府的权利与义务，温室气体排放的配额，环境保护信息的教育等。特别是环境保护的国际合作也规定在环境保护法当中。

二是法律结构风格不同，哈国注重温室气体排放。政府管制区域内温室气体的排放与吸附、温室气体排放配额、温室气体排放证书、国家温室气体排放和吸附评价体系等一系列的规定将温室气体排放的管控细节描述得比较清楚，这也是哈萨克斯坦为落实《联合国 2030 年可持续发展议程》所作的努力。我国在温室气体的排放等方面也有具体的规定，主要见于相关的部门法规，例如环保部发布的《煤层气（煤矿瓦斯）排放标准（暂行）》《生活垃圾填埋场污染控制标准》等等。

三是立法导向性不同，哈国注重可操作性。我国环保法的主要内容分为：总则、监督管理、保护和改善环境、防治污染和其他公害、信息公开与公众参与以及法律责任，立法思路以结果为导向性。哈萨克斯坦环保法以过程为导向性，导致两国环保法体系有所不同。具体表现为：哈萨克斯坦的环保法对规定所涉及环境主体的权利义务，规定得比较细化，可操作性比较强，下位法对于环保法的细节规定比较少，但整体的环境保护环节缺乏逻辑上的完整性；中国的环保法内容整体的结构较为完整，就具体的细节散见于下位法当中，但法律位阶较低，实践中可操作性不强。

四是管理手段侧重不同，哈国侧重事前许可。哈萨克斯坦在绿色技术项目的许可管理更严，许可内容覆盖面更广；相比而言，我国在项目建设许可上虽然也需要规划许可、消防许可、环保许可，但就许可内容而言较哈萨克斯坦减少，而在实际处罚环保违法行为力度上，则较哈萨克斯坦大，手段多样化。

（三）可再生能源法

2009 年 7 月 4 日，哈萨克斯坦在借鉴国际惯例和世界利用可再生能源方面先进经验的基础上，结合本国实际情况，颁布了《可再生能源利用法》和《关于支持可再生能源利用的若干修改和补充》的法律文件。哈政府和议会表明了政府鼓励向非传统能源产业投资、大力开展可再生能源开发和利用行动的决心。

1. 法律总体框架与整体内容综合评析

哈萨克斯坦《可再生能源利用法》理顺了税法和投资法对投资可再生能源领域方面的国家特惠政策，制定了具体的操作规范和奖惩措施，形成了操作性很强的国家法律保障。主要内容包括六部分：

一是界定了可再生能源的适用范围。《可再生能源利用法》（以下简称《利用法》）对可再生能源的概念进行了定义，确定了可再生能源主要包括太阳能、风能、装机容量小于 35 兆瓦的水电站、地热能（地热；地下水、河流和水体热能）四类，从法律上厘清了可再生能源的种类。

二是明确了主管部门的职能和企业经营种类。明确了哈萨克斯坦国家能源矿产部（以下简称能矿部）为支持可再生能源利用的国家主管机构，并负责许可证发放。

三是明确了外资企业应具备的条件。根据《利用法》，在哈从事利用可再生能源发电和供热的外资企业须具备下列条件，包括：有外资参与的企业需要在哈萨克斯坦共和国境内外按法律规定的程序创建有法人权利的子企业，同时按照哈萨克斯坦共和国法人规定的程序得到有权进行这类活动的许可证。从这点看，哈萨克斯坦对外资参与可再生能源和供热领域的管理是想与国内企业统一进行。

四是规定了审批程序。对项目的审批按照规格不同明确了不同的审核要求。根据《利用法》，一般项目投资者应提交项目规划报告报能矿部审核；如果利用可再生能源发电项目装机容量超过（含）25兆瓦的，投资者还需报能矿部进行立项资格预审；而如果项目属于社会热力系统服务范畴，且装机容量小于25兆瓦，无需进行项目的资格预审。

五是投资特惠，和投资法提出的相同。

六是特定投资特惠。除了根据投资法的规定享有相关优惠政策外，在电力生产和销售、天然气燃料生产和销售、热气和热水生产和供应三个领域从事生产和销售的企业也可享受国家特惠待遇。

另外，《利用法》中还对电力、热力并入公共管网设置了行政强制制度。

一是生产设施有并入共同管网的权利。利用可再生能源发电、制热的投资者有权将发电、制热的生产设施并入国家现有热力和电力管网。电、热管网经营者必须履行管网接入义务。能矿部负责制定接入准则、确定就近接入的期限和地点。利用可再生能源发电、制热的企业可根据电网电压等级和热力网线技术参数，提出选择就近并入管网的申请。

二是免征电力传输服务费和享有优先输电待遇。利用可再生能源生产电力和热力的企业（可以是哈萨克斯坦当地企业法人，也可是外国企业法人的子公司）法人享有专业发电企业的法律地位。电、热管网经营者在向上述企业提供服务时不能收取服务费。如果在提供电力传输服务中出现电网负荷过重的情况，应该优先解决利用可再生能源生产的电力传输问题。

三是分摊基础设施建设和并网费。利用可再生能源发电、制热的企业在并网时产生的费用中，网线接入所产生的费用由电网公司纳入电费成本，并享受国家补贴，接入电网产生的基础设施建设费用，则由发电、制热企业自身承担，纳入企业经营成本。

四是明确了对违规者的处罚。如果电、热管网经营者由于主观原因未按规定完成并网工作，将受到行政处罚。按照 2008 年 12 月 4 日颁布的 2009 年至 2011 年国家预算案有关处罚标准，对中小企业课以 200 个月核算单位（月核算单位为 1 296 坚戈）的罚款，对大型企业课以 1 500 个月核算单位的罚款。对于屡犯的企业法人，加倍处罚。

五是对销售有一定的扶持。通常情况下，利用可再生能源的发电企业在电力批发市场与用户签订买卖合同，销售产品。如果电力企业无法找到直接买主，按照《利用法》，相关联的电网经营者有义务购入发电企业的电力，并负责市场销售。同样的规则也适用于向公共管网提供热力的企业。

2. 可再生能源利用法中绿色技术相关重点条文解读

可再生能源利用法中绿色技术相关重点条文主要体现在绿色技术在新能源领域的利用层面。主要是太阳能、风能、装机容量小于 35 兆瓦的水电站、地热能等相关技术的应用。

3. 与我国对应法律对比情况

一是管理部门及职责不同。哈萨克斯坦与我国的能源主管部门以及项目的能源管理职责不同。考虑到传统能源政策制定机构无法预见可再生能源发展，因此哈萨克斯坦参考德国经验，根据 2013 年哈总统颁布的总统令，由环保部负责制定可再生能源政策，工新部负责项目实施管理，积极推动可再生能源发展。其中工新部必须对任何可再生能源项目了如指掌，重要项目必须列入国家工业化路线图和地区工业化路线图计划，还将与萨姆鲁克能源公司总结实施中的可再生能源项目情况，对所采用技术进行评估。与之相比，我国能源管理部门自上而下有着系统的行政管理部门，根据我国第十二届全国人民代表大会第一次会议批准的《国务院机构改革和职能转变方案》和《国务院关于部委管理的国家局设置的通知》（国发〔2013〕15 号），设立国家能源局（副部级），为国家发展和改革委员会管理的国家局。其主要职责为：负责起草能源发展和有关监督管理的法律法规送审稿和规章，拟订并组织实施能源发展战略、规划和政策，推进能源体制改革，拟订有关改革方案，协调能源发展和改革中的重大问题。在省市级层面，《中华人民共和国能源法（征求意见稿）》第十六条规定国务院能源主管部门依照本法和国务院规定的职责对全国能源开发利用活动实施监督管理；县级以上地方人民政府能源主管部门依照本法和本级人民政府规定的职责，对本行政区域内能源开发利用活动实施监督管理。国务院有关部门依照本法和其他有关法律、行政法规以及国务院规定的职责，在各自职责范围内对有关行业、领域的能源开发利用活动实施监督管理；县级以上地方人民政府有关部门依照本法和其他有关法律、行政法规以及本级人民政府规定的职责，在各自职责范围内对有关行业、领域的能源开发利用活动实施监督管理。

二是特惠政策力度和详细程度不同。在支持可再生能源层面，哈萨克斯坦对于投资者补贴与优惠政策更加明确具体。哈政府部门正在积极制定《支持可再生能源利用法的补充及修订法案》，正在拟订替代能源进一步发展机制和优惠措施，为投资者和消费者提供国家支持：拟制定包括投资、生产和接入电网费用在内的替代能源电站固定费率，保障投资者的回报并规避投资风险；同时考虑借鉴奥地利和意大利经验，拟在国家电网框架内建立可再生资源电力结算金融中心，作为统一采购方对可再生能源生产电力进行保障性采购，从事电力贸易，负责清偿管理。此外，法案中还包括对使用可替代能源的消费者提供支持，主要针对接入可再生能源发电设施电网的，以及未接入电网系统的自然人。国家对购买 5 千瓦以下可再生能源装置提供 50% 的补贴，每户安装功率 5 千瓦可再生能源设施费用约为 440 万坚戈。政府计划每年为 400 户补偿部分费用。我国《可再生能源法》对于价格管理与补偿部分规定：可再生能源发电项目的上网电价，由国务院价格主管部门根据不同类型可再生能源发电的特点和不同地区的情况，按照有利于促进可再生能源开发利用和经济合理的原则确定，并根据可再生能源开发利用技术的发展适时调整。电网企业依照本法第十九条规定确定的上网电价收购可再生能源电量所发生的费用，高于按照常规能源发电平均上网电价计算所发生费用之间的差额，由在全国范围对销售电量征收可再生能源电价附加补偿。

四、中哈重点合作领域技术标准体系研究

研究哈萨克斯坦绿色技术标准化发展现状，有利于深入了解哈萨克斯坦的标准化工作，既能促进我国与哈萨克斯坦贸易顺利开展，避免技术性贸易壁垒，又可推动建立我国与哈萨克斯坦的标准化交流合作，服务"一带一路"倡议。

（一）哈萨克斯坦标准概况

1. 标准化法律法规和指导文件

哈萨克斯坦标准化领域的法律[①]经历着从《标准化与认证法》到《标准化法》，再到《技术调节法》的更替。《技术调节法》是哈萨克斯坦标准化法律的基础，自 2005 年 5 月 13 日实施以来，经过多次修订并逐步完善。《技术调节法》共有 8 章 47 条，内容由概括、技术法规、标准化、合格认证、认证机构及实验室认可、对技术法规执行情况的监督、法律责任、最后条款和过渡性条款组成。

《技术调节法》标准分级简明扼要。其将国家技术调控标准划分为强制性和自愿性两级。依据两级体系分类，第一级（强制级）以法律和技术规程形式规定了安全性要求，该要求是强制性采用；第二级（自愿级）规定了由标准确定的自愿使用要求。国家标准只有在哈萨克斯坦共和国法律或技术规程中含有强制性指令的情况下是强制性的，含有强制规定的方面主要为：①保证产品、过程对人员生命健康和环境的安全；②保证民族安全；③预防会引起用户在产品、服务的安全和质量方面有误解的行为；④消除贸易领域技术壁垒。

除《技术调节法》之外，还有《保障计量统一法》《合格评定认证法》《认证机构确定法》《消费者权利保护法》《海关同盟内技术调控的

---

① 哈萨克斯坦标准化网站：www. kazmemst. kz。

决定》等规范性文件。

除了法律法规，哈萨克斯坦还于 1993 年首先制定了 6 个保证国家标准化体系有效运作的基础标准，即 CT PK1.0 至 CT PK1.5-93 系列标准，其中对建立国家标准化体系的基本原则，术语与定义，标准编写格式，标准审查、批准、注册办法，进行明确规定。CT PK 系列标准为适应标准化发展的新需求，已作出多次修订和补充。目前，主要包括以下 6 个标准（见表 4-7）。

表 4-7　CT PK 系列标准

序号	名称
1	CT PK 1.1—2013 哈萨克斯坦共和国国家技术调节系统标准化及其相关活动术语和定义
2	CT PK 1.2—2013 哈萨克斯坦共和国家技术调节系统国家标准和初步标准的制定程序
3	CT PK 1.5—2013 哈萨克斯坦共和国家技术调节系统标准的编制、阐述、生成与维护的一般性要求
4	CT PK 1.9—2013 哈萨克斯坦共和国国家技术调节系统当国际标准、区域标准和外国标准作为哈萨克斯坦共和国国家标准和国家初步标准使用时，针对这类标准编制、阐述、生成与维护的一般性要求
5	CT PK 1.27—2013 哈萨克斯坦共和国技术法规体系标准化术语，基本原则和方法
6	CT PK 1.15—2013 哈萨克斯坦共和国国家标准化体系标准化技术委员会建立和运行程序

2. 标准化管理机构

根据《技术调节法》《保障计量统一法》和《消费者权利保护法》，哈萨克斯坦技术调节体系标准技术文件的管理机构为哈萨克斯坦技术调节和计量委员会，其隶属于哈萨克斯坦投资和发展部（简称：国家标准化委员会）。工作职责是标准化、认证、计量、管理体系和技术调控。附属机构主要包括"哈萨克斯坦标准化和认证研究院""哈萨克斯坦计量研究院""全国认可中心"以及 16 个地方管理局①。

---

① 曹燕、胡小明：《哈萨克斯坦标准化管理体制及发展现状》，《标准科学》，2018（9）：6—9。DOI：10.3969/j.issn.1674—5698.2018.09.001。

"哈萨克斯坦标准化和认证研究院"的前身为 1997 年成立的"国家标准和标准试样信息中心",2000 年 8 月 9 日依据哈萨克斯坦政府第 1227 号令成立了"哈萨克斯坦标准化和认证研究院",成为哈萨克斯坦第一个国立标准化与认证研究院,在各中心区有 16 个分部。其主要职责包括:贯彻实施标准及认证方面的科学研究;完成标准及认证国家体系与国际相关体系间的协调工作,保证国家程序的实施;推动分类体系、技术经济信息编码、产品目录的发展;把标准文件翻译成国家语言;负责标准文件在国家的出版和发行;执行哈萨克斯坦产品、工作和服务质量以及安全方面技术调节的立法基础和标准规范资源的发展和完善工作,并致力于使其与国际要求逐步趋同。

根据 1996 年 11 月 1 日第 1342 号哈萨克斯坦政府令,哈萨克斯坦计量研究院成为哈萨克斯坦第一个国立计量研究院。其主要职责包括:完成哈萨克斯坦国家标样的研究、制定、保存和委托统一计量工作;参与制定和实施国家程序的创建和统一标样数据库的改进工作;参与制定和实施国家科学计量中心的科研成果在计量方面的应用工作,进行新标样创建的科研工作;组织和参与在国家框架下标样统一计量的校对工作;在独联体和国际条件下,参与哈萨克斯坦标样的校对工作,参与制定和实施计量方面的法律、法规,完成测量实验工具、计量委托、测量完成的方法理论研究工作等,以保证计量单位与国际要求趋同、在认可时对相关机构进行计量技术调查,为计量领域的人才提供培训和进修。

国家认可中心是合格评定领域认可机构,根据哈萨克斯坦《合格评定认可法》开展工作。其工作包括:合格评定机构、测试和定准实验室的认证、检测,登记认证主体;向相关方申请者提供信息,对比试验,与国际、区域认证机构相互协作;制定认证文件草案;培训提高认证专家技能;组织开展认证与合格评定领域的研修班和会议。

3. 标准化现状

(1)标准体系

在标准体系建设导向上,受到历史沿革、区域环境和发展目标的影响，哈萨克斯坦标准体系以区域一体化为重点，主要遵从所参加联盟的共同协议。一是哈萨克斯坦标准体系沿袭独联体标准。作为苏联加盟国，随着苏联解体，独联体各成员国依据 1992 年 3 月 13 日签署的《关于执行协同一致的标准计量认证政策的协议》成立了跨国标准化、计量与认证委员会，以建立并执行协同一致的标准计量认证政策。该组织从 1992 年后所制定的许多独联体标准成为哈萨克斯坦国家标准的重要来源。二是哈萨克斯坦标准体系遵从欧亚经济联盟条约。哈萨克斯坦作为欧亚经济联盟一员，在关税同盟框架下签署了《关于致力于协同关税同盟成员国技术调节体系的统一技术调节原则和规定的协议》，所有联盟成员国将编制关税同盟技术规程，随着这些技术规程生效，关税同盟成员国本国技术规程将取消。目前，已经生效的技术规程主要有《海关联盟食品安全规程》《海关联盟轻工产品安全技术规程》《海关联盟家具产品安全技术规程》《海关联盟公路安全技术规程》等 30 余项。

在标准体系发展规模上，目前哈萨克斯坦标准化和认证研究院下设的标准技术文件资源库文件总数量已有约 67 000 项，主要包括哈萨克斯坦国家标准 4 800 余项，跨国标准，俄罗斯联邦标准和独联体标准，欧标和指令，IEC 标准，ISO 标准，德国标准，英国标准，欧洲区域标准，美国标准以及规范、指南、方法及其他规范文件。

在标准体系发展重点上，根据 2017 年哈萨克斯坦国家标准化委员会颁布实施的技术管理优先路线重点领域为智能城市、工业 4.0、建筑和施工、生态、清真及有机食品、服务、保健。生态技术，即绿色技术，已成为哈萨克斯坦标准化发展的重点方向之一。

（2）参与国际标准化活动

哈萨克斯坦积极参与国际标准化活动。目前哈萨克斯坦是国际标准化组织（简称 ISO）成员和国际电工委员会（简称 IEC）观察员国。在 ISO 框架内，哈萨克斯坦作为全权成员国参加 16 个国际标准化技术委员会的工作。在 IEC 框架内，哈萨克斯坦是 4 个技术委员会全权成员国。在跨国标准化委员会框架下，通过了对 335 个跨国标准草案的协商、审核和投票程序，这些标准成为与关税同盟技术规程相互关联的标准。在 WTO/TBT 协议框架下，根据产品目录，研究制定关税联盟的技术法规。此外，哈萨克斯坦也是国际法制计量组织（简称 OIML）、跨地区标准化协会（简称 IRUS）的正式成员，并同伊朗、德国、土耳其、中国、保加利亚以及独联体国家签订了双边和多边标准化合作协议。哈萨克斯坦还是伊斯兰教国家国际标准化协会的成员国。

4. 我国与哈萨克斯坦开展绿色标准化合作分析研究

（1）国家层面加强标准化交流合作

一是开展重点领域国际标准研究，探讨在电力设施、农牧业种植养殖等方面开展标准化交流与合作，实现关键标准的互认互通。

二是各区域标准化研究中心组织承办区域标准化培训班。分层次开展与目标研究国标准化领域的交流，寻求合作。

三是建议在上合组织框架内成立区域标准化联盟，每年召开标准化联盟会议或国际标准化论坛，推动标准化领域的务实合作[①]。

（2）完善中亚标准化研究中心建设

一是以筹建"中亚标准化研究中心"为契机，与中亚国家标准化机构建立标准信息交流合作机制。联合中亚国家开展标准信息交换、翻译合作，对标准题录和文本、技术法规开展互译工作，为中国和外国企业提供检索信息查询，便利贸易。

二是构建标准化研究联盟和培训联盟。联合我国研究机构、各区域标准化研究中心及中亚区域的研究机构开展研究，推进与中亚国家的技术交流与合作；并与中亚国家合作，为我国与中亚国家研究机构、企业提供标准化、认证认可等方面的培训，储备各自的标准化人才。

（3）促进重点领域标准化合作

目前中国新疆与哈萨克斯坦在畜牧业发展方面有共同的养殖基础和技术需求，开展畜牧业技术合作的优势明显，目前在畜牧领域将持

---

① 马莉莉:《"一带一路"建设中发挥上海合作组织平台的作用》,《海外投资与出口信贷》,2017(2):43。

续推动中哈标准化交流与合作。此外，通过各领域行业主管部门与哈萨克斯坦建立的合作关系，在特色林果业及加工品、水产养殖、防沙治沙、节水灌溉、石油等方面中哈开展标准一致性研究，推动中哈双方的标准互认或形成联盟标准。

（二）绿色能源领域——以 Ybyrai50MW 风电项目为例

1. 背景分析

哈萨克斯坦对风能行业的发展非常重视。作为一个资源型国家，哈萨克斯坦石油、矿藏等产量丰富。然而，以自然资源作为能源的主要支撑的状况越来越难以持续。根据《BP 世界能源统计年鉴 2019》数据[①]，截至 2018 年年底，哈萨克斯坦已探明石油储量为 300 亿桶（约合 39 亿吨），2018 年开采量为 9 120 万吨，消费量为 1 860 万吨；天然气储量约为 1 万亿立方米，2018 年开采量为 244 亿立方米，消费量为 194 亿立方米；煤炭储量为 256 亿吨，2018 年生产 51 亿吨油当量（约合 73 亿吨），消费量为 41 亿吨油当量（约合 58 亿吨），这意味着，依照现有勘探储量和开采水平（储采比），哈萨克斯坦的石油资源仅可开采 40 年，天然气仅可开采 50 年，煤炭可开采 360 年。传统能源的不可持续性给哈萨克斯坦能源安全和可持续发展敲响了警钟。而现有严重依赖油气的能源结构下对哈萨克斯坦空气环境也造成严重的影响，单纯哈萨克斯坦排放的二氧化碳人均量就达到世界发达国家的 10 倍左右[②]。而从国家经济发展需求看，根据哈萨克斯坦政府的评估，2013—2030 年哈电力消费年增长率为 23%～26%，2030—2050 年达到 12%～13%，预计 2030 年电力消费达到 1 360 亿千瓦时（2018 年为 1 073 亿千瓦时），2050 年达到 1 720 亿千瓦时。用电需求的增长也为能源结构的调整提出了新的要求。而风能作为一种较为成熟的新能源，能够有效缓解能源结构矛盾问题。为此，哈萨克斯坦政府将发展风电产业作为面向 2050 国家战略的重要目标之一，提出了计划到 2030 年

---

① 《BP 世界能源统计年鉴 2019》，第 14 页。

② ASSENOVA ALBINA：《哈萨克斯坦风电产业区域发展规划与竞争力研究》，《哈尔滨工程大学》，2019。

哈萨克斯坦的能源结构调整为 30% 由可再生能源占据，到 2050 年可再生能源的结构占比要超过 50% 的目标。

哈萨克斯坦风能资源丰富。哈萨克斯坦地区潜在风能资源丰富，由于地处北半球强风带和强对流区，哈萨克斯坦境内有一半的地区风速每年能够达到 4～5 米/秒，风能资源可覆盖高达 5 万平方千米的国土面积。而根据哈萨克斯坦国家能源机构的统计数据进行测算，开发这些潜在的风能资源能够为哈萨克斯坦提供约 9 200 亿千瓦/年的电力保障，因此哈萨克斯坦在发展风电产业方面具有较强的先天优势。

哈萨克斯坦风电产业发展前景广阔。由于哈萨克斯坦经济发展比较落后，直到 2006 年哈萨克斯坦在联合国等世界组织的帮助下才建立一座 500 千瓦时的试验性风力电站，截至 2019 年哈萨克斯坦风电站总数为 22 个。算上太阳能等其他新能源，2019 年哈萨克斯坦可再生能源发电量仅为 24 亿度，仅占发电总量的 2.3%，距离哈萨克斯坦 2030 可再生能源占比 30%、2050 可再生能源占比 50% 的目标仍有很大差距。为了推进风能发展，哈萨克斯坦在发布的《哈萨克斯坦向绿色经济转型构想》中明确提出 2020—2030 年内要合理利用自然资源，大力普及可再生资源利用和节能技术，力争实现经济结构转型，政府层面高度重视风电产业发展。由此可见，哈萨克斯坦风能产业发展前景十分广阔。

寰泰能源股份有限公司（简称"寰泰能源"）成立于国家"一带一路"倡议和"全球减排倡议"的宏大背景之下，是一家从事以风力、光伏电站等清洁能源为核心进行投资、建设及运营的专业化公司。寰泰能源主要经营范围包括：太阳能、风力及水力发电、绿色能源科技专业领域内的技术转让、技术咨询、技术开发、技术服务，实业投资，投资管理，投资咨询，电力专业建设工程设计等。寰泰能源下属寰蔚工程公司、四川寰泰电力工程设计有限公司，在职国际化职员近 200 人，其中外籍职员占 31%。寰泰能源自 2015 年 11 月 5 日成立以来按照"全球布局、世界领先；绿色发展、生态友好；稳健经营、以人为本；合作共赢、利益共享"的经营理念开展业务，目前已在我国境内、哈萨克斯坦、埃塞俄比亚、加纳等国家开展光伏发电、风力发电、储能电站、输配电项目共 33 个。

在风电行业，寰泰能源有着丰富的工程经验和强大的技术团队。目前寰泰能源已在哈萨克斯坦开展 3 个风电项目，均被纳入了"中哈产能与投资合作重点项目清单"，占清单比重的 5%。

2. 项目推进与举措

Ybyrai50MW 项目是寰泰能源在哈萨克斯坦最新建立的第三个风电项目。该项目位于哈萨克斯坦库斯塔奈州库斯塔奈市，也是当地唯一的风电项目。

项目于 2019 年 9 月正式动工，共建设 16 台 3.2 MW 的风力发电机组。由于库斯塔奈地区冬季严寒，全年约有半年为冬季，最低温度低于零下 20 摄氏度，有效施工期仅 5 个月；同时受到新冠疫情的影响，给工程建设带来了额外困难。为了能按时完成任务，寰泰能源采用"100% 中国制造，100% 哈国施工"项目"共建"模式，项目中的风电设施全部在中国制造完成后从中国境内通过公路运输至哈国项目现场；在工作协调中，疫情暴发之初中哈团队即远程交流开展现场工作，工作开展中协调中方项目管理人员赴哈助力哈方复工复产；建立项目防疫小组，全面复工后全力保障人员健康安全，现场无一人感染。

随着该项目的落地运营，全容量并网后预计每年发电量可达 1.8 亿度，可减少约 15.3 万吨二氧化碳排放，在有效填补当地电力缺口的同时，为当地的绿色环保、节能减排事业带来有益影响。

3. 经验与启示

目前哈萨克斯坦积极推动风电项目的引入和落地。然而，目前风电项目的相关法规、标准还不完善，需要各企业在项目落地过程中与哈方进行充分协调对接，因时、因地、因事制宜，才能实现企业"走出去"的战略目标。根据 Ybyrai50MW 项目，应该注重以下几点：

一是充分联动中、哈双方资源及技术优势。哈萨克斯坦在其《2050 战略》中提出"采用全新的自然资源管理体系，是要采取能源换新技术的策略；吸引外资的条件，只限于那些向我国供应最先进开采和加工技术的外国投资者"。从官方声明中可以看到，哈萨克斯坦的能源战略是希望未来能切实掌握新能源技术。因此，企业在投资哈萨克斯坦产业中不光要充分发挥我国的技术优势，还要让哈方参与到项目中，协同完成项目。Ybyrai50MW 项目在推进中即充分考虑了这一点，设备元件的建设虽然在中国制造，但项目施工全在哈萨克斯坦境内，同时在项目进行中克服新冠疫情影响，通过远程通信方式积极指导哈方团队开展现场工作，最终在双方合力下，顺利完成项目施工。

二是做好后勤保障计划与工作。跨国项目的落实，除了要考虑项目施工、运营等过程中的问题外，人员健康、居住生活、民风民情等其他方面的问题也要全面考虑，做好当地工作人员的后勤保障也是推动项目顺利落地的重要方面。Ybyrai50MW 项目在推进中即充分了新冠疫情影响下的人员防疫需求，建立了防疫小组，积极采用互联网技术减少面对面沟通，确保项目推进中无人感染，为后疫情时代海外项目执行积累了宝贵的经验。

4. 标准体系

（1）哈萨克斯坦风电标准

风电行业作为新能源产业之一，风电标准体系的建设晚于其他传统能源行业。丹麦是最早设立风电标准的，于 20 世纪 70 年代制定了国家风电机组检测和认证制度。随后，随着风电在国际范围内的不断发展，各风电先进国家相继出台了涉及风力发电机组设计、质量及安全的标准。由于欧洲国家率先开展风电研究，且技术与产业处于国际领先地位，而面对各国风电认证和标准不同所带来的国际交流和贸易问题，国际标准化组织（ISO）与国际电工委员会（IEC）达成协议，由 IEC 领导风能行业标准化。目前 IEC 已建立 IEC 61400 系列风电机组标准，成为各国进行风电设备认证的基础标准。哈萨克斯坦作为国际电工委员会（IEC）的准会员，虽然已经建立了《风力发电厂设计》等文件，但尚未成体系，因此主要参照 IEC 的风电设备系列标准。

（2）中国风电标准

我国风电标准起始于 1985 年的全国风力机械标准化技术委员会，

主要负责全国风力机械专业领域的标准化技术归口工作。2010 年，为规范我国风电产业发展，建立和完善风电标准化体系，国家能源局成立能源行业风电标准建设领导小组、能源行业风电标准建设专家咨询组和能源行业风电标准化技术委员会，并于 2011 年发布《风电标准体系框架》。

按照我国《风电标准体系框架》，共分为风电场规划设计、风电场施工与安装、风电场运行维护管理、风电并网管理技术、风力机械设备、风电电器设备六大标准体系。其中，风电场规划设计包括信息监管、风能资源测量与评价、风电场工程规划、风电场工程预可行性研究、风电场工程可行性研究、风电场工程投资、风电场设计 7 类；风电场施工与安装包括风电场施工、风电场安装、风电场工程验收 3 类；风电场运行维护管理包括风电场运行、风电场维护、风电场管理 3 类；风电并网管理技术包括风电场接入电网、风电运行调度管理、风电入网检测 3 类；风力机械设备包括风力发电机组基础、小型风力发电机组、风力发电机组通用、风力发电机组—系统及零部件、离网型风力发电机组 5 类；风电电器设备包括风电电器设备基础、风力发电机组电气系统、风力发电机、风电变流系统、风电控制系统、风电储能设备、风电输配电设备、风电用电线电缆 8 类。

5. 指标综合比较和相关建议

在此基础上，结合哈萨克斯坦风电标准制定情况，考虑到风电场站建设是目前我国风电技术在国际上应用的主要途径之一，本篇以风电场站建设核心指标体系进行研究。

（1）指标综合比较

目前哈萨克斯坦按照《风力发电厂设计》（170 _ СП РК 4.04-112—2014）来执行。该标准要求风电站的建设总体上要求：①保证电力系统设备的可靠性；②确保为消费者提供稳定的电力质量；③支持应急控制系统的持续运行；④应急响应技术手段的可用性；⑤最大限度地节省初始财务成本和运营成本；⑥对材料和金属的需求减少；⑦环境保护，以及为用户和维修人员创造正常的卫生条件。为此，在该标准中对风力发电站选址、发电装置选择、可靠性指标、运行指标等方面进行了规定，如表4-8所示。

表4-8　《风力发电厂设计》相关指标

分类	标准要求
选址要求	选址标准： 该地区的地形、对风流阻力的存在和发生的预测、湍流水平、风能资源的质量等进行评估； 地质条件及当地现有基础设施状况密切相关的建设条件； 输电设施建设和技术接入电网的成本，确定TPP设备技术接入的最佳点，限制电力系统热电联产的容量； 地块状况； 交通可达性——考虑到所在地区交通基础设施的条件和偏远； 环境； 其他限制（靠近定居点、航空、通信线路、安全区、文化和考古遗址等）。
风力发电装置的选择规则	选择规则： 特定项目要求（环境空气温度适宜范围、起重机设备等）；设计和技术特性； 结构特点（转子的水平和垂直旋转轴、功率调节系统、风向系统等）； 规格（发电机类型、转子直径和单位装机功率的比转子面积、使用寿命等）； 特定设施选择类型的标准（可再生能源标称能耗的显著值、传输电力的最低成本、哈萨克斯坦共和国全统一能源系统等）、支架高度充分利用风能； 发电厂的建设性准备必须符合一般技术和设计要求；陆地发电站应用的性能和特点（极端温度和空气湿度、满足极端天气条件的发电站类型）； 首选该地区典型风速范围内具有最高风能利用率的可再生能源； 估计年发电量； 公共交通网络运输超大型机组的方案； 供应商进行发电站组件的运输； 提高劳动生产率、工作质量和设备可靠性（使用现成的、可替换的设备、允许在一定条件下测试和调整发电厂、防止动物、鸟类和昆虫进入设备）； 主辅设备、设施是否符合现行规范性文件的要求，通过相应国家标准的相应认证中心或国外认证中心的证书确认。

（续表）

分类	标准要求
可靠性指标	发电站及其结构要素的可靠性指标：最低成本发电。 风力发电厂及其系统的经济效益和可靠性指标：零件出故障平均恢复时间、计划停工维修部件的频率、由于设备故障造成的发电量损失、一个部件的平均维修时间。 发电系统和设备的可靠性：通过设备、网络和主要元件、负载储备和库存储备的单独冗余来保证。 发电站总体可靠性，项目必须考虑到：一条 10 kV 主干线上的发电容量集中在 8 兆瓦以上；为超过 45 兆瓦的发电厂安装两台电网连接变压器；为 5 兆瓦以上的发电站安装两条与电力系统的通信线路；风力发电站控制系统的冗余性。 发电厂的冗余与恢复：易损件和可再生能源装置应被视为存储储备。 发电厂应配备风速监测系统，还应考虑到它们的储存问题。 特别需要制定措施，保护设备免受高压电气装置、雷电及其附件的危险影响，以建立自动控制系统，防止信息获取中的干扰。
运行指标	风力发电厂效率指标：年发电量、所采用的可再生能源类型的利用系数、传输电力的成本。

　　与之相比，我国发电场站标准分散在《风力发电场设计规范》（GBT51096—2015）、《风电场运行指标与评价导则》（NBT 31045—2013）等标准中，关于可靠性指标虽然没有相关标准，然而国家能源局下属电力可靠性管理和工程质量监督中心发布了《风力发电设备可靠性评价规程（试行）》，其中明确了风电发电设备可靠性评价指标。相关规定如表4-9所示。

表 4-9　我国风电场站设计相关指标

分类	标准要求
场址选择	避开不良地质灾害易发生区域； 考虑节约用地，优先利用荒地、劣地及非耕地，满足河湖水域、绿化、高压走廊、文物保护、微波通道、道路等规划的避让要求； 风力发电厂变电站、风力发电机组基础的位置应考虑厂址防洪因素，利用现有防洪设施，并符合相应防洪标准； 场址应处于地质构造相对稳定地段，并与活动性大断裂保持一定安全距离； 建在地震基本烈度 8 度及以下地区，超过时进行专项地质灾害评价。

（续表）

分类	标准要求
风力发电机组选型	选型（结合轮毂高度处平均风速、气候特征、场地地形、技术经济条件、运行检修条件等因素确定）； 安全等级（通过平均风速等进行判定）； 单机容量（根据投资和运行期收益，经技术经济比较后确定）； 地区特征（低温、高海拔等地区选择特定参数的风力发电机组）； 复杂地形场地的场地面积、交通运输条件和地形条件允许下选择大容量风力发电机组； 认证（具备设计、产品、测试认证）； 具备有功和无功功率控制功能； 安全保护功能（顺桨保护、消防保护、锁定保护、外挂保护）；配备助爬器、灭火、逃生装置等。
可靠性指标	风电机组评价指标：计划停运系数（POF）、非计划停运系数（UOF）、可用系数（AF）、运行系数（SF）、容量系数（GCF）、利用系数（UTF）、出力系数（OF）、非计划停运率（UOR）、非计划停运发生率（UOOR）（次/年）、暴露率（EXR）、平均连续可用小时（CAH）（h）、平均无故障可用小时（MTBF）（h）、检修费用（RC）（万元）、非计划停运或受累停运备用电量损失（EL）； 风电场评价指标：风电场可用系数（AFs）、风电场非计划停运系数（UOFs）、风电场利用小时（UTHF）。
运行指标	电量指标：发电量、上网电量、站用电量、利用小时、容量系数； 设备运行指标：风电机组实际可利用率、风电场机组平均无故障工作时间； 运行维护指标：平均修复时间、平均例行维护时间、单位容量运行维护费、度电运行维护费； 电力消耗指标：综合场用电率、站用电率、送出线损率、发电厂用电率。

从哈国与中国风电场站设计指标看，两者在场址选择、发电装置选择、可靠性、设备运行等方面均设置了相关的规则与指标。比较来看，主要存在以下区别：

一是两国均未对指标设定限值。从两国发布的标准等文件内容看，对相关指标仅明确了相应的定义和计算公式，如在哈国《风力发电厂设计》（170_СП РК 4.04-112—2014）中明确"潜在年估计发电量"的计算公式，我国《风力发电设备可靠性评价规程（试行）》明确

"计划停运系数（POF）"的计算公式，然而考虑到风电厂站建造要因地制宜，因此对于指标却并无标准值进行限定。

二是指标侧重点不同，哈国更注重经济因素。相比之下，我国在风电场站建设中更关注安全因素，因此在场址选择中除了土地要求外，还额外考虑了防灾需求，在风力发电机组选型中除了气候、维修、场地、经济条件等一般因素外，特别注重设备安全，包括安全保护功能（顺桨保护、消防保护、锁定保护、外挂保护），配备助爬器、灭火、逃生装置等。相比之下，哈国则更注重建设成本、经济效益以及方案可行性，在场址选择中考虑了输电设施建设和技术接入电网的成本以及交通可达性；在风力发电装置的选择规则中考虑能源利用率、成本效益、发电量、交通运输条件等。

三是哈国指标考虑范围更广，但深度稍显不足。从可靠性指标的设置看，哈国从发电站及其结构要素的可靠性、风力发电场及其系统的经济效益和可靠性、发电系统和设备的可靠性、发电站总体可靠性、发电场的冗余与恢复等方面提出了可靠性要求，并明确提出应配备风速监测系统、建立自动控制系统的要求。相比之下，我国在风电可靠性指标中仅设置了风电机组评价指标和风电场评价指标。然而，从指标内容看，哈国指标尽管范围更广，但指标深度不够，哈国可靠性各方面的指标仅有1～2个，而我国在风电机组评价指标有12个，风电场评价指标有3个。

四是我国明确了指标的采集方式。我国在《风力发电设备可靠性评价规程（试行）》中除了明确可靠性指标内容外，还明确制定了数据填写规定，并设置了机组注册内容报表、机组主设备注册内容、机组月度发电量报表等标准模板，指导企业规范填报；相比之下，哈国并无规范的指标测算程序和模板。

（2）相关建议

一是因地制宜选择机型和建设方案。企业在哈国投资建设风电场站的过程中，要着重重视哈国标准中与我国相异的指标，根据国家特定需求调整风电设备相关技术，如哈国非常重视风电建设成本和运营收益，那么企业就应当围绕降本增效选择合适的机型和建设方案。

二是在指标测算上做好与当地政府的沟通。考虑到哈国在风电标准体系方面的不完善，特别是对于风电设施的建设、运营的落地缺乏具体的细则和流程，因此在建设过程中需要加强与哈国相关政府的沟通联系，明确设计标准的测算方法和相应的报告格式、模板。

五、投资哈萨克斯坦风险分析与应对建议

（一）潜在风险

1. 他国投资可能带来的竞争风险

哈萨克斯坦将外国投资视为国家发展的关键因素，始终将吸引外商投资作为国家发展的重要工作，高度重视改善投资环境，近年来更是大力推动在环保、能源等领域的外资吸引力度，出台了一系列支持政策。总体而言，由于哈萨克斯坦积极的政府结构改革和友好的投资环境，其在经济转型期国家和内陆国家中均有着极高的投资排名。根据联合国贸易和发展会议（贸发会议）的《世界投资报告 2020》数据显示，在全球外国直接投资（FDI）总量减少了三分之一的情况下，哈萨克斯坦吸引的 FDI 净额比去年同期增长 34.9%，在 17 个经济转型国家和 34 个内陆国家中排名第一，其增长主要来自工业投资，包括制造业、运输、电信、金融服务、能源、采矿和其他行业①。虽然中国在哈萨克斯坦投资大幅增长，但在哈萨克斯坦投资来源国中仅排第五，荷兰、美国、英国、法国对哈萨克斯坦的期末投资存量均大于中国，俄罗斯、百慕大群岛、日本、瑞士等对哈萨克斯坦的投资额也较大②。在能源开发利用领域，除中国外，美国、丹麦、土耳其、韩国以及日本等均看好哈萨克斯坦未来发展潜力，积极参与哈萨克斯坦可再生能源的市场竞争。哈萨克斯坦全方位、平衡务实的外交使其与俄罗斯、美国、欧洲、中国等均保持良好关系，在投资政策优惠中并不

---

① 搜狐网：《世界投资报告》显示，哈萨克斯坦吸引外国直接投资增速排名最高。
② 商务部：中国为哈萨克斯坦第五大投资来源国。

偏向任何一方。总体来看，中国在哈萨克斯坦的投资规模并未占据优势，投资综合竞争力也需加强。

2. 法规标准环境带来的政策风险

哈萨克斯坦为促进外商投资，在法律和标准制定上颁发了一系列友好政策，然而囿于哈萨克斯坦国家特性及与我国国情差异的影响，仍存在一些法律法规风险影响投资。

一是投资政策和产业政策变动频繁。哈萨克斯坦外资相关法律出台并未考虑全面，导致在法律出台后需要多次修订进行完善，给外国投资者造成法律不稳定性以及投资制度性风险。如最基本的《投资法》颁布于 1993 年 1 月，但由于法律中存在未明确投资协议概念等问题，给外商投资者带来了很大的问题；为此，在 1993—2015 年期间被多次修订，在 2015 年 12 月又重新修正了《投资法》。而在环保法律方面，截至 2019 年 11 月底，2007 年发布的《环保法典》在 12 年间共修改了 62 次，2017 年底签发的《矿产资源与矿产资源利用法典》也修订了 3 次，如果加上配套行政法规修改次数，更是十分频繁。

二是法规标准制定依赖外来借鉴，部分内容与我国区别较大。受到国家发展历史、经济结构和区域特征影响，哈萨克斯坦在法规和标准制定方面大量采用国际通行法规，在《宪法》中明确规定已经被批准的国际条约优先于国内法，同时在部分缺乏本国标准的行业大量采用国际标准，如坚持采取欧洲联盟的环境标准，因此与我国现行标准可能会有所差异。如哈萨克斯坦《风力发电厂设计》中对风电场站的选址、设备选取就与我国有所差异。此外，在部分行业，哈萨克斯坦法规要更细致，如在含汞废物处理方面，有着具体的国家标准。因此，如果我国投资者不注意两国区别，就有可能引发不必要的经营风险。

三是该国法律越来越重视环保内容。目前哈萨克斯坦非常重视环境保护，在能源、化工等行业的经营中追加了环保相关的要求，在对外资引入中相关环保要求也更加系统和完善。自 2016 年起，哈萨克斯坦逐步禁止使用填埋方式处理钻井废料和垃圾；自 2018 年以来，哈萨克斯坦政府逐步要求油气公司安装排放自动化监测系统，数据同步传送到环保授权机关的信息系统；同时，政府部门频繁地对油气公司进行环保检查①；新《环境保护法》强调不得随意砍伐树木，施工中需要清理现场或沿线的林木时，必须按程序申领许可证，禁止丢弃有害物质和随意放置生产和生活垃圾，禁止油气企业在石油、天然气开采作业中放空燃烧伴生气。

四是执法过程不透明。由于哈萨克斯坦投资政策和产业政策变动频繁、执法部门自由裁量权限大，各地执法机关存在随意执法现象；在同一法律框架下不同执法部门对同一法律规定有不同的解释，哈萨克斯坦政府管理人员中也存在一定比例的选择性执法、倾向性执法行为，或通过刑事调查等手段对企业施加压力来获得诉讼权益。目前已有一些在哈萨克斯坦投资的企业在出口征税等方面被强制纳税或重复缴税。

3. 经济、社会特征带来的经营风险

一是哈国对外国企业制定较为严苛的用工比例。哈萨克斯坦以配额方式限制外籍劳务，且配额逐年递减。根据相关规定，外资企业在哈项目需要选派本国员工赴哈开展工作的，人员数量受到当地劳动许可配额限制，并且需要缴纳一定数额的保证费用（每人约1 000美元）。而哈萨克斯坦当地员工缺乏相应的专业技能，并且由于语言、文化差异在项目实施中工作效率普遍不高，难以完全满足工作要求。

二是哈国国内金融市场尚不成熟。由于哈萨克斯坦国内金融市场融资能力有限，通常无法满足国内可再生能源等规模较大项目的融资需求，因此在哈萨克斯坦投资项目的公司不得不在海外资本市场融资。但项目产出的可再生能源电力却以哈萨克斯坦本国货币"坚戈"结算，增加了项目受汇率波动影响的财务风险。

三是可能发生的抗议和骚乱。2022年元旦以来，受到欧洲液化气价格不断上涨的大环境影响，以及全球通货膨胀刺激，哈萨克斯坦政府在年初决定放开液化气管控，提高价格。而此时由于新冠疫情冲击，

① Постановление Правительства Республики Казахстан от 28 июня 2014 года No 724 "Концепция развития топливно-энергетического комплекса Республики Казахстан до 2030 года".

民众的经济收入下滑，心理上难以接受价格的上涨，从而导致哈萨克斯坦的阿拉木图等城市发生其独立以来规模最大的一起骚乱事件。而受骚乱影响，我国的投资项目可能会受到巨大冲击，企业派往哈萨克斯坦的劳动人员的人身安全也可能受到威胁。

（二）协同解决应对建议

1. 政府层面应对措施

一是加强中哈相关协议框架的落实。目前中哈两国已签订的协定包括：经贸合作协定（1991 年 12 月 22 日）、成立经贸科技合作委员会协定（1992 年 2 月 26 日）、中哈双边投资保护协定（1992 年 8 月 10 日旧版，2011 年 3 月新版）、过境铁路运输协定（1992 年 8 月 10 日）、汽车运输协定（1992 年 9 月 26 日）、司法互助条约（1993 年 1 月 14 日）、航空运输协定（1993 年 10 月 18 日）、科技合作协定（1994 年 12 月 30 日）、利用连云港港口协定（1995 年 9 月 11 日）、银行间合作协议（1996 年 7 月 5 日）、商检协定（1996 年 7 月 5 日）、石油领域合作协定（1997 年 9 月 24 日）、海关合作与互助协定（1997 年 9 年 26 日）、反不正当竞争和反垄断协定（1999 年 11 月 23 日）、避免双重征税协定（2001 年 9 月 12 日）。此外，中哈两国还共同加入了世界贸易组织，共同参与《世界贸易组织协定》等国际公约。因此，在中国"一带一路"和哈国"光明之路"背景下，中哈双方应进一步加强"永久全面战略伙伴关系"，充分发挥中国和哈萨克斯坦合作委员会作用，在经贸、能源、交通、口岸和海关、地质与矿产、科技、金融、环保等各领域协调和解决双边关系中存在的各项问题，提升中方企业竞争力。

二是积极发挥交流平台作用。除了国家层面建立的合作委员会外，还可以发挥特定领域的合作交流组织的作用，如在绿色技术应用推广方面我国为应对《联合国 2030 年可持续发展议程》相关目标建立的绿色技术银行。相关组织应围绕专业领域与哈方相关政府、机构建立常态化交流合作机制，为投资企业在哈国建设项目提供有效途径，同时也减轻哈国政府机构工作强度。国家应大力支持相关部门、协会、企事业单位等发展，在对外交流、技术合作等方面提供政策支持，支持上述组织创新合作模式、推动中哈双方供需对接。

三是健全金融支持体系，提升企业在哈国市场的竞争力。积极利用亚洲基础设施投资银行、丝路基金、中国国家开发银行、中国进出口银行、中信保等金融机构的区域业务优势推动解决中哈"一带一路"项目合作的资金问题，实现互利共赢。探索制定鼓励企业对外投资的税收、信贷和保险一揽子政策措施，特别是在绿色技术推广过程中的金融支持政策，帮助企业在海外发展中提高自身的融资能力和资金安全性。加快国内金融体制改革，探索成熟的"绿色技术＋金融"应用模式，提升中国金融市场开放的广度和深度，为企业"走出去"提供更多的市场化融资渠道和避险产品。

2. 企业层面应对措施

一是建立健全法律风险管理体系。企业应建立权责清晰、结构合理的法律风险管理体系，跟踪研究哈萨克斯坦法律和标准变更情况，提前进行法律和标准风险预判和防控，组织重要法律标准问题研判和普法培训。在投资哈萨克斯坦国内市场时，应做好市场调查工作，全面了解当地税收、移民、劳务等法律法规，特别是在绿色技术应用方面的法规与标准，深入了解其优惠政策、准入限制、操作流程等内容，并做到实时跟踪、解读，未出台法律和标准的，根据哈萨克斯坦参加的标准委员会，参考相关国际标准；深入了解项目业主单位情况、资金来源等背景信息。

二是加强对技术环保性的重视。哈萨克斯坦环保要求日趋严格，中资企业应遵守环保法律，在项目开展前对环境影响进行评估，根据当地的水文、地质、气候、地形、交通等情况制定详细可行的环境保护计划。处理好产生的废液、生活污水和垃圾废料，保护当地生态环境①。同时应不断加强产品的绿色效益，提升产品质量，增加产品附加值，提升我国产品在哈萨克斯坦的品牌形象。

三是遵守当地法律法规和风俗习惯。哈萨克斯坦法律标准及风俗

---

① 商务部：《对外投资合作国别（地区）指南：哈萨克斯坦》（2020 版）。

习惯与我国有较大差异，中国企业在哈萨克斯坦投资应严格遵守哈国相关法律和风俗，如哈萨克斯坦要求的以配额方式限制外籍劳务，投资企业应结合企业自身情况，在充分进行经济效益分析的基础上合理配置劳动力资源。同时，企业也应建立应对政府检查、诉讼维权的机制，在遇到"黑色执法"时，要敢于拿起法律武器，及时向当地执法部门投诉，必要时向中国使领馆寻求帮助。

四是与哈萨克斯坦各方构建良好合作关系。由于哈萨克斯坦各级政府均有较大行政权力，因此企业在哈国投资时要与各级政府、各个部门做好沟通协调，与议会、工会建立良好关系，在与哈方进行对接时，可以通过有经验的专业化第三方合作交流平台型企事业单位，或者聘请有实力、有经验的顾问，协调处理与各级政府部门间的关系和法律事务等。与当地居民营造良好工作氛围，积极参与当地经济文化生活，适当开展宣传中国文化和企业文化的活动等，热衷当地公益事业，与当地居民建立和谐关系。

五是建议涉及哈国重点支持行业的企业加强在哈投资。从哈国发展阶段看，仍处于推动基础设施建设更新、大力发展国家经济的阶段，由于该国尚不具有完备的产业全链，同时受到国家人口、气候、面积、土地等因素影响，哈萨克斯坦的行业发展主要聚焦在采矿业、农业、电力、天然气等方面，因此涉及该类企业去往乌兹别克斯坦投资在投资环境等方面具有更好的优势。

第五篇 乌兹别克斯坦

一、概述

　　乌兹别克斯坦共和国（以下简称"乌兹别克斯坦"）是一个位于中亚的双重内陆国，经济发展态势良好，政治局势稳定。在地理位置上，其位于亚洲中部，西北濒临咸海，与哈萨克斯坦、吉尔吉斯斯坦、塔吉克斯坦、土库曼斯坦和阿富汗毗邻[①]，是亚洲中部地区重要组成国家之一；国家规模上，乌兹别克斯坦国土总面积约为44.89万平方千米，人口按照外交部最新数据，为3 486万人（截至2021年6月），130多个民族中以乌兹别克族为主（占比80%），其次为俄罗斯族（占比5.5%）和塔吉克族（占比4%）[②]；经济发展上，2020年乌兹别克斯坦GDP约为576.99亿美元，同比增长1.6%，尽管乌兹别克斯坦也受到新冠疫情影响，但由于及时采取有针对性的防疫措施，使大多数企业迅速恢复生产，同时该国农业和建筑业等行业快速发展，弥补了一些行业下滑造成的损失，所以经济仍保持良好增长态势。从近几年的发展看，由于乌兹别克斯坦采取了一系列经济改革措施，包括取消外汇兑换管制、降低税负以及对引进外资给予优惠[③]，2017年至2019年，乌兹别克斯坦经济保持快速增长；2021年继续推进各项政策，亚洲开发银行预计2022年乌兹别克斯坦经济增长为5%[④]；产业结构上，乌兹别克斯坦盛产"四金"：黄金、"白金"（棉花）、"乌金"（石油）、"蓝金"（天然气），是国民经济主要支柱产业；政治环境上，乌兹别克斯坦为总统制，目前总统为沙夫卡特·米罗莫诺维奇·米尔济约耶夫，并提出"乌兹别克斯坦发展模式"建设国家的"五项原则"：经济优先、国家调控、法律至上、循序渐进和社会保障，总体政局平稳，同时在外交上奉行独立和平衡的外交政策，与俄罗斯、美国、中国、日韩、欧盟和中亚国家都有着良好的外交关系。

---

① 百度百科：乌兹别克斯坦（最近更新时间：2021年12月）。
② 外交部：乌兹别克斯坦国家概况（最近更新时间：2021年7月）。
③ 新华网客户端：乌兹别克斯坦2020年经济增长1.6%。
④ 走出去导航网：亚行调低乌2021年经济增长预期。

　　乌兹别克斯坦与世界各国和地区建立贸易关系，并积极吸引外资。在国际合作方面，乌兹别克斯坦是中亚合作组织、上海合作组织等国际和地区组织成员，已加入国际货币基金组织、世界银行、欧洲复兴开发银行、亚洲开发银行、伊斯兰银行、亚洲基础设施投资银行等国际金融组织；虽然目前乌兹别克斯坦尚未加入世界贸易组织，但对加入该组织态度积极。此外，乌兹别克斯坦政府高层自 2019 年下半年开始讨论成为欧亚经济联盟观察员国的可能性。乌兹别克斯坦也与所有独联体成员国签订双边自由贸易协议，加入独联体自贸区协定，相互免征进口关税，与土库曼斯坦按两国确定的商品清单执行免税政策。为了进一步吸引外资，乌兹别克斯坦颁布了《外资法》《外国投资权益保障和维护措施》等法规和《关于促进吸引外国直接投资补充措施》等相关法令，吸引外资也成为乌兹别克斯坦各级政府的主要任务，亦成为各级政府考核和官员任免的重要指标。2019 年 12 月 25 日，乌兹别克斯坦总统米尔济约耶夫签署《投资和投资活动法》，以法律的形式确保投资者私有财产不受侵犯，进一步提高了各国投资者的积极性。总体而言，乌兹别克斯坦对外实行开放政策，对内积极改革，目前已成为中亚地区最具投资前景的国家之一。

　　乌兹别克斯坦是"一带一路"建设重要支点国家。2013 年 9 月，习近平主席访问中亚期间，提出共同建设丝绸之路经济带的倡议，得到包括乌兹别克斯坦在内的国际社会广泛支持和积极响应。2016 年 6 月，习近平主席对乌兹别克斯坦进行国事访问期间，同乌兹别克斯坦首任总统卡里莫夫共同决定把中乌关系提升为全面战略伙伴关系，标志着两国关系发展进入了快车道。2017 年 5 月，乌兹别克斯坦现任总统米尔济约耶夫对中国进行国事访问并参加"一带一路"国际合作高峰论坛，两国关系进入全新阶段。目前，中乌关系处于最好时期，政治互信、互利合作、战略协调全面推进，各领域务实合作不断取得丰硕成果。中国是乌兹别克斯坦第一大贸易伙伴国和第一大投资来源国。据数据显示，2020 年中乌双边贸易额约 64.25 亿美元，占乌外贸总额的 17.7%。中国已经稳居乌第一大贸易伙伴国位置。在"一带一路"建设的背景下,对于走出国门的中国投资者而言,赴乌投资正当其时。而在绿色技术合作与推广方面,乌兹别克斯坦总统在 2019 年批准了《2019—2030 年乌兹别克斯坦向绿色经济过渡战略》,明确提出推动经济绿色低碳转型,绿色技术的需求日益强烈,鉴于中国企业在"走出去"的过程中,对乌兹别克斯坦的法律政策与技术标准等尚不够熟悉,为此随着中乌两国之间的绿色技术转移转化交流活动的日益频繁,研究乌兹别克斯坦绿色技术法律政策与技术标准,并与中国现行相关法律政策和标准进行对比,为企业推进"绿色技术走出去"提供指导,具有重要的理论和现实意义。

二、法律政策体系概况

(一) 整体概况

乌兹别克斯坦法律属于大陆法系,其法律由宪法、法典、普通法、总统令、部长内阁决议和指示、各部门和机构的规范性条例等各种形式的文件组成。在司法管理方面,根据该国《宪法》规定,乌兹别克斯坦司法权的行使独立于立法权、执行权、政党和其他社会团体。乌兹别克斯坦司法系统由宪法法院、最高法院、经济法院、民事和刑事法院、军事法院等构成。其中乌兹别克斯坦共和国最高法院是民事、刑事和行政诉讼领域最高审判机关。

乌兹别克斯坦整体法律法规比较健全,且与中国建立了良好的投资合作伙伴关系。在投资方面,乌兹别克斯坦相关法律法规主要有《宪法》《对外经济活动法》《出口监督法》《自由经济区法》《租让合同法》《产品分成协议法》《保护措施、反倾销及补偿关税法》《关税税率法》《外国投资法》《外国投资权益保障和维护措施》《保证企业经营自由法》等法律,《关于进一步完善化工公司进出口业务的总统令》《关于进一步实现外贸自由化和支持企业主体的总统令》《关于外汇政策自由化优先措施的总统令》《关于促进吸引外国直接投资补充措施的总统令》《鼓励吸引外国私人直接投资的补充措施的决议》等总统令以及《2017—

2021 年乌兹别克斯坦五大优先发展领域行动战略》《2016—2020 年水电发展纲要》等法令文件。此外，中国和乌兹别克斯坦共和国自 1992 年建交以来，双方关系发展良好，合作规模不断扩大，合作领域不断拓宽，在能源、工程、贸易、房地产开发等领域开展了一系列卓有成效的合作。两国政府为鼓励两国企业的投资和贸易往来，陆续签署了《关于鼓励和相互保护投资协定》（1992）、《中国政府与乌兹别克斯坦政府经济贸易协定》（1992）、《关于建立政府间经贸合作委员会的协定》（1992）、《关于避免双重征税和防止偷漏税的协定》（1996）、《中国政府与乌兹别克斯坦政府经济技术合作协定》（2017）等友好协定。中乌双方在友好协定的框架内相互鼓励投资、促进合作、互惠互利。在环境保护方面，乌兹别克斯坦相关法律法规包括 1993 年生效的《环保法》，主要规定了环境保护的责任安排，政府机构在环保中的作用及发生环境污染时的处理原则和方式，对违反环保政策主体的行政处罚等①；此外，还有部门法及专业领域的相关规定，主要包括《大气保护法》《牧场法》《乌兹别克斯坦自然保护法》《乌兹别克斯坦森林法》等。在知识产权方面，乌兹别克斯坦相关法律法规包括《知识产权法》《商标法》《专利法》等②。

（二）绿色发展现状

1. 生态环境现状

乌兹别克斯坦的总体生态环境在中亚地区现状良好，但因基础设施老旧，存在一定的环境污染问题。根据耶鲁大学发布的《2020 全球环境绩效指数报告》，乌兹别克斯坦的环境绩效指数在全球 180 个国家和地区中仅排名第 88 位，其中污染排放得分 70.9（排名第 70 位），重金属得分 52.0（排名第 77 位），生物多样性和栖息地得分 37.6（排名第 140 位）③，详见表 5-1。然而随着乌兹别克斯坦经济，特别是农

---

① 杨进、王语懿：《中亚国家能源资源开发中的环保法规：体系、特征及国家治理》，《俄罗斯学刊》，2021,11（05）：64—78。

② 陈文露：《乌兹别克斯坦知识产权法的研究》，《新疆大学》，2020. DOI：10.27429/d. cnki. gxjdu. 2020. 000273。

③ WENDLING Z A, EMERSON J W, DE SHERBININ A, et al. 2020 Environmental Performance Index[R]. New Haven, CT：Yale Center for Environmental Law & Policy. epi. yale. edu，2020。

业和工业的进一步发展，以及随着乌兹别克斯坦现有基础设施老旧带来的问题，未来乌兹别克斯坦的环境污染问题将越来越受到重视。乌兹别克斯坦环境问题主要为能源和水资源方面。

表 5-1　乌兹别克斯坦环境绩效

指标	排名	得分
环境绩效	88	44.3
其中：	—	—
重金属	77	52
生物多样性和栖息地	140	37.6
生态系统服务	27	70.4
污染排放	70	70.9

乌兹别克斯坦整体碳排放水平目前较高。乌兹别克斯坦拥有丰富的石油、天然气资源，其国内用电中85%的电力来自天然气，其余则是水电。然而乌兹别克斯坦境内天然气电厂大都是40～50年的老旧电厂，平均发电效率在35%左右；此外变电站输变电线路设施也在30年以上，导致能量损失在30%以上。由此使得乌兹别克斯坦人均碳排放大大提升，达7.5吨，高于全球平均水平；同时电力供应不稳定，尤其是负荷高峰的冬季、农村边远地区，每天都可能停电几个小时[①]。

乌兹别克斯坦水资源利用不合理和水资源污染等问题，是加剧其水资源匮乏的原因之一。乌兹别克斯坦属于水资源极其匮乏的国家，人均水资源量仅为702 m^3（联合国标准为1 700 m^3/人），约87%的领土严重缺水。除了由于大陆性气候带来的降水量少和可控水资源有限的原因外，水资源利用不合理和水资源污染也是重要原因。水资源利用方面，乌兹别克斯坦水利设施总体效率不高，供水设施年久失修和总量不足的问题都使大量水资源浪费；国内州与州之间，州内各地区间也缺乏用水分配的统一规划和协调统筹，使缺水问题日益加剧。水

---

① 翟永平：《乌兹别克斯坦发展的"四个维度""三难挑战""两个创新"和"一个突破口"》，https://www.163.com/dy/article/ESL2L4QE05509P99.html。

资源污染方面,咸海的生态问题造成水量减少,同时过高的含盐量也严重影响了居民用水品质;此外,大量的农业灌溉渗水、生活废水也对地表水造成了严重污染,从而导致可利用的水资源越来越少。

2. 绿色发展战略

鉴于可见的污染问题,乌兹别克斯坦近年来十分注意生态环保,并将绿色发展作为国家经济和社会结构调整的重要方向。在总体战略方面,2019 年 10 月乌兹别克斯坦沙夫卡特·米尔济约耶夫总统批准的《2019—2030 年乌兹别克斯坦向绿色经济过渡战略》明确制定了绿色经济发展目标:将单位国内生产总值温室气体排放量降低 10%(相比 2010 年),使可再生能源的份额达到总发电量的 25% 以上,保证所有居民和经济活动各领域均能获得现代化、廉价、可靠的能源供应,发展电气化交通,在 100 万公顷土地上引入滴灌技术并保证农作物增产 20% 至 40% 等[1]。此外,乌兹别克斯坦在电力、农业等重点领域分别制定了专门的发展战略,其中也对绿色化发展提出了明确目标。2020 年,乌兹别克斯坦发布了《2020—2030 年的电力发展战略》,明确提出要推动现有电厂的现代化和改造,利用节能发电技术建设新的发电项目,并促进燃料多样化和可再生能源特别是太阳能的发展。根据该文件,到 2030 年乌兹别克斯坦将在电力方面实现:天然气消耗量从 165 亿立方米减少到 121 亿立方米;传输损耗降低到 2.35%,配电损耗降低到 6.5%,而在新增容量中,太阳能发电厂将占 5 吉瓦,风力发电场将占 3 吉瓦,可再生能源将占电力容量的 1/4 以上[2]。2020 年 7 月,乌兹别克斯坦总统签署了《关于批准乌兹别克斯坦 2020—2030 年水利发展构想》。根据该文件总体目标,未来 10 年中将为居民和经济的各个部门稳定供水,改善灌溉土地的土壤改良状况,在水资源管理中广泛采用市场原则、机制和数字技术,确保水利设施的可靠运行,以及提高土地和水利资源的利用效果。具体来看,该国

---

① 乌总统批准《2019—2030 年乌兹别克斯坦向绿色经济过渡战略》,http://uz. mofcom. gov. cn/article/jmxw/201910/20191002905738. shtml。

② 乌兹别克斯坦公布未来 10 年的电力发展战略,大力推进可再生能源,https://baijiahao. baidu. com/s? id=1665771682979394743&wfr=spider&for=pc。

在节水方面将实现以下目标：将灌溉系统的效率系数从 0.63 提高到 0.73；将盐碱土地减少 22.6 万公顷；将水利部系统的泵站的年用电量减少 25％；在水量核算过程中引入数字技术，在灌溉系统的所有设施上安装"智能水"测量和控制设备；促使 100 个大型水利设施的水管理流程自动化；将作物灌溉节水技术所覆盖的土地总面积增加到 200 万公顷，其中滴灌技术达到 60 万公顷①。

3. 与"一带一路"合作

乌兹别克斯坦是"一带一路"建设的重要合作伙伴。乌兹别克斯坦地处欧亚大陆的中心地带，也是中国—中亚—西亚经济走廊的重要组成部分。2013 年，自中方提出共建丝绸之路经济带倡议以来，乌兹别克斯坦成为最先响应的国家之一，积极参与中方制定的"一带一路"规划；同年两国签署了《中乌关于进一步发展和深化战略伙伴关系的联合宣言》和《中乌友好合作条约》，加强在经贸、能源、投融资、汉语教学等多个领域的合作。2016 年，乌兹别克斯坦原总统卡里莫夫访华并表示会积极参与到丝绸之路经济带和亚洲基础设施投资银行的建设与发展中，并作为亚洲基础设施投资银行的创始成员国与中国共同开展"一带一路"倡议下的各项合作。2016 年，现任总统沙夫卡特·米尔济约耶夫基本沿用了卡里莫夫的外交策略，继续与中国加强合作。目前中乌双方的合作涉及基础设施、农业、能源等多个领域，项目包括：有乌兹别克斯坦"总统一号工程"和"中亚第一长隧"之称的安格连—帕普铁路隧道（卡姆奇克隧道）、布哈拉州公路网升级改造项目、撒马尔罕州 100 兆瓦光伏电站建设项目、布哈拉州供水和排水工程、卡拉卡尔帕克斯坦自治共和国和霍雷兹姆州供水和卫生项目、锡尔河州鹏盛工业园等②。

随着我国日益重视绿色发展，"一带一路"已成为保护生态环境、

---

① 乌总统签署《关于批准乌兹别克斯坦 2020—2030 年水利发展构想》，https://baijiahao.baidu.com/s? id=16721715091376735526&wfr=spider&for=pc。

② 胡必亮、冯芃栋：《"一带一路"倡议下的国际区域经济合作机制建设——以中国-乌兹别克斯坦合作为例》，《广西师范大学学报（哲学社会科学版）》，2020（5）。DOI：10.16088/j.issn.1001—6597.2020.05.011。

造福沿线人民福祉的绿色之路[①]。2015 年，我国发布的《推动共建丝绸之路经济带和 21 世纪海上丝绸之路的愿景与行动》明确指出要重点突出生态文明的发展理念，在生态环境保护、保护生物多样性和应对日益严峻的气候条件恶化等方面，坚持以保护人类共有的生存环境为出发点，建设绿色丝绸之路。2017 年，我国环境保护部、外交部、国家发展和改革委员会、商务部四部委联合印发《关于推进绿色"一带一路"建设的指导意见》，环保部发布《"一带一路"生态环境保护合作规划》，上述文件为落实打造绿色"丝绸之路"提供了路线图和施工图，提出从六个方面重点推进生态环保合作（深化环境污染治理，推进生态保护，加强核与辐射安全，加强生态环保科技创新，推进环境公约履约，鼓励分享重点领域的成功经验及良好实践），要求将绿色发展全面融入"政策沟通、设施联通、贸易畅通、资金融通、民心相通"的具体任务和措施。2019 年，在召开的第二届"一带一路"国际合作高峰论坛上，习近平主席指出"要坚持开放、绿色、廉洁理念，把绿色作为底色，推动绿色基础设施建设、绿色投资、绿色金融，保护好我们赖以生存的共同家园"。2021 年 6 月，"一带一路"亚太区域国际合作高级别会议发起绿色发展伙伴关系倡议，号召国际社会加强防疫抗疫合作、寻找全球经济复苏动力、通过实现绿色和可持续发展为人类增进福祉。

乌兹别克斯坦积极响应绿色"一带一路"建设。2019 年 4 月，中国生态环境部与乌兹别克斯坦等中外合作伙伴共同宣布成立绿色发展国际联盟和生态环保大数据服务平台。2021 年 6 月，乌兹别克斯坦等中亚五国同其他数十个国家与中国共同发起"一带一路"绿色发展伙伴关系倡议，倡议对今后绿色合作的重点方向进行了详细阐释和说明。在绿色项目和技术方面，2019 年我国与乌兹别克斯坦合资共建布哈拉风力发电站，我国绿色技术相关研究机构也积极推动与乌兹别克斯坦政府的合作，中科院西北生态环境资源研究院在乌兹别克斯坦土地盐

[①] 孙琪、曹燕：《乌兹别克斯坦、土库曼斯坦与我国标准化法比较浅析》，《新疆标准化 2020 年》，[出版者不详]，2020：162—166。DOI：10.26914/c.cnkihy.2020.017039。

碱化程度较高的地区推广耐盐小麦品种。基于绿色"一带一路"，中乌双方在政策和项目等方面合作不断加深①。

三、绿色技术相关重点法律政策研究

绿色技术相关法律包括绿色技术转移转化全生命周期涉及的法律法规。鉴于绿色技术相关法律的范围定义较为宽泛，因此，本文仅研究与绿色技术关联程度高且较为重要的法律政策。绿色技术相关法律政策主要体现在绿色技术本身的保护问题，绿色技术落地过程中所涉及的法律问题以及后续涉及绿色技术应用所带来的环境社会影响。绿色技术相关法律主要涉及"绿色"法，主要包括《乌兹别克斯坦自然保护法》《乌兹别克斯坦森林法》《乌兹别克斯坦水及水资源利用法》《可再生能源法》等；另一方面涉及"技术"法，主要包括《知识产权法》等；同时还包括绿色技术落地转化相关法律，主要包括《投资法》《公司法》《税法》等。本文选取乌兹别克斯坦《投资和投资活动法》《乌兹别克斯坦共和国自然保护法》《可再生能源法》，分别作为投资领域法律、绿色领域法律以及技术领域法律（包括中乌投资政策）的重点进行介绍。

（一）投资和投资活动法

为进一步吸引外商投资，2019 年 12 月 25 日乌兹别克斯坦总统米尔济约耶夫签署了《投资和投资活动法》。此法的签署，正式宣告乌兹别克斯坦外商投资领域施行 20 余年的《外商投资法》《外国投资人权利保障和保护措施》《投资活动法》三部法律退出历史舞台。选择在圣诞节签署这部牵动外国投资人目光的重要法律，无疑昭示着乌兹别克斯坦向世界宣告其大力优化营商环境、加大外资引进力度的决心。

1. 总体框架

乌兹别克斯坦《投资和投资活动法》共 12 章、69 条。该法规规

---

① 李睿思：《全球治理视角下中国与中亚地区绿色合作：现状与前景》，《北方论丛》，2022（01）：63—72。DOI：10.13761/j.cnki.cn23—1073/c.2022.01.006。

定了投资行为、投资保护、投资管理、投资促进、投资优惠政策、外商投资、对外投资等基本制度，主要有以下特点：

明确"法不溯及既往"的法律适用原则，给予投资人稳定可预期的法律环境。《投资和投资活动法》规定，如果新的法律规定存在以下情况：①导致跨境投资汇返程序更复杂或可汇返的投资收益降低；②设定更高或更低的投资限额；③限制外国投资人参与公司治理的权利；④导致外国投资人办理签证的程序更加复杂化；⑤或对外商投资设定其他额外要求，那么自投资之日起 10 年内该项目仍适用对投资人有利的旧法。同时投资人有权选择适用新法中对投资人更有利的条款。此外，《投资和投资活动法》进一步规定，如果该法与乌兹别克斯坦其他法规乃至乌兹别克斯坦签署的国际条约规定不一致时，应当适用对投资人更有利的规定。

保留原"外资三法"投资优惠政策并新增两项投资优惠措施。与原"外资三法"类似，《投资和投资活动法》明确规定，根据投资项目的投资额、投资地点条件、社会经济效益、新增就业岗位、项目行业等因素，投资项目可享受由乌兹别克斯坦政府内阁或地方首脑在相应的法定职权范围内决定并适用的三种主要投资优惠措施：①乌兹别克斯坦国有资产无偿划拨或以优惠价格出让给投资人；②税收优惠；③贷款利率贴息。此外，除了内资、外资企业一体适用的税收优惠措施外，无线电元器件制造业、轻工业、纺织、建筑材料、食品、化工、医药、新能源电站、煤矿等法定的 21 个产业的私人外商投资企业，满足 7 个基本条件的：①在有限责任公司中，私人外商投资股权不低于33%，而在股份公司中，不低于 15%；②私人外商投资企业应当以享受优惠政策的经营活动作为主业；③除旅游业和废物处理业等个别行业外，其余行业的私人外商投资企业的所在地不得位于首都塔什干市或塔什干区；④乌兹别克斯坦政府不对私人外商投资提供担保；⑤不得是外国国有企业进行的投资；⑥私人外国投资人的出资形式应当是可自由兑换货币或新型技术设备；⑦税收减免额的 50% 以上应当用于再投资活动，还可享受特殊税收优惠——根据其投资额享有 3 年至

7 年不等的特别税收优惠期，在优惠期内该私人外商投资企业免于缴纳增值税、财产税等税费。另外，该法在原"外资三法"规定的投资优惠措施外，还新增了适用于内资和外资的投资税收贷款、投资补贴两类优惠措施。其中投资税收贷款是一种变更纳税义务履行期的优惠措施，是指投资人可以在一定期限内暂时降低其税负，当上述优惠期届满时逐步将先期暂未缴纳税款予以补缴，从而降低初创企业的税负。

明确获得法定以外的投资特殊优惠条件应当与中央政府签订投资协议。除了统一适用于内资、外资投资人的投资优惠条件外，《投资和投资活动法》还规定了外国投资人获得特殊优惠条件的路径。乌兹别克斯坦于 2012 年确定无线电元器件制造业、轻工业、纺织、建筑材料、食品、化工、医药、新能源电站、煤矿等 20 个产业为本国优先发展产业。投资这 20 个优先发展产业的外国投资人，以及乌兹别克斯坦政府认可的优先发展项目的外国投资人，如有意在法定的投资优惠条件外，获得诸如额外税收优惠、额外财政补贴、财政担保等其他特殊优惠条件，则应当与乌兹别克斯坦政府签署投资协议。另外该国在《投资和投资活动法》中也首次明确了投资协议的必备条款，主要包括：①项目情况、投资额及项目期限；②投资人权利义务，包括出资、本地化、出口比例、技术标准、项目融资和实施报告等；③政府权利义务，包括提供特殊优惠条件的范围、期限和进度等；④以及其他法律条款，包括双方违约责任、反腐败条款、反垄断条款、变更、终止和争议解决等。根据该法，希望获得特殊优惠条件的外国投资人，应当独立或与地方主管机关共同向乌兹别克斯坦投资和对外贸易部提出申请，申请材料应当包括投资人起草的投资协议草稿，以及项目商业计划书，必要时还需准备技术经济分析报告并由主管机关批准。乌兹别克斯坦投资和对外贸易部就项目的合法性、财务经济指标会商有关部门后，最终报请乌兹别克斯坦政府批准签署投资协议。

《投资和投资活动法》对投资争端解决机制进行了修改。原《外国投资人权利保障和保护措施》规定，直接或间接与外商投资相关的争端称为"投资争端"，可以由双方协商解决。协商不成的，应当由乌兹别克斯坦经济法院，或乌兹别克斯坦缔结的国际条约规定的仲裁程序解决。原《外国投资人权利保障和保护措施》下，"投资争端"的涵射范围甚广，从字面上可能扩张解释为外国投资人因投资活动产生的任何争议，甚至包括乌兹别克斯坦境内商事争议，超出了一般国际投资仲裁语境下"投资争端"的应有之义。新修订的《投资和投资活动法》将"投资争端"修改为与外商投资有关、且因外国投资人从事投资活动而在乌兹别克斯坦境内产生的争端，基本符合乌兹别克斯坦与主要投资来源国 BIT 中界定"投资"和"投资争端"的惯例。而不同于原《外国投资人权利保障和保护措施》的协商、诉讼/仲裁两级争端解决机制，《投资和投资活动法》第 63 条新设置了四级投资争端解决制度，按照该制度流程：①双方产生投资争端后，应当首先通过谈判协商解决；②协商不成的应当通过调解解决；③调解不成的，应当由乌兹别克斯坦有管辖权的法院判决；④而当协商、调解和法院审理均无法解决投资争端的，才可以将投资争端按照乌兹别克斯坦缔结的国际条约、投资协议规定提交国际仲裁。

2. 重点条文及优惠政策

《投资和投资活动法》关于绿色技术的重点条文主要是关于对采用新型技术设备企业的投资优惠。主要内容包括：对采用新型技术设备的企业根据其投资额享有 3 年至 7 年不等的特别税收优惠期，在优惠期内该私人外商投资企业免于缴纳增值税、财产税等税费。外资企业如果投资的金额越大，乌兹别克斯坦政府给予的优惠也就越多，鼓励外国资本在高新技术、交通领域进行投资。乌兹别克斯坦优先发展高新技术和创新领域，其发展目标是建设工业技术园区、科学创新集群和自由经济贸易区。

乌兹别克斯坦对绿色技术的引进优惠力度大。乌兹别克斯坦《可再生能源使用法》规定可再生能源包括太阳能、风能、地热能、水能、生物能。乌能源部对可再生能源的利用全权负责。可再生能源生产设备的科技和创新保障由国家机关与科学院共同负责。可再生能源的生产者可享受免交固定资产税和土地税的优惠政策，土地税指可再生能源设备所占用土地的税费，自设备运行之日起享受十年免税政策。可再生能源设备生产者自正式注册之日起，可享受五年免除所有税费的优惠政策。使用可再生能源的自然人，即其住宅内切断一切现有能源而改用可再生能源，自使用当月起，可享受 3 年免税政策，免交土地税、个人固定资产税。

对于绿色技术的投资引进，乌兹别克斯坦已取得较好成效。根据乌详实网 2019 年 11 月 20 日报道，乌科学院微生物研究所和乌美合资企业绿色生物技术（Green biotech LLC）专家联合研制出新一代生物肥料（Fosstim）和生物激素（Rizokom）。测试结果显示，该肥料降低了土壤和植物的污染水平，提高了盐碱地肥力，灌溉用水量节省了30%。据乌创新发展部消息，美国生物技术投资公司（Biotech Invest Group LLC）为该项目投资金额为 96 亿苏姆（约 101 万美元）。据估计，生产新肥料的年收入将达到 75 亿苏姆（约 79 万美元）。乌兹别克斯坦共和国与我国京天集团达成包括建筑技术、节能、环保等领域的一系列合作意愿。2018 年 11 月，京天集团与乌兹别克斯坦国家节能公司签署了《合作备忘录》，双方将在节能、环保技术与研究领域进行合作，并共同实施"Ohangaron 绿色城市"项目。"Ohangaron 绿色城市"项目位于乌兹别克斯坦 Ohangaron（阿汉加兰）市，采用天然气热电联供技术 + 余热回收技术 + 可再生能源技术建设 5 座清洁能源站，为居民住宅、办公、学校、医院、工业园区等提供采暖、电力、蒸汽需求。项目总投资 8 744 万美元，装机总发电量 59 MW，总供能面积257. 96 万平方米，年收益 1 641 万美元。

3. 比较研究

一是中乌两国的投资法都具有一定的系统性和完整性。对比《中华人民共和国外商投资法》，我国法律规定主要体现在四个方面：投资促进、投资保护、投资管理、法律责任，例如国务院颁布的《中华人民共和国外商投资法实施条例》以及各省级政府、人大常委会制定的符合各地实际情况的外商投资规范。乌兹别克斯坦的外商投资法基本上形成以基本法律为基础，以总统令和内阁文件为补充的优惠投资框架，明确了外国投资者赴乌兹别克斯坦的权利与义务，外国投资者有权根据新的政策法规出台后选择对自身更加有利的法律规定，但是法律法规涉及国家安全、社会发展以及为了保护环境而导致的法律变更不在此列，在这一点上与我国的法律规定相似。

二是投资限制和鼓励方式不同，乌国注重促进产业更新。在外商投资领域的管理方面，中国投资领域方面采取负面清单制度，明确鼓励领域和态度；乌兹别克斯坦在投资限制上并没有明确负面清单制度，主要明确的是有利于产业更新的优惠措施，主要有以下四个特点：①鼓励那些进行生产的外资企业，尤其是矿产冶金工业行业；②外资企业如果投资金额越大，乌兹别克斯坦政府能够给予的优惠也就越多；③鼓励外国资本在高新技术、交通等领域的投资；④鼓励对乌兹别克斯坦本国的小企业进行投资。中国外商投资准入负面清单（以下简称"负面清单"）由国务院投资主管部门会同国务院商务主管部门等有关部门提出，报国务院发布或者报国务院批准后由国务院投资主管部门、商务主管部门发布，乌兹别克斯坦关于鼓励行业的规定由内阁确定，投资和对外贸易部及地方投资和外贸外经主管部门发布。

三是两国立法体系不同所导致的相关投资法律的稳定性与内容的侧重点有所不同。我国的外商投资法律制度体系包括法律、法规、部门规章和相关司法解释，其中部门规章占据了很大的比例，形成了以外商投资领域法律法规、产业政策、部门规章和规范性文件组合运作的外商投资法律制度，这是我国外商投资法律制度的一大特色，在我国就法的效力位阶而言上位法优于下位法，因此，法律优于法规，部门规章优于地方性法规。乌兹别克斯坦政府所出台的总统令和内阁文件更迭频繁，在吸引投资时，随着外资投入水平的深度增加，乌兹别克斯坦相关法律政策存在不确定性。例如，取消原有的优惠政策或进行新的解读，不同的政策解读对于企业在乌兹别克斯坦的投资会增加不必要成本。虽然乌兹别克斯坦已逐渐形成以基本法为基础、以总统令及内阁文件为补充的法律体系来保障外国投资者的相关权益，但在实际执行的过程中，法律的效力远低于总统令和内阁文件，导致政策多变，法律所固有的强制性降低，出现总统令、内阁文件前后矛盾。

法律和政策一致性及持续性是吸引投资者的重要因素，因此，法律、政策的多变已成为乌兹别克斯坦在吸引投资者方面的制约因素。

四是两国针对外资企业税收方面的优惠政策存在区别。乌兹别克斯坦由于产业体系尚未完善，因此在优惠政策上聚焦重点发展企业，如石油和天然气开采和提纯、纺织行业等。此外，对于可计提折旧资产也针对投资项目内的设施设备提供了一定的扣除，在一些自由经济区内还额外设立了免税优惠。相比之下，我国目前产业发展已基本成熟，体系化已见成效，因此并无针对外资企业的投资优惠政策，目前内外资企业一视同仁。而为了增强市场活力以及在部分重点发展领域，设立了相关优惠政策，如对于小型微利企业和高新技术企业制定了企业所得税减免，对于符合《环境保护、节能节水项目企业所得税优惠目录》《资源综合利用企业所得税优惠目录》要求的企业施行前三年免征企业所得税，后三年减半征收企业所得税的优惠；对于纳入《鼓励外商投资目录》（2020 版）的企业，如绿色农畜产品（乳、肉、绒、皮毛、粮油、马铃薯、果蔬）生产加工、绿色食品生产等，进行企业所得税减少 15% 的优惠。此外，我国也更注重在营商环境的培育上为企业提供更好的服务，如进一步减少外资准入限制、完善国家级开发区综合投资环境等，详见表 5-2。

表 5-2　乌中关于外资企业所得税优惠政策比较

乌兹别克斯坦	中国
石油和天然气开采和提纯： 从事石油和天然气提纯的合资企业，包括从事开采的非居民企业享受 7 年的企业所得税免税期，自提纯开始日享受。	符合条件的小型微利企业，减按 20% 的税率征收企业所得税。
纺织行业： 自 2020 年 1 月 1 日起，企业购置用于建设纺织、服装、针织品、皮革、鞋类、毛皮等行业现代化清洁污水设备的投资额，可连续 7 年抵扣企业所得税应纳税所得额。	国家需要重点扶持的高新技术企业，减按 15% 的税率征收企业所得税。

（续表）

乌兹别克斯坦	中国
投资扣除： 自 2020 年 1 月 1 日起，用于可计提折旧资产的投资可税前扣除，投资扣除额度为： ① 投资项目框架内的新技术设备、现代化改造、生产技术改造、国产软件采购等费用的 10%； ② 用于生产需要的新建、改建建筑物和构筑物成本的 5%。	小型微利企业： 年应纳税所得额不超过 100 万元的部分，减按 25% 计入应纳税所得额，按 20% 的税率缴纳企业所得税，再减半征收企业所得税；对年应纳税所得额超过 100 万元但不超过 300 万元的部分，减按 50% 计入应纳税所得额，按 20% 的税率缴纳企业所得税。
自由经济区： 采用统一税制和海关关税制，规定在自由经济区设立的企业，包括纳沃伊自由经济区、安格连自由经济区、吉扎克自由经济区、锡尔河自由经济区等 22 个自由经济区，免交企业所得税。 ① 投资金额在 30 万到 300 万美元之间，免税期为 3 年； ② 投资金额在 300 万到 500 万美元之间，免税期为 5 年； ③ 投资金额在 500 万到 1 000 万美元之间，免税期为 7 年； ④ 投资金额超过 1 000 万美元，免税期 10 年，且在接下来的 5 年内，享受企业所得税税率减半政策。	企业从事下列项目的所得，免征企业所得税： ① 蔬菜、谷物、薯类、油料、豆类、棉花、麻类、糖料、水果、坚果的种植； ② 农作物新品种的选育； ③ 中药材的种植； ④ 林木的培育和种植； ⑤ 牲畜、家禽的饲养； ⑥ 林产品的采集； ⑦ 灌溉、农产品初加工、兽医、农技推广、农机作业和维修等农、林、牧、渔服务业项目； ⑧ 远洋捕捞。
	企业从事下列项目的所得，减半征收企业所得税： ① 花卉、茶以及其他饮料作物和香料作物的种植； ② 海水养殖、内陆养殖。 企业从事国家限制和禁止发展的项目，不得享受本条规定的企业所得税优惠。
	企业从事规定的国家重点扶持的公共基础设施项目的投资经营的所得，自项目取得第一笔生产经营收入所属纳税年度起，第一年至第三年免征企业所得税，第四年至第六年减半征收企业所得税。

（续表）

乌兹别克斯坦	中国
	企业从事规定的符合条件的环境保护、节能节水项目的所得，自项目取得第一笔生产经营收入所属纳税年度起，第一年至第三年免征企业所得税，第四年至第六年减半征收企业所得税。
	一个纳税年度内，居民企业技术转让所得不超过 500 万元的部分，免征企业所得税；超过 500 万元的部分，减半征收企业所得税。
	对于符合《鼓励外商投资目录》（2020 版）的西部地区和海南省鼓励类产业的外商投资企业，减按 15% 征收企业所得税。

（二）自然保护法

1. 总体框架

《乌兹别克斯坦共和国自然保护法》共 11 章 53 条，主要包括一般条款、国家自然保护监管的权力、人民自然保护的权利与义务、环境质量规范化、自然资源利用管理、环境调查、环境控制、自然保护经济保障措施、紧急环境情况、经济及其他环境活动要求、纠纷解决与责任等内容，详见表 5-3。

表 5-3　乌兹别克斯坦自然保护法

章数	主要内容
第一章　一般条款	环境立法的调整保护对象、保护自然的目标、使用自然资源的程序
第二章　国家自然保护监管的权力	主要介绍了法院的管辖权、内阁、国家环境保护局、地方政府机关保护自然环境的职权
第三章　人民自然保护的权利与义务	人居环境以及公共环境的保护的统一

（续表）

章数	主要内容
第四章　环境质量规范化	制定环境质量的标准与规范
第五章　自然资源利用管理	介绍了土壤、矿产、水、大气、自然物体以及废物利用条件，同时包括剥夺自然资源使用
第六章　环境调查	国家环境鉴定以及鉴定设施，社会环境的调查
第七章　环境控制	环境检测、环境控制的主要目标、区域环境的法律关系调节
第八章　自然保护经济保障措施	经济保障机制、环境污染的特别环保费、环境保护基金、生态保险以及环境保护激励
第九章　紧急环境情况	紧急生态灾害、环境潜在危险情况
第十章　经济及其他环境活动要求	环境住房、建造、设计、开发的环境要求，保护自然环境不受噪声、振动、废物的污染和破坏，生态认证
第十一章　纠纷解决与责任	责任立法、限制有害物体活动对环境的影响、赔偿责任以及工作人员违反义务的责任追究、自然保护的国际条约

2. 重点条文解读

乌兹别克斯坦自然保护法中绿色技术相关重点条文主要体现在对采用绿色技术产生环境效益与经济效益的鼓励与管理。具体内容为自然保护法第七章"环境控制"，包括：环境检测、环境控制的主要目标、区域环境的法律关系调节；第八章"自然保护经济保障措施"；第十章"经济及其他环境活动要求"。重点介绍了以经济手段来激励企业采取绿色技术以保护自然。另外，在经济保障机制以及生态认证方面都需要绿色技术参与运用，来判断企业的生产是否符合自然保护法等相关环境保护法规的要求。

对于违反自然保护法，未采用绿色技术生产的企业，乌兹别克斯坦政府的处罚力度较大。如乌兹别克斯坦共和国生态和环境保护委员会勒令停止安集延一家水泥厂的生产活动的案例：乌国专家对水泥厂的生产活动是否符合国家环保法规定的要求进行了仔细检查；经检查发现，在水泥厂熟料炉的工作过程中，旋转分离器的多个位置都有开口，污染物通过这些开口直接进入了大气；此外专家还对水泥厂的废料处理设备进行了检查，结果发现灰尘清理指标低于标准，同时专家也给出了可以迅速减少污染物排放的解决办法；以上事实违反了乌兹别克斯坦"环境保护"和"大气保护"的相关法律内容，并因此对该水泥厂勒令停止营业。由此可见，对于未采用绿色技术生产导致违反自然保护法规定的企业乌兹别克斯坦给予特别的关注，中国企业"走出去"应当关注乌兹别克斯坦内阁于 2018 年 11 月 22 日签署的"国家生态状况鉴定办法"以了解自身企业所处生产行业，其中水泥生产企业被归为第一类（高风险）生产行业。

3. 对比研究

一是立法形式各有侧重，乌国注重操作细节。就立法的形式而言，我国法律法规形式内容完整丰富，乌兹别克斯坦单部法律完整细节规定清楚，但缺少整体性与稳定性。我国形成以基本法为基础、众多单行法以及法规组成环境保护法律法规体系，环境保护相关法律法规主要包括宪法、基本法、单行法、地方法规与行政法规、行业标准以及国际条约，例如《土地规划法》《污染防治法》《资源保护法》《中华人民共和国环境保护税法》等等，每一种法律法规都针对特定的内容制定详细的法律规范。乌兹别克斯坦相关环境保护法律体系制定权主要在于总统、内阁和议会。就《乌兹别克斯坦自然保护法》而言，其包括的内容十分翔实、具有可操作性，概括了我国的环保基本法和法规相关制度的内容，但是由于相关细节内容包含在一部法律当中存在遗漏或者实施的整体性缺乏的问题，例如只规定环保基金的设置，后期的操作执行等问题无法详细完整进行法律上的规制，以总统令来进行补充会产生稳定性缺乏的后果。

二是乌国重视环境保护基金的使用，具有明确的使用流程。就环境保护基金的使用方面而言，乌兹别克斯坦的规定更加详细，但是我国的相关规定在法律程序上更规范。乌兹别克斯坦经济调节手段相关规定主要体现在《自然保护法》第八章"经济保障机制、环境污染的特别环保费、环境保护基金、生态保险以及环境保护激励",明确环境保护基金的设立与使用。1992 年乌兹别克斯坦通过了《乌兹别克斯坦共和国内阁关于环境污染超标企业、单位缴费的决议》,并在环保委员会系统内部成立了地方及共和国自然保护基金会,引入了环境污染付费机制。根据 1995 年 6 月 21 日乌兹别克斯坦内阁通过的《乌兹别克斯坦经济过渡为自然资源有偿利用大纲》及"在乌兹别克斯坦共和国自然资源利用实施科学经济及法律机制"的设想,第二阶段实现了自然环境全污染(即污染物及废料向大自然排放总量)付费。环保基金会收集的资金可以向环保措施、优先科学研究和考察、编制环保及自然资源利用领域现代标准系统文件工作提供资金,这些费用此前由国家预算提供。乌兹别克斯坦就环境保护基金的使用流程详细明确,但是并没有上升到法律层面,只是内阁的决议,在实际执行方面存在差距。我国相关的环境保护规范当中也有类似的以经济手段调节人类环境保护行为的规定,散见于各法律、地方性行政法规或行业自治规章当中,并没有系统的法律规定,但是具有法律的强制执行力,环保执法部门能够做到有法可依,在法律程序上也更加规范。

三是我国和乌兹别克斯坦都对绿色技术的国际合作非常重视。中国与联合国环境署共同启动组建"一带一路"绿色发展国际联盟,联盟被纳入第二届"一带一路"国际合作高峰论坛成果清单,并作为专业领域多边合作倡议和平台之一写入高峰论坛圆桌峰会联合公报。联盟根据需要建立专题伙伴关系,并以专题伙伴关系为基本载体实施合作项目,着力打造政策对话和沟通、环境知识和信息、绿色技术交流与转让三大平台。2017 年 5 月,《"一带一路"生态环境保护合作规划》发布,提出实施 6 大类 25 个重点项目——绿色丝路使者计划正是重点项目之一,旨在加强"一带一路"共建国家环境管理人员和专业技术人才的互动与交流,提升共建国家的环保意识和环境管理水平。该计划通过环保能力建设、产业合作对接等活动,推动区域生态环境保护合作和可持续发展,已经成为共建绿色丝绸之路的环保能力建设旗舰项目。在乌兹别克斯坦，国家支持（金融、材料和技术）的创新手段是直接为具体的方案和项目提供支持，签署了 2 300 份关于试验发展的协议，涉及 850 亿苏姆（乌兹别克货币单位），相当于 3 700 万美元。基于上述合同，引进 60 项新兴技术，22 类产品投入生产，新产品创造了 6 800 亿苏姆的价值（相当于 3 亿美元），为进口替代品提供了 780 万美元。

（三）可再生能源法

乌兹别克斯坦于 2019 年颁布施行了《可再生能源法》。乌兹别克斯坦可再生能源发展前景广阔，同时也需要一系列的法律制度保障可再生能源的开发与利用。此前，关于可再生能源领域的立法主要是针对特定项目的总统令。乌兹别克斯坦在其 2017—2021 年发展战略中强调了更多使用可再生能源的重要性。《可再生能源法》目的是通过可再生能源管理部门，帮助乌兹别克斯坦实现经济多样化，减少对矿物燃料能源的依赖。该法律侧重于支持生产设备的引进更新，促进可再生能源的发展。根据该法律，"可再生能源"包括自然能源，如阳光、风能、地热、水动能和生物质能。乌兹别克斯坦作为世界上两个双重内陆国之一，每年阳光明媚的天数可达 320 天，具有丰富的太阳能资源。但即使如此，乌兹别克斯坦目前仍主要依靠化石燃料，尤其是天然气来满足国家和居民的能源需求。据国际可再生能源机构的数据显示，截至 2018 年底，乌兹别克斯坦的太阳能装机量不足 10 MW，发电量十分有限。

1. 总体框架与综合评析

乌兹别克斯坦《可再生能源法》共 7 章 28 条。主要内容详见表 5-4。

表 5-4　乌兹别克斯坦可再生能源法

章节	主要内容
第一条　目的	规范可再生能源部门的关系
第二条　有关可再生能源利用的法律渊源	利用可再生能源的立法，由本法和其他法律规定组成。乌兹别克斯坦共和国国际条约规定了除《公约》所载规则之外，《乌兹别克斯坦共和国关于可再生能源利用的立法》《能源和可再生能源规则》适用国际条约。

（续表）

章节	主要内容
第三条　基本定义	省略
第四条　可再生能源的国家政策基础	国家在可再生能源使用领域的政策主要方向如下： 确定可再生能源部门的优先领域和实施措施； 制定和实施可再生能源领域的国家和其他方案； 加强国家能源安全，多元化的燃料和能源平衡方面； 利用可再生能源生产电、热和沼气； 促进可再生能源领域的创新技术和科学技术发展； 能源、能源效率、可再生能源设备生产扩张和国产化； 健全企业主体参与的组织和法律机制； 根据已证实的使用可再生能源的技术建立发电能力； 国家支持和推广可再生能源生产企业和可再生能源设备制造商； 开展可再生能源领域的国际合作。
第五条　国家可再生能源管理局	可再生能源利用领域的国家管理局是由乌兹别克斯坦共和国部长内阁授权在其职权范围内的地方国家当局执行的。
第六条　国家可再生能源管理局的权力	确保在可再生能源领域实行统一的国家政策； 批准可再生能源领域的国家项目； 为可再生能源领域的基础研究、应用研究、创新研究和科技成果推广创造条件； 协调可再生能源领域的国际合作； 乌兹别克斯坦共和国部长内阁在其职权范围内通过了可再生能源部门的立法，其中制定了下列规定： 与生产电力的商业实体的单一电网连接的规定； 国家对可再生能源生产者以及可再生能源设备制造商的支持程序； 促进可再生能源市场形成有利竞争和商业环境的价格和关税政策； 可再生能源国家登记维护程序。
第七条　可再生能源部门授权的国家机构	经授权的国家机构行使下列职能： 在可再生能源领域实行国家统一政策； 制定和实施可再生能源领域的国家和其他项目； 协调国家和经济管理机构在可再生能源领域的活动；

（续表）

章节	主要内容
第七条　可再生能源部门授权的国家机构	在其职权范围内拟订和批准可再生能源部门的技术条例、规范和规则； 监察可再生能源领域的国家和其他项目的执行情况； 就国家对可再生能源生产商以及可再生能源设备制造商在可再生能源市场的价格和关税政策方面的支持向乌兹别克斯坦共和国部长内阁提出建议； 维护可再生能源、可再生能源产生的能源和可再生能源设备的州记录； 促进在可再生能源部门引进创新技术和科学和技术发展； 采取措施提高可再生能源领域的投资吸引力，通过发展公私伙伴关系，改进价格和关税政策，促进可再生能源市场形成有利的竞争和商业环境； 制定措施，鼓励工业和住宅部门引进可再生能源领域的先进资源和节能技术； 组织可再生能源部门的培训、再培训和工作人员发展； 开展可再生能源领域的国际合作。
第八条　地方政府在可再生能源利用的权力	地方国家机关履行下列职能： 参与可再生能源领域政府和其他项目的制定和实施； 制定、批准和实施可再生能源领域的地区性项目； 在可再生能源部门，组织生产可再生能源设备，促进建立和实施现代能源效率、节约能源和革新技术； 与可再生能源生产商和可再生能源设备制造商互动； 决定可再生能源设备用地。
第九条　对可再生能源的科技创新投入	国家和经济管理机构与乌兹别克斯坦共和国科学院合作，为生产可再生能源设备和使用可再生能源提供科学、技术和创新投入。
第十条　公民自治机关的参与，非商业性的参与推广使用可再生能源活动的组织和公民	公民自治团体、非政府的非商业组织和公民享有下列权利： 参与国家和其他可再生能源项目的制定和实施； 协助执行有关使用可再生能源的活动； 参与公众监察可再生能源的使用情况。
第十一条　可再生能源生产者和可再生能源设备制造商的权利	可再生能源生产者和可再生能源设备生产者在其职权范围内享有下列权利： 参与国家和其他可再生能源项目的制定和实施；

（续表）

章节	主要内容
第十一条 可再生能源生产者和可再生能源设备制造商的权利	在使用可再生能源方面享受税收、关税和其他优惠； 建立当地电网（电力、热能和/或燃气）； 与法律实体和个人签订协议，出售由当地电网（电、热和/或气）供应的可再生能源生产的电力、热能和/或沼气。
第十二条 可再生能源生产者和可再生能源设备制造商的责任	可再生能源生产商和可再生能源设备制造商有义务： 遵守有关使用可再生能源的法例； 在可再生能源生产和可再生能源设备中遵守可再生能源使用领域的技术法规和规章； 对产生的可再生能源进行单独记录。
第十三条 国家对可再生能源企业的支持	为可再生能源生产者、可再生能源设备制造商以及在可再生能源领域开展投资和研究活动的企业创造有利条件，国家提供以下支持： 在可再生能源部门提供税收、关税和其他优惠； 促进在使用可再生能源方面创造和应用创新技术； 保证可再生能源设备与单一电网相连； 授权地区电网企业与单一购电者和地方国家机构协调，与可再生能源生产者签订购电合同； 法人和个人进口可再生能源设备，可享受免税和关税优惠，可显著提高可再生能源的使用效率。
第十四条 可再生能源领域的利益和优惠	自可再生能源设备调试之日起，可再生能源生产商可免除可再生能源设备的财产税和该设备（名义容量为 0.1 MW 或以上）所占用场地的土地税；可再生能源设备制造商自其在州登记之日起 5 年内免征各类税； 在与现有电网完全断开连接的住宅楼宇内使用可再生能源的人士所拥有的财产，自开始使用可再生能源的月份起，三年内不征收个人财产税； 在与现有电网完全断开连接的住宅楼宇内使用可再生能源的个人，从开始使用可再生能源的月份起，免征土地税三年； 本条款第三部分和第四部分规定的利益是基于能源供应组织签发的可再生能源使用证书，条件是与现有电网完全断开。

（续表）

章节	主要内容
第十五条　利用可再生能源发电的特点	利用可再生能源为个人需要生产电力，不需要取得许可证； 允许可再生能源生产者在块状电站的基础上，以及在具有发电边际成本指标的竞争性基础上，与单一电网相连。区块站是用户直接或通过其电网与单个电网连接，并包含在运行调度控制系统中的发电站； 与连接可再生能源设备有关的现有电网的重建和（或）扩展所需费用应由这些电网的所有者承担，并应由可再生能源生产者承担直到与单一电网连接为止的费用； 禁止可再生能源生产企业擅自将可再生能源设备接入单一电网； 当地电网的建设和可再生能源设备的连接费用由可再生能源生产者承担； 电力用户与当地可再生能源发电企业电网的连接是按合同条款进行的。
第十六条　利用可再生能源生产热能的特点	利用可再生能源生产个人需要的热量，不需要获得许可证； 禁止可再生能源热能生产企业将可再生能源设备接入地区和主供热网； 当地热网的建设和可再生能源设备的连接是由可再生能源的热能生产者承担的。按照合同规定，将热能消费者与可再生能源热能生产者的当地供热网连接起来。
第十七条　利用可再生能源生产沼气的特点	沼气是由生物可降解产品、动植物来源的废物和残留物、工业和城市废物组成的生物质产生的。 从生物质中生产个人需要的沼气不需要获得许可证； 禁止生物质沼气生产者将可再生能源设备连接到地区和主要的沼气网； 当地天然气网的建设和可再生能源设备的连接是由利用生物质生产沼气的制造商承担的； 根据合同条款，将沼气消费者与当地生物质沼气生产者的燃气网连接起来。
第十八条　可再生能源的国家记录	经授权的国家机构在乌兹别克斯坦共和国境内对可再生能源进行国家记录，以解决人口的能源和社会经济问题，主要是在远离集中能源供应系统的地区； 可再生能源的国家记录程序由乌兹别克斯坦共和国内阁决定。

（续表）

章节	主要内容
第十九条　可再生能源和可再生能源设备的状态记录	可再生能源和可再生能源设备的国家备案由经授权的国家机关进行。 所有产生和消耗的可再生能源均须进行强制性记录。 对可再生能源和可再生能源设备进行状态记录，目的是： 确保生产和消耗的可再生能源和可再生能源设备的单位数量的会计记录的准确性和可靠性； 可再生能源潜力和效率评估； 向有关各方通报使用可再生能源和吸引投资的前景。 可再生能源和可再生能源设备的国家备案，应当包括可再生能源设备的实际和可能配置地点、可再生能源生产者、使用的可再生能源、可再生能源设备容量等数据。
第二十条　可再生能源发电的关税	可再生能源发电实行竞价定价。 在为最终用户制定电价时，应考虑从所有生产来源（包括可再生能源）购买电力的全部支出。
第二十一条　可再生能源的技术法规、标准化和合格评定部门	可再生能源领域的技术法规、标准化和合格评定按照法律规定的方式进行。 可再生能源和可再生能源设备，除用于个人需要的设备外，均须经过核证。
第二十二条　可再生能源的需求	可再生能源部门的活动应按照技术法规进行，本领域的规范和规则，环境、卫生、城市规划的规范和规则，以及要求安全操作。
第二十三条　获取信息	可再生能源领域的法律法规、技术法规、规范和规则，以及可再生能源利用的创新理念、发展和技术信息，应当在经授权的国家机构的媒体和官方网站上公布。
第二十四条　争议解决	可再生能源领域发生的争议，应当依法解决。
第二十五条　违反使用可再生能源法律的责任	违反可再生能源使用法的责任人应当按照法律规定的程序承担责任。
第二十六条　对本法实质和意义的执行、传播、澄清	乌兹别克斯坦共和国内阁和其他有关组织应确保执行、向表演者通报并向人民解释本法的实质和意义。

（续表）

章节	主要内容
第二十七条　使立法与本法相适应	乌兹别克斯坦共和国内阁应根据本法调整政府的决定； 对与本法相抵触的法律行为，政府机关可以予以修改或撤销。
第二十八条　生效	本法自正式公布之日起施行。

可再生能源法的重点是为可再生能源提供制度安排。具体表现为：①国家对可再生能源利用的政策基础。国家可再生能源的支持方向、政策机构部门的优惠、关税的减免、国家对可再生能源企业的支持等一系列政策优惠措施；②理清发展可再生能源中相关部门的权利与义务。企业和设备制造商的权利与义务、地方政府部门的权利与义务；③说明可再生能源生产的基本情况。沼气、热能、发电的生产流程，可再生能源的标准化、可再生能源的需求信息都在《可再生能源法》中明确规定。以上内容都以法律的形式确定下来，为可再生能源的发展提供清晰的制度蓝图。

2. 重点条文解读

《可再生能源法》中与绿色技术相关的法律条文主要体现在第四条、第七条、第八条以及第九条。以上绿色技术相关条文主要体现了乌兹别克斯坦对发展可再生能源，推动绿色技术引进与创新的政策支持。从国家基础政策层面、可再生能源管理部门到地方政府以及相关经济管理机构、科学院对技术的政策支持、经费投入，形成了自上而下全方位的政策支持体系。同时，不同的政府部门根据自身的职权给予了具有特色的支持政策。投资者在绿色技术转移转化落实时，可以结合实际需要选择相应的政策优惠措施。

为丰富乌兹别克斯坦产业结构，以发展新能源行业、减少乌兹别克斯坦对化石燃料的依赖，《可再生能源法》明确将新能源作为国家优先发展行业，强调社会资本投资在新能源领域的重要地位和国家的相应支持措施。针对投资光伏项目的外国投资人，视具体投资情况，乌兹别克斯坦政府还可能一事一议地通过签署投资协议的方式给予法定条件以外的特殊优惠政策。如果新的法律规定导致投资条件恶化，自投资之日起 10 年内仍适用对投资人有利的旧法。《可再生能源法》规定发电企业原则上可在项目投产之日起 10 年内享受可再生能源发电设备的财产税减免和设备占用土地的土地税减免，并保证对符合条件的新能源发电项目接入国家统一电网。由此可见，乌兹别克斯坦对于可再生能源的技术的引进与落地有着全方面的政策优惠。

3. 对比研究

一是可再生能源法律规范体系不同。我国可再生能源法相关法律法规以基本法为基础，进行细化与补充；乌兹别克斯坦主要的相关法律、总统令各自单独实施。我国可再生能源法法律政策主要以《可再生能源法》为基础，出台一系列政策文件，例如《可再生能源产业发展指导目录》《可再生能源发电价格和费用分摊管理试行办法》《促进风电产业发展实施意见》《国家发展改革委关于风电建设管理有关要求的通知》等，与《可再生能源法》相辅相成，是《可再生能源法》的补充与细化。乌兹别克斯坦可再生能源法律政策包括《可再生能源法》，其中包含热能、发电、沼气相关条款，同时发布相关的总统令进行补充，例如总统令 No. PP-4422《发展可再生能源的技术要求指导》、总统令 No. PP-4165《发展原子能的战略支持》等。

二是可再生能源的管理部门内容与职责不同。乌国家可再生能源发展署直属政府内阁，负责统一协调、制定、实施可再生能源利用领域国家综合促进发展政策。该机构主要职能包括：完善可再生能源利用领域国家法律法规；制定可再生能源引进和发展方面标准化技术文件；研究并负责实施可再生能源利用领域投资项目；负责可再生能源利用领域技术、设备、零部件等集中采购；制定综合措施促进可再生能源利用领域基础科学研究，鼓励发明创新，推进先进技术引进等。乌国家可再生能源发展署成立后的首要任务即在 2019 年 7 月 1 日前制定乌至 2030 年可再生能源发展规划草案和在 2019 年 11 月 1 日前制定可再生能源发展投资项目规划草案。我国能源管理部门自上而下有着系统的行政管理部门，第十二届全国人民代表大会第一次会议批准的

《国务院机构改革和职能转变方案》和《国务院关于部委管理的国家局设置的通知》（国发〔2013〕15号），设立国家能源局（副部级），为国家发展和改革委员会管理的国家局。主要职责负责起草能源发展和有关监督管理的法律法规送审稿和规章，拟订并组织实施能源发展战略、规划和政策，推进能源体制改革，拟订有关改革方案，协调能源发展和改革中的重大问题。在省市级层面，《中华人民共和国能源法（征求意见稿）》第十六条规定国务院能源主管部门依照本法和国务院规定的职责对全国能源开发利用活动实施监督管理。县级以上地方人民政府能源主管部门依照本法和本级人民政府规定的职责，对本行政区域内能源开发利用活动实施监督管理。国务院有关部门依照本法和其他有关法律、行政法规以及国务院规定的职责，在各自职责范围内对有关行业、领域的能源开发利用活动实施监督管理；县级以上地方人民政府有关部门依照本法和其他有关法律、行政法规以及本级人民政府规定的职责，在各自职责范围内对有关行业、领域的能源开发利用活动实施监督管理。

（四）投资优惠政策

1. 优惠政策概述

乌兹别克斯坦出台多部法律法规加强投资吸引。如《向外资企业提供激励和优惠的补充决议》《鼓励吸引外国私人直接投资的补充措施的决议》《鼓励商品（工程、服务）出口的补充措施的决议》《保护私有财产和保证所有者权益法》《保证企业经营自由法》（新版）等，向外资提供了减、免税的优惠政策框架，给予在偏远地区投资设厂的外资企业3年、5年和7年不等的税收优惠待遇等。此外，行政层面也积极落实，并出台多项总统令进行补充。2012年，乌兹别克斯坦政府取消针对各类企业的80种许可程序和15类许可证项目，以改善投资环境，吸引各类投资。2012年4月，乌兹别克斯坦总统签发了《关于促进吸引外国直接投资补充措施的总统令》，进一步完善吸引外资新举措和明确优惠领域和内容。米尔济约耶夫自2016年12月14日正式上任以来，签署了多份总统令，进一步完善吸引外资政策，包括：《关于进一步完善化工公司进出口业务的总统令》《关于进一步实现外贸自由化和支持企业主体的总统令》《关于外汇政策自由化优先措施的总统令》等。

2. 税收优惠政策

一是乌兹别克斯坦政府给予在塔什干市和塔什干州以外地区的外国直接投资企业各种税收优惠政策，如免缴法人财产税、国家信托基金强制扣款、统一税费等。前提是外资注册资本比重超过 30%，投入的是可自由兑换货币或新型技术工艺设备、优惠收入 50% 以上用于再投资等，且没有政府担保。享受优惠的行业包括：无线电电子、电脑配件、轻工业、丝绸制品、建材、禽肉及蛋类生产、食品工业、肉乳业、渔产品加工、化学工业、石化、医疗、兽医检疫、制药、包装材料、可再生能源利用、煤炭工业、五金制品、机械制造、金属加工、机床制造、玻璃陶瓷业、微生物产业、玩具制造等。

二是乌兹别克斯坦对外资比例不低于 33% 的外资企业入境财产、签订劳务合同的外国公民的入境财产、投资额超过 5 000 万美元的法人入境产品及乌国法律批准入境的工艺设备和配件等免除关税。对于从事出口导向型和进口替代型产品生产的外资企业，可同时享有乌兹别克斯坦本国法人享有的所有优惠政策。乌兹别克斯坦可享受的优惠期限为：投资额 30 万～300 万美元享受 3 年优惠期；投资额 300 万～500 万美元享受 5 年优惠期；投资额 500 万～1 000 万美元享受 7 年优惠期，投资 1 000 万美元以上享受 10 年优惠期，10 年后仍将享受 5 年利润税和小企业统一税税率减半优惠。2012 年出台的吸引外资新举措规定，新建外资企业，如外商现金投资额不低于 500 万美元，在税收法律发生变化情况下，有权在 10 年内沿用其完成国家注册时实行的法人利润税、增值税（商品、工程、服务流通环节）、财产税、社会基础设施税、统一社会缴费、统一税、共和国道路基金和教育及医疗机构改造、大修和装备基金强制缴费缴纳标准和规定；如投资项目总金额超过 5 000 万美元，且外商投资比例不低于 50%，生产场地外部必需的工程和通信网络由乌兹别克斯坦财政预算资金和其他内部融资渠道出资建设。

四、中乌重点合作领域技术标准体系研究

(一) 标准概况

乌兹别克斯坦标准体系的形成，受本国标准特征、独联体一致标准需求及国际先进标准经验的综合影响。乌兹别克斯坦和哈萨克斯坦等其他四国均脱胎于苏联，因此其标准化体系在成立之初沿用了苏联的国家标准体系（GOST）及相关法规，随后五国在成立独联体后建立了独联体国家标准计量认证委员会，旨在建立并执行一致的标准化及计量认证政策；之后，随着各国逐渐重视本国标准独立性，各自建立国家标准化主管机构①，并积极借鉴国际先进标准经验，最终形成了目前的国家标准体系。

1. 法律法规和指导文件

乌兹别克斯坦的标准化法均由议会审核、总统签署通过。其最基本的标准化法规为《乌兹别克斯坦共和国标准化法》和《乌兹别克斯坦共和国技术调节法》。《乌兹别克斯坦共和国标准化法》是 1993 年12 月由时任乌国总统卡里莫夫签署通过的，到目前为止该法共经历 9 次修订，最新版本是在 2019 年 12 月修订的。该标准法框架上共分为 4 章 12 条，分别包括总则、标准化规范性文件、标准的国家监督、国家标准化与监督工作的财政来源及标准应用的推进，其适用范围广泛，基本涵盖了经营主体的各种产品和服务。此外，乌兹别克斯坦还有一部《乌兹别克斯坦共和国技术调节法》，是在 2009 年 4 月由乌兹别克斯坦政府颁布的，先后进行了 4 次修订。该法规定了乌国技术调节鉴定委员会和专家委员会的权责（相当于我国标准化技术委员会）；规定了该国技术规程具有强制性，这就类似我国的强制性国家标准；该法与乌国标准化法形成补充配套，也是乌国标准化领

---

① 杨丽娟:《中亚五国标准化体系发展的历史、现状和前景》,"标准化与治理",《第二届国际论坛论文集》,2017:18—22。

域的基础性法律之一。此外，还有《合格评定法》《食品安全和质量法》《产品和服务认证法》《计量法》，以及乌兹别克斯坦劳动和社会保障部、农业部、卫生部制定的相关技术法规等中涉及标准化相关法规内容。

2. 管理机构

乌兹别克斯坦的标准化管理模式与我国基本一致，均由专门的国家级标准化部门统筹总管，由各行业部门负责各自权责范围内的标准化管理工作。

（1）国家标准化机构

乌兹别克斯坦标准化、计量和认证署负责标准化的总管工作。具体而言，在乌兹别克斯坦内阁的领导下，根据乌兹别克斯坦内阁 2004 年 5 月 8 日签发的第 No. 373 法令和 2011 年 4 月 28 日签发的第 No. 122 法令，乌兹别克斯坦标准化、计量和认证署确立标准化工作一般原则，并负责国民经济各部门间的协作，确保乌兹别克斯坦共和国"关于技术法规""标准化法""计量法""产品和服务认证法"和标准化、计量、认证相关的其他法律和规范性法规的执行，同时也代表乌兹别克斯坦参加相应的国际组织活动。具体而言，其工作主要包括[①]：保障乌兹别克斯坦有关技术管理、标准化、计量、产品和服务认证的法律及其他规范性文件的落实；在采用国际化标准的基础上，实现标准化、计量、认证、提升产品质量和竞争力等方面的国家政策统一；保证国家标准化、测量单位统一、认证、相关科技信息传播的正常运行；组织相关培训，提升标准化、计量和认证领域人员的专业水平等。其所属机构主要包括：标准化、计量和检验科学研究院，国家试验和认证中心，乌兹别克斯坦国家计量院，乌兹别克斯坦合格评估机构委托中心，条形码和信息技术中心，信息咨询中心，并设立 14 个地方管理局。此外，乌兹别克斯坦建设部负责建筑标准化工作、国家

---

① 曹燕、宁继荣：《乌兹别克斯坦、土库曼斯坦标准化现状及与我国标准体系差异性分析》，《新疆标准化 2020》，[出版者不详]，2020：139—143. DOI：10.26914/c. cnkihy. 2020. 017032。

生态与环保委负责自然资源监管与环境污染防治领域、卫生部负责各类医用产品检测领域、国防部负责国防预备和产品领域，标准化、计量和认证署与上述四部委还能授权其他单位开展标准化工作。乌兹别克斯坦还增设了具体的标准监督执行人员，包括监察长和监察员，其中监察长还具有一些特权，包括发布指令禁止生产、销售、使用不符合强制性标准要求的产品，追究违反标准化禁令者的行政责任等①。

（2）辅助机构

除了政府管理机构外，乌兹别克斯坦还成立了国家标准化、计量和检验研究所以及在各地州市设立的产品测试和检验中心。乌兹别克斯坦成立了国家技术调节鉴定委员会，对现有的技术规范进行鉴定、修改、补充以及提出废止等相关建议。到 2019 年底，乌兹别克斯坦共建立了 31 个标准化技术委员会，共涉及食品安全、棉花、汽车制造、电气和电力设备、旅游服务等多个领域，其主要职能是制定新的标准、标准化指导方针，审查现有标准化法规和标准②。标准化技术委员由国家财政拨款。

3. 现状

（1）标准体系

乌兹别克斯坦的标准体系分为国家标准、国际（区域）标准、其他国家标准、国家教育标准、企业标准 5 类。与我国一样，乌兹别克斯坦标准体系按照性质分，也分为强制性标准和自愿性标准。国家各管理机关负责其相应管辖范围内的标准制定、审批及发布。乌国教育标准由教育系统负责制定、国家内阁负责审批，国际（区域）标准由乌国标准化署和其他国家管理机构规定使用程序。截至 2019 年 1 月，乌兹别克斯坦标准库累计有 37 765 项标准，其中包括国家标准 4 990 项，占比 13.2%；国际（区域）标准 22 720 项，占比 60.2%；其他国家标准 1 100 项，占比 2.9%；企业标准 8 955 项，占比 23.7%。

---

① 孙琪、曹燕：《乌兹别克斯坦、土库曼斯坦与我国标准化法比较浅析》，《新疆标准化 2020》，[出版者不详]，2020：162—166. DOI：10.26914/c. cnkihy. 2020.017039。

② 塞丽滩乃提·米吉提：《乌兹别克斯坦标准化现状研究》，《标准科学》，2018（09）：21—24。

（2）参与国际标准化活动

乌兹别克斯坦除了构建自身标准化体系外，还积极参与国际标准化活动。目前标准化、计量和认证署是国际标准化组织（ISO）、国际实验室认可组织（ISAC）、独联体国家间标准化、计量和认证委员会、伊斯兰国家标准与计量研究所、欧亚国家计量合作机构的正式成员，是国际法制计量组织（OIML）的通讯成员，并分别与德国标准化学会、英国标准协会、美国测试实验协会、马来西亚伊斯兰教发展署等机构签署了合作协议。目前乌兹别克斯坦参加 ISO TC 数量 23 个，有权获取 ISO 的所有英文版本的国际标准。在双边层面，乌标准化署与中国、英国、法国、德国、西班牙、伊朗、土耳其、韩国、希腊、越南等国家开展标准化、计量和认证合作。

（二）资源利用领域——纳沃伊 PVC 生产综合体项目全厂污水处理站及零排放项目

作为中亚五国之一，乌兹别克斯坦位于中亚的中心地带，属于温带大陆性气候，是一个蒸发量大于降水量的国家。而从水资源总量看，乌兹别克斯坦境内有 600 多条大小河流，其中最主要的是阿姆河、锡尔河和泽拉夫尚河；全国水面面积约占 2.2 万平方千米，占全国国土面积的 5%；此外，乌兹别克斯坦还有 77 个地下淡水井，每天取水约 6 000 立方米。从总体水资源量看，对内陆国家而言并不算很少。然而乌兹别克斯坦水资源利用却存在很多条件制约：一是受上游国家制约。乌兹别克斯坦的锡尔河上游先流经东方邻国吉尔吉斯斯坦再流到乌兹别克斯坦，而且阿姆河和锡尔河分别只有 8% 和 5% 的河段流经乌兹别克斯坦国内①，由于处于跨界河流的下游地区，90% 的用水量依赖外部河流的注入。在咸海流域，位于上游的塔吉克斯坦和吉尔吉斯斯坦两国拥有的水资源分别占整个咸海流域的 48.4% 和 23.1%，而位于下游的乌兹别克斯坦、哈萨克斯坦和土库曼斯坦的水资源量总和仅占 20.5%。因此，乌兹别克斯坦的水资源供应在很大程度上取决于上游

---

① 阿不都热合曼·莫合得:《中亚五国水资源困境及应对研究》,《东北师范大学》,2021。

国家的水利政策。二是水资源滥用问题。为解决水资源短缺问题，乌兹别克斯坦规定了水资源利用次序、人均日用水量和地下水开采标准。然而截至 2019 年使用的 7 500 多口供水井中仍有超过六成的供水井被私自采水。三是水资源污染较为严重。目前乌兹别克斯坦大部分水质为Ⅲ级（中度污染），少量水体对应于水质等级Ⅱ（纯净）。据统计，乌兹别克斯坦地下水矿化度达 1.0 g/L（每天 2 582.21 万 m^3）的占 40.4%，1.0～1.5 g/L（每天 841.16 万 m^3）的占 13.1%，1.5～3.0 g/L（每天 2 209.77 万 m^3）的占 34.5%，3.0～5.0 g/L（每天 448.69 万 m^3）的占 7%，超过 5.0 g/L（每天 316.83 万 m^3）的占 4.9%。面对如此严重的情况，乌兹别克斯坦的供水和污水处理系统却由于设备陈旧或基础设施不足，往往不符合标准。根据亚洲开发银行的研究显示，水处理设施仅覆盖了乌兹别克斯坦不到 40% 的人口，其中集中式污水处理覆盖了 63.0% 的人口，污水处理设施总容量为每天 418.07 万 m^3[1]。

面对严重的水资源短缺问题，乌兹别克斯坦将加强水资源利用作为国家发展的重要任务。乌兹别克斯坦内阁于 2018 年 10 月批准的《2030 年前乌兹别克斯坦国民经济发展构想》就明确提出了要保护和合理利用水资源，实现可持续发展[2]。

1. 背景

乌兹别克斯坦希望通过引进现代高效技术发展在国内外市场上具有竞争力的高科技化工新产品的生产，为此乌兹别克斯坦签署了《关于实施"在纳沃伊氮肥股份公司的基础上建设聚氯乙烯（PVC）、烧碱和甲醇生产综合体"投资项目的措施的总统令》，希望在原有"纳沃伊氮肥"股份公司的基础上建设聚氯乙烯（PVC）、烧碱和甲醇生产综合体的投资项目（简称"PVC 生产综合体项目"）。2014 年 8 月中工国际工程股份有限公司与上海寰球工程有限公司组成项目联合体中标该

---

① 丁超：《乌兹别克斯坦水资源困境及改革的路径选择》，《世界农业》，2019(09)：12—20+135. DOI：10.13856/j. cn11—1097/s. 2019.09.002.

② 乌兹别克斯坦：中国欧洲经济技术合作协会，2021.12.28.

项目并签约，合同总金额为 4.398 亿美元。按照合同，中方将利用乌兹别克斯坦丰富优质的天然气和盐湖资源建设年产 10 万吨聚氯乙烯、7.5 万吨烧碱和 30 万吨甲醇的综合体。其中 PVC 生产综合体项目全厂污水处理站及零排放项目由上海巴安水务股份有限公司中标，项目金额 2 600 万元人民币。

上海巴安水务股份有限公司（简称"巴安水务"）成立于 1995 年，是一家专业从事环保能源领域的智能化、全方位技术解决方案运营服务商。巴安水务主要从事工业水处理、市政水处理、固体废弃物处理的相关业务，涉及环保能源领域技术研发、系统设计、系统集成、土建建设、设备安装及调试，EPC 交钥匙工程和 BOT 工程项目开发、运营等。巴安水务下属三家水务技术装备制造工厂，27 家水厂、污水处理厂、危废焚烧厂和污泥处理厂，全资子专业水处理公司 5 家，拥有 2 项世界先进的气浮固液分离技术和陶瓷超滤膜技术，2 项中国先进的大气治理、海水淡化技术。目前公司已在河南省、陕西省、广西壮族自治区等开展多个工业污水处理项目。乌兹别克斯坦 PVC 生产综合体项目全厂污水处理站及零排放项目是巴安水务走出中国，走向世界的第一个国外工业污水处理项目。

2. 项目推进与举措

PVC 生产综合体项目全厂污水处理站及零排放项目位于乌兹别克斯坦共和国纳沃伊市，是乌兹别克斯坦工业企业 OAONavoiyazot 的大型石油化工项目。项目于 2017 年中标后，巴安水务即开始项目建设，根据要求需要为 PVC 生产综合体建设生化废水处理装置和中水回用处理装置（见图 5-1），同时这两个水处理装置可以达到不同水质及类型的废水的处理要求。为此，巴安水务主要采取将污水与絮凝剂混合反应，再经沉淀、过滤得到清水和污泥的处理方法，全部工艺由污水收集输送、絮凝剂配置输送、反应净化、清水回用、污泥收集输送等工序组成：将原排放的污水收集到污水池中，由污水泵加压后送至反应净化器；将质量百分浓度为 10% 的液态聚合硫酸铁药剂与清水混合，搅拌均匀后形成絮凝剂，由计量泵将絮凝剂输送至反应净化器；在反应净化器中絮凝剂与污水按质量比控制在 1∶200 进行混合、反应，进入反应净化器的污水流量为 150 m³/h，反应时间为 15 min，再经沉淀、过滤得到清水和污泥。而为保证污水处理的高效，巴安水务在上述工艺中应用超滤（UF）、反渗透（RO）、三效蒸发器等一系列技术手段，最终达到生化废水处理装置 4 800 立方米/天处理量和中水回用处理装置 10 080 立方米/天处理量的参数要求，实现资源循环利用，同时不排放任何废弃物到环境中。

图 5-1　巴安水务污水处理设备

随着该项目的顺利完成，2021 年 PVC 生产综合体项目完成竣工验收。作为"一带一路"倡议下推进国际产能合作的重要工程，同时也是乌总统米尔济约耶夫上任后首个竣工投产的大型化工项目，该项目的建成投产改变了乌国内 PVC、烧碱等产品依赖进口的现状，不仅新增了大量就业岗位，大大缓解了当地就业压力，未来 PVC 产品还将实现出口创汇，对乌国乃至整个中亚地区均具有十分重要的经济和社会意义。2017 年，该项目荣获"中乌友谊杰出贡献奖"，2020 年荣获化学工业"境外优质工程奖"。

3. 经验与启示

中乌两国都十分重视 PVC 生产综合体项目的落地，在项目施工过程中，中国驻乌兹别克斯坦使馆商务参赞、乌兹别克斯坦副总理等均多次视察该项目；企业在具体建设中也克服了法规、语言、协调等各方面问题，保障项目的顺利投产：

一是做好技能培训工作。乌兹别克斯坦 PVC 生产综合体项目的目的是希望填补在化工领域的空白并提升国家经济能力，因此其希望通过项目培养自身技术人员。为此，我方组建了 10 人培训团队，采用理论学习与现场观摩操作、仿真培训相结合的方式，对乌兹别克斯坦选出的 6 名操作和技术骨干先后开展了工艺技术、操作、分析检验、HSE 和仪表维护等方面的培训。

二是加强沟通交流。为解决双方沟通中的语言问题，特别是专业性极强的词汇和表达方式习惯问题，双方各自寻找翻译人员，并参与学习培训和项目落地的全程工作，确保工作顺利开展。

（三）标准体系

1. 乌兹别克斯坦污水处理标准

乌兹别克斯坦关于工业废水的处理标准为《用水规范技术标准》（编号 N 0172—04）。由于水资源的短缺，乌兹别克斯坦在法律规范方面还是很重视水资源的利用。乌兹别克斯坦在发布的《关于水和水的使用》法律中，就明确写道：确保合理利用水，满足人口和经济部门的需求，保护水不受污染、垃圾和损耗，预防和消除对水的有害影响，改善水体，以及保护企业、机构、组织、农场和公民在水关系领域的权利和合法利益。其中对于工业目的用水，要求用水者有义务采取措施，通过改进生产技术、引进循环和再利用的供水系统来减少用水量和停止废水排放。然而由于乌兹别克斯坦水资源利用主要用于农业灌溉，因此水标准的制定也主要在农业领域。

2. 中国污水处理标准

我国水污染物排放标准体系比较复杂，截至 2019 年，我国现行水环境标准约 1 353 个（不含地方标准）[①]。自 1972 年我国在斯德哥尔摩参加联合国人类环境会议后，我国开始重视水污染物排放标准，于 1973 年发布了第一个国家环境保护标准——《工业"三废"排放试行标准》（GBJ4—1973），初步为我国环保事业提供了管理和执法

---

① 何淑芳、贾宝杰、黄苗：《我国水环境标准问题研究及发展建议》，《中国标准化》，2021（24）：21—23+53。

依据。随后在 1979 年颁布的《中华人民共和国环境保护法（试行）》，明确规定要制定环境保护标准。经过 40 多年的发展，目前我国水环境质量标准可分为六大类：水环境质量标准、水污染物排放标准、水环境卫生标准、水环境基础标准、水环境监测分析方法标准和水环境标准样品标准，其中与污水处理要求直接相关的是水环境质量标准、水污染物排放标准、水环境卫生标准；水环境基础标准是用于服务和配套水环境质量标准、水污染物排放标准以及水环境卫生标准的，主要为推荐性标准，水环境监测分析方法标准是用于统一我国水质分析方法，水环境标准样品标准用于明确水质等水环境相关的样品标准[①]。

水环境质量标准方面，我国主要根据水域类型和使用功能的不同进行制定，主要可分为：地表水环境质量标准、海水水质标准、渔业水质标准、农田灌溉水质标准、景观娱乐用水水质标准、地下水质量标准、饮用水标准等，可分为强制性和推荐性两类标准[②]。目前由国家生态环境部制定的水环境质量标准共 4 项，包括：《地表水环境质量标准》（GB 3838—2002）、《海水水质标准》（GB 3097—1997）、《农田灌溉水质标准》（GB 5084—2021）、《渔业水质标准》（GB 11607-89）。此外，水利部、住建部等也发布了一些水环境质量标准。

水污染物排放标准方面，从 1970 年代至今经历了多项水污染物排放标准的制定、修订、简化和整合。经过经年发展，总体而言我国水污染物排放标准可以分为两级四类：按照水污染物排放标准的效力等级，可以分为国家级——国家水污染物排放标准和地方级——地方水污染物排放标准两级；根据标准适用范围、适用对象、地域特性等因素，又可分为综合性、行业性、流域型和特定型四类。其中国家水污染物排放标准中仅包括综合标准和行业标准两类；而地方水污染物排放标准受到各地经济、环境不同的影响，污染物排放标准包括所有四

---

① 贾宝杰、何淑芳、黄苗、许彩云：《国内外水环境标准体系对比研究》，《中国水利学会 2019 学术年会论文集》第三分册，2019：215—219. DOI：10. 26914/c. cnkihy. 2019. 097151。

② 李贵宝、杜霞、邹晓雯：《中国水环境质量标准的现状》，《中国标准化》，2002(08)：55—56。

类。截至 2019 年，现行有效的国家水污染排放标准共 64 项，包括 1 项综合标准，63 项行业标准[①]。国家水污染物排放综合标准主要为《污水综合排放标准》（GB8978—1996），国家水污染物排放行业标准则覆盖环境统计 39 个行业中的 30 个，涉及造纸、纺织、化工原料及化学制品制造等污染防治重点行业。地方水污染物排放标准主要由各地区结合自身实际情况制定，如浙江省发布的行业型标准——《浙江省造纸工业（废纸类）水污染物排放标准》（浙 DHJB1—2001），山东省发布的流域型标准——《山东省南水北调沿线水污染物综合排放标准》（DB 37/599—2006），河北省发布的特定型标准——《氯化物排放标准》（DB 13/831—2006）[②]。从我国污染物排放标准执行层面看，依据《水污染防治法》的相关规定，在具体执行中遵从"行业标准先于综合标准，地方标准先于国家标准"的原则。

水环境卫生标准方面，我国水环境卫生标准化事业起步于 20 世纪 50 年代，当时发布了自来水水质暂行标准（修订稿），对新中国国民经济恢复和发展起到了重要作用。而经过长时间发展，目前水环境卫生标准总体可分为三大类，即水环境卫生标准、水环境卫生基础标准、水环境卫生分析方法标准，其标准也分为强制性标准和推荐性标准两大类[③]。国家卫生健康委员会（原卫生部）是我国水环境卫生行业标准发布的主要部门。

3. 指标综合比较和相关建议

考虑到乌兹别克斯坦污水处理标准较少，结合案例，本篇聚焦烧碱、聚氯乙烯行业，分析两国在污水处理标准上的差异。

（1）指标综合比较

乌兹别克斯坦《用水规范技术标准》（编号 N 0172—04）共分为

① 周羽化：《我国水污染物排放标准现状与发展》，2019 年中国水污染治理技术与装备研讨会会议资料，[出版者不详]，2019：74—80. DOI：10.26914/c.cnkihy.2019.050060。
② 李义松、刘金雁：《论中国水污染物排放标准体系与完善建议》，《环境保护》，2016，44（21）：48—51. DOI：10.14026/j.cnki.0253—9705.2016.21.009。
③ 李贵宝、姜爱春、刘晋琴：《水环境标准（化）系列谈（四） 水环境卫生标准的现状》，《中国标准化》，2002（10）：52—53。

7章，包括：一般规定、工业和饮用水以及文化和家庭用水设施的水质标准、水体卫生保护要求、污水排放到水体的条件的卫生要求、影响地表水状况的企业、建筑物和结构的选址、设计、建设、改造的卫生要求、设施运行期间地表水保护的卫生要求、对组织水质监测和控制的要求。其中，该标准并未对某一行业，如烧碱、聚氯乙烯行业的污水排放标准进行单独的明确，而是对工业污水处理标准进行了一个总体的规定。其中的第2章"工业和饮用水以及文化和家庭用水设施的水质标准"明确水体标准不得超过附件"废水处理一般要求"的规定。而污水排放标准根据其中的第4章"污水排放到水体的条件的卫生要求"，应满足"本卫生规则和条例中与用水类型有关的水体的水质标准"，然而此标准中并未制定单独的排放标准。根据附件"废水处理要求一般要求"，其指标包括悬浮物、悬浮的杂质、气味、温度、氢指数（pH值）等16项（见表5-5）。

表5-5 乌兹别克斯坦《用水规范技术标准》中废水处理一般要求

指标	用水类别	
	第一类	第二类
1	2	3
1. 悬浮物*	在排放废水、在水体和沿海地区开展工作时，与自然条件相比，参考点水体中的悬浮物含量不得增加超过	
	0.25 mg/ml	0.75 mg/ml
	对于在低流量时期自然形成的悬浮物含量超过 30 mg/l 的水体，允许增加最多 5% 的含量	
	流动水体中沉积速度超过 0.4 mm/s，水库中沉积速度超过 0.2 mm/s 的悬浮泥沙不允许排放	
2. 漂浮的杂质	水的表面必须没有石油产品、油、油脂和其他杂质的薄膜	
3. 气味	水不得获得强度大于 2 分的可检测的气味	
	直接处理或通过后续氯化处理	直接处理
4. 温度	与过去 10 年中一年中最热的月份的平均月水温相比，废水排放导致的夏季水温增长不应超过 3℃	
5. 氢指数（pH值）	必须不超过 6.5～8.5	

（续表）

指标	用水类别	
	第一类	第二类
6. 水的盐度	不超过 1 000 mg/ml，包括：氯化物 350，硫酸盐 500 mg/ml	
7. 溶解氧	在一年中的任何时候，在中午 12 点之前采集的样品中，必须不低于 4 mg/ml	
8. 生化需氧量	在温度为 20℃时不得超过	
	2 mg O_2/ml	4 mg O_2/ml
9. 化学需氧量	不超过	
	15 mg O_2/ml	30 mg O_2/ml
10. 化学物质	必须在水体中的浓度不超过最大允许浓度	
11. 肠道感染的病原体	水中不应含有肠道感染的病原体	
12. 蠕虫（蛔虫、鞭虫、毒蛔虫、绦虫等）的活虫卵、蛔虫的球体和致病性肠道原生动物的活囊肿	必须不包含在 25 L 的水中	
13. 耐热大肠菌群	不超过	
	100 CFU/100 ml	100 CFU/100 ml
14. 常见的大肠杆菌	不超过	
	1 000 CFU/100 ml	500 CFU/100 ml
15. 大肠菌	不超过	
	10 CFU/100 ml	10 CFU/100 ml
16. 放射性核素的总体积活动量在下列情况下合并存在	$$\sum \left(\frac{A_1}{VB_i} \right) \leqslant 1$$	

　　我国涉及烧碱、聚氯乙烯行业的污水处理标准较为全面与成体系，与乌兹别克斯坦将相关水质、污染物排放、卫生标准放在一起相比，我国分别制定了相关标准，包括直接面向烧碱、聚氯乙烯行业的《烧

碱、聚氯乙烯工业污染物排放标准》（GB15581—2016），以及综合型标准《污水综合排放标准》（GB8978—1996）、《地表水环境质量标准》（GB3838—2002）、《生活饮用水卫生标准》（GB5749—2006）。其中《烧碱、聚氯乙烯工业污染物排放标准》（GB15581—2016）明确了水污染物排放限值，主要包括 pH 值、化学需氧量、悬浮物、石油类等14 项指标（见表 5-6）。

表 5-6　水污染物排放限值

单位：mg/L（pH 值除外）

序号	污染物项目	控制污染源	排放限值		污染物排放监控位置
			直接排放	间接排放	
1	pH 值	烧碱企业、聚氯乙烯企业	6～9	6～9	企业废水总排放口
2	化学需氧量（COD$_{Cr}$）	烧碱企业、聚氯乙烯企业	60	250	
3	五日生化需氧量（BOD$_5$）	聚氯乙烯企业	20	60	
4	悬浮物	烧碱企业、聚氯乙烯企业	30	70	
5	石油类	烧碱企业、聚氯乙烯企业	3	10	
6	氨氮	烧碱企业、聚氯乙烯企业	15	40	
7	总氮	烧碱企业、聚氯乙烯企业	20	50	
8	总磷	烧碱企业、聚氯乙烯企业	1	5	企业废水总排放口
9	硫化物	乙炔法聚氯乙烯企业	0.5	0.5	
10	总钡	烧碱企业	5	5	
11	活性氯	烧碱企业	0.5		车间或生产装置排放口
12	氯乙烯	聚氯乙烯企业	0.5		
13	总汞	乙炔法聚氯乙烯企业	0.003		
14	总镍	烧碱企业	0.05		
单位产品基准排水量（m³/t 产品）		烧碱企业	1		污水量计量位置与污染物排放监控位置相同
		乙炔法聚氯乙烯企业	5		
		乙烯氧氯化法聚氯乙烯企业	2		

从我国与乌兹别克斯坦污水处理相关指标比较情况看（见表 5-7），乌兹别克斯坦《用水规范技术标准》中涉及的指标在我国相关标准中有所对应，比较两者区别，主要存在以下不同：

一是我国污水处理相关指标分类更为清晰。由于我国水环境标准体系较为成熟，作为其中的一部分，我国污水处理也划分为几个不同的标准，分别从水质量、污染物排放、水环境卫生等角度设置标准限制。相比之下，乌兹别克斯坦的污水处理标准体系仍未分类，不论是水质量还是排放的标准都融在一个指标表中。

二是我国污水处理相关指标要求高于乌兹别克斯坦。从两国的指标限值对比看，除了个别指标（pH 值）外，我国的指标数值都要远高于乌兹别克斯坦，如悬浮物、生化需氧量等；一些指标也有着更为清晰的定义，如化学物质指标，我国明确了具体的化学物质类型，包括氨氮、总氮、总磷、硫化物、总钡等 10 类，乌兹别克斯坦指标则无具体的类型。此外，在《污水综合排放标准》《地表水环境质量标准》《生活饮用水卫生标准》等污水处理相关标准中，除了乌兹别克斯坦列出的指标外，我国还在其他指标方面设置了限值，如规定了阴离子表面活性剂的限制、总硬度、挥发酚类等。此外，乌兹别克斯坦一些指标的检测方法和定义与我国有所差异，如在温度指标中，其水温的测试是"与过去 10 年中一年中最热的月份的平均月水温相比，废水排放导致的夏季水温增长不应超过 3℃"。而我国则是"人为造成的环境水温（℃）变化应限制在：周平均最大温升≤1，周平均最大温降≤2"，测量方法有所不同。

三是我国对于水的分类更为细致。根据《地表水环境质量标准》，我国将水域划分为 5 类，分别为：适用于源头水、国家自然保护区；适用于集中式生活饮用水地表水源地一级保护区、珍稀水生生物栖息地、鱼虾类产卵场、仔稚幼鱼的索饵场等；适用于集中式生活饮用水地表水源地二级保护区、鱼虾类越冬场、洄游通道、水产养殖区等渔业水域及游泳区；适用于一般工业用水区及人体非直接接触的娱乐用水区；适用于农业用水区及一般景观要求水域。而乌兹别

克斯坦《用水规范技术标准》在其中的第 2 章"工业和饮用水以及
文化和家庭用水设施的水质标准"中将水体分为两类：第一类包括
将水体作为集中或非集中的家庭和居民饮用水源，以及用于食品工
业企业的供水；第二类包括为文化和家庭目的、娱乐、体育而使用
水体，以及使用位于住区范围内的水体。相比之下，我国除了考虑人
类使用的水体质量外，还考虑到用于其他生物保护的水体要求，同时
划分更为细致。

表 5-7　乌中污水处理相关指标对比

序号	指标	乌兹别克斯坦	中国	
			标准	来源
1	悬浮物	在排放废水、在水体和沿海地区开展工作时，与自然条件相比，参考点水体中的悬浮物含量不得增加超过，第一类：0.25 mg/ml；第二类：0.75 mg/ml。对于在低流量时期自然形成的悬浮物含量超过 30 mg/L 的水体，允许增加最多 5%的含量。流动水体中沉积速度超过 0.4 mm/s，水库中沉积速度超过 0.2 mm/s 的悬浮泥沙不允许排放	直接排放：20 mg/L，间接排放：30 mg/L	《烧碱、聚氯乙烯工业污染物排放标准》
2	漂浮的杂质	水的表面必须没有石油产品、油、油脂和其他杂质的薄膜	肉眼可见物无	《生活饮用水卫生标准》
3	气味	水不得获得强度大于 2 分的可检测的气味。第一类：直接处理或通过后续氯化处理，第二类：直接处理	无异臭、无异味	《生活饮用水卫生标准》
4	温度	与过去 10 年中一年中最热的月份的平均月水温相比，废水排放导致的夏季水温增长不应超过 3℃	人为造成的环境水温（℃）变化应限制在：周平均最大温升≤1，周平均最大温降≤2	《地表水环境质量标准》

（续表）

序号	指标	乌兹别克斯坦	中国	
			标准	来源
5	氢指数（pH 值）	必须不超过 6.5～8.5	6～9 mg/L	《烧碱、聚氯乙烯工业污染物排放标准》
6	水的盐度	不超过 1 000 mg/ml，包括：氯化物 350，硫酸盐 500 mg/ml	高锰酸盐指数，1 类：≤2 mg/L，2 类：≤4 mg/L，3 类：≤6 mg/L，4 类：≤10 mg/L，5 类：≤15 mg/L	《地表水环境质量标准》
			硝酸盐，一级标准：0.5 mg/L，二级标准：1 mg/L	《污水综合排放标准》
7	溶解氧	在一年中的任何时候，在中午 12 点之前采集的样品中，必须不低于 4 mg/ml	1 类：饱和率 90%（或≥7.5 mg/L），2 类：≥ 6 mg/L，3 类：≥5 mg/L，4 类：≥3 mg/L，5 类：≥2mg/L	《地表水环境质量标准》
8	生化需氧量	在温度为 20℃时不得超过第一类：2 mg O_2/ml，第二类：4 O_2/ml	五日生化需氧量，直接排放：10 mg/L，间接排放：20 mg/L	《烧碱、聚氯乙烯工业污染物排放标准》
9	化学需氧量	不超过第一类：15 mg O_2/ml，第二类：30 mg O_2/ml	直接排放 40 mg/L，间接排放：60 mg/L	《烧碱、聚氯乙烯工业污染物排放标准》
10	化学物质	必须在水体中的浓度不超过最大允许浓度	包括氨氮、总氮、总磷、硫化物、总钡等 10 类，制定相应的排放限值	《烧碱、聚氯乙烯工业污染物排放标准》

（**续表**）

序号	指标	乌兹别克斯坦	中国	
			标准	来源
11	肠道感染的病原体	水中不应含有肠道感染的病原体	生活饮用水不得含有病原微生物	《生活饮用水卫生标准》
12	蠕虫（蛔虫、鞭虫、毒蛔虫、绦虫等）的活虫卵、蛔虫的球体和致病性肠道原生动物的活囊肿	必须不包含在25L的水中		
13	耐热大肠菌群	不超过第一类：100 CFU/100 ml，第二类：100 CFU/100 ml	不得检出	《生活饮用水卫生标准》
14	常见的大肠杆菌	不超过第一类：1 000 CFU/100 ml，第二类：500 CFU/100 ml		
15	大肠菌	不超过第一类：10 CFU/100 ml，第二类：10 CFU/100 ml	不得检出	《生活饮用水卫生标准》
16	放射性核素的总体积活动量在下列情况下合并存在	$\sum\left(\dfrac{A_1}{VB_i}\right)\leqslant 1$	放射性指标，总 α 放射性：0.5 Bq/L，总 β 放射性：1 Bq/L	《生活饮用水卫生标准》

（2）相关建议

一是指标测算注重本地化。乌兹别克斯坦一些指标的定义、检测方法与我国不同，因此企业在开展污水处理相关项目时，为了确保符合当地标准，应加强对乌国标准文件的研究，明确指标具体定义和测算方法。

二是加强与乌国政府的联动。由于乌兹别克斯坦现有污水处理标准尚未形成体系，部分指标内涵较为笼统，因此企业在开展项目时，要加强与乌兹别克斯坦政府的沟通联系，确保处理结果符合当地实际需求。

五、投资乌兹别克斯坦风险分析与应对建议

（一）潜在风险

1. 区域性联盟和他国投资带来的投资风险

尽管近几年乌兹别克斯坦整个国家的经济逐步走向开放，然而受到苏联体系以及近几年成立的欧亚经济联盟（关税同盟）、哈、俄等国清理"灰色清关"等联盟的影响，我国与乌兹别克斯坦的贸易投资仍有不小的竞争压力，而近期提出的中亚国家经济联盟也可能会对我国民营企业在乌的投资环境带来一定的影响。此外，世界上其他发达国家也日益重视乌兹别克斯坦市场，根据相关数据[1]，乌兹别克斯坦在2016—2020年间最大投资来源国是中国，此外土耳其、德国等国家投资额也较大。2020年上半年乌兹别克斯坦实际利用外资48亿美元，其中中国仅为第二大投资国[2]。而在绿色合作市场，世界上参与绿色合作市场竞争的国家带来的竞争压力也不容忽视，如德国就与乌兹别克斯坦进一步加大绿色经济合作力度等。

2. 法规标准环境带来的政策风险

一是政府政策波动性较大。乌兹别克斯坦虽然已初步形成以基本法为基础，总统令、内阁文件为辅的法律体系，但法律法规考虑不全面，同时目前乌兹别克斯坦正处于改革时期，因此政策的出台和变动较为频繁，在实际执行期间往往出现总统令、内阁文件对法律进行补充说明的情况，经常发生新政策与旧政策前后矛盾的现象。在投资方面，乌兹别克斯坦政府可能会在项目实施一段时间后取消原有外商投

---

① 光明网：《乌兹别克斯坦：投资潜力巨大》，https：//m. gmw. cn/baijia/2021-08/16/1302489353. html。

② 光明网：《乌兹别克斯坦上半年实际利用外资48亿美元 中国为第二大投资国》，https：//m. gmw. cn/baijia/2020-08/27/1301499628. html。

资优惠政策，或者以总统令、内阁文件的形式进行新的解读，增加企业不必要的投资成本风险。

二是各区执法缺乏统一标准。乌兹别克斯坦计划经济色彩仍较浓重，各地区政府执法主观性较强，常有行政干预的行为发生，使得相关部门自由裁量权较大，一些政策落实过程不到位。此外，乌兹别克斯坦各地区政府对于政策和法律的解读标准也无统一的标准，执行过程经常走样，导致投资者运营成本和风险的增加。

三是法规政策缺乏实施细则，标准管理有待规范。乌兹别克斯坦法规政策体系尚未成熟，在诸多领域仅有综合性文件，具体的实施细则较为缺乏，因此会导致执法者自由裁量权过大，容易引起权力寻租现象。此外，尽管在部分领域已设立相关标准，但外资企业在开展项目的标准认证时，往往发现当地政府审核过程不规范，缺乏规范的审核机制。

3. 经济、社会特征带来的经营风险

一是货币自由化可能导致企业投资风险。乌兹别克斯坦推行货币自由化，根据 2017 年 9 月 2 日发布的《关于货币政策自由化的优先措施》，实行汇率市场化政策，导致苏姆大幅贬值，货币波动较大，且乌兹别克斯坦政府对于外资企业缺乏应对汇率波动的保护或缓冲措施，从而对于建设周期较长的项目，会存在汇率市场变化带来的不可控风险。

二是外资企业融资限制较为严格，投保成本高。目前乌兹别克斯坦的证券市场和商业银行的规模都较小，不仅证券市场不具备为外资企业提供融资的条件，而且银行的贷款利率也很高；而中资银行在乌兹别克斯坦当地开展金融业务在规模和范围方面也受到一定限制，导致中资企业难以在当地开展跨境贸易和投资合作，融资需求更是无法满足。此外，受乌兹别克斯坦国内行政腐败、合同履约难等问题的影响，中资企业在乌投资风险较高，从而使得保险公司对相关项目保单审核严格，保费要求也高。

三是合同习惯与国内不同。乌兹别克斯坦政府对于外国投资者在合同中的承诺均会认真核实，如果过度承诺可能会导致当地政府追究。此外，当地企业和政府的口头承诺往往存在夸大现象，甚至合同中存在意义不清晰的内容也会引发歧义，如果合同条款不清晰可能在履行过程中陷入被动。

四是施行严苛的外国员工在当地工作政策。出于对本国公民就业需求的考量，乌兹别克斯坦规定外资企业中投资方员工与当地员工应满足一定比例，一般为3∶7，个别行业则高达1∶20（外资工厂建设期间不受用工比例限制），而在实际操作中由于缺乏实施细则，各地方政府在执行过程会出现较大偏差，甚至会产生权力寻租的现象，公然违反相关规定。乌兹别克斯坦劳动部门也对劳动许可的审核较严，一般而言高技术含量的工种人员如高级工程师、高级技师等比较容易获得工作签证，而一般的工人则较难。

五是存在索取合同外费用现象。在乌兹别克斯坦投资项目，特别是涉及到办理征地事项时，经常会发生土地所有人或农场主索要土地补偿费用以外的费用，甚至会影响项目正常建设进度。

六是绿色合作的专业人才匮乏。由于绿色合作存在技术性、前瞻性和复合性强的特点，特别是在中亚地区，合作过程中还经常出现技术难题需要专家和相关技术人员及时开展技术攻关工作的现象，对人才质量、专业人员综合素养和梯队建设、研发团队分工与合作等提出新的高水平要求，而现阶段在绿色技术的研发与应用、企业管理及项目运营、监督及检测等方面仍缺乏专业的合作人才。

七是基础设施不足可能引发经营风险。受限于经济发展落后，乌兹别克斯坦在电力等民生行业基础设施建设不足，部分设施老旧严重，极有可能发生停电等事故，从而影响企业经营。2022年1月，乌兹别克斯坦首都塔什干市和国内大部分地区当地时间25日上午11时因重大事故停电，包括塔什干市、努库斯市、卡尔希市、布哈拉市、撒马尔罕市、费尔干纳市、吉扎克市、阿尔马雷克市、纳曼干市等在内的乌国内主要城市均受到影响，停电时长达2个多小时。停电导致乌全境所有机场和塔什干市地铁停摆，塔什干市和一些城市供热、供水暂停①。

---

① 中华人民共和国驻乌兹别克斯坦共和国大使馆经济商务处：《乌兹别克斯坦出现大范围停电》，http://uz.mofcom.gov.cn/article/jmxw/202201/20220103239404.shtml。

（二）协同解决应对建议

1. 政府层面应对措施

一是利用多边平台和协议开展深入合作。我国政府与乌兹别克斯坦应广泛借助现有的多个多边合作平台，包括亚投行、欧亚经济联盟、欧盟和上合等，深入开展"一带一路"合作，特别是在绿色技术推广应用方面，在秉持开放包容的合作态度外，坚持推动多边对话与合作，号召各方坚持共商共建，推动绿色合作成为多边合作的重要组成部分。

二是积极发挥交流平台作用。除了国家层面建立的合作委员会外，还设立了针对特定领域的合作交流组织，如在绿色技术应用推广方面我国为应对《联合国 2030 年可持续发展议程》相关目标建立的绿色技术银行。相关组织应围绕专业领域与哈方相关政府、机构建立常态化交流合作机制，为投资企业在乌兹别克斯坦建设项目提供有效途径，同时也减轻乌兹别克斯坦政府机构工作强度。国家应大力支持相关部门、协会、企事业单位等发展，在对外交流、技术合作等方面提供政策支持，支持上述组织创新合作模式、推动中乌双方供需对接。

三是加强绿色合作人力资源机构建设和人才培养。中方应与乌兹别克斯坦积极开展人力资源机构共建和人才培养，特别是在绿色技术推广应用方面，加强绿色合作人才的发掘、综合培养、语言技能和相关岗位培训，提升人才对当地政治、法律、经济、政策、环境、社会、文化相关情况的认识程度，拓宽人才的国际化视野和跨国经营管理能力，为绿色技术推广应用和企业投资做好人才保障。

2. 企业层面应对措施

一是按需提供绿色技术应用项目。企业在投资乌兹别克斯坦绿色领域项目时，应结合乌兹别克斯坦绿色发展需求和实施重点项目，注重规划和实施绿色基础设施建设项目，根据要求落实个性化实施方案，并积极制定产品和管理运营方面的标准细则，真正实现绿色合作本土化和标准化相结合。

二是严格遵守当地环保法规和标准。企业在当地投资项目时应提前了解有关环保方面的法律法规，对于未出台细则的领域，加强与当地管理机构的联动和交流，污染品处理应遵守当地有关规定和习惯，做好排污降碳措施。项目进行过程中应充分重视环境影响评价，通过评价项目的环境影响以及施行减轻影响的措施，有利于当地可持续发展。

三是重视绿色金融产品的开发和风险管理。企业应加强对乌兹别克斯坦当地金融和绿色合作市场的调研，运用当地在推动绿色经济发展中实行的财税优惠政策，积极细化操作流程、建立分析工具和运用金融保险产品等方式主动管控融资风险。

四是采取金融风险规避措施，选择资质和信誉较好的国内外银行和保险公司。企业在乌兹别克斯坦投资过程中应尽量选择资质和信誉较好的国内外银行和保险公司。针对乌兹别克斯坦货币汇率风险，可以采用提前支付、延期收付等结算方式以及推迟订货或延期付款等方法进行规避。

五是事前做好投资调研和风险评估。企业在赴乌兹别克斯坦投资项目前可以通过与当地有实力的咨询机构和技术力量开展合作，应根据投资的领域做好调研，重点了解当地政府政治、法律、标准、经济、社会、基础设施建设等情况，梳理当地引资、税收等政策，进行深入的研究，扎实做好投资风险评估；对合作伙伴做好企业调查，不轻信对方口头承诺，为推动项目落地奠定坚实基础。

六是重视合同签订的规范性和准确性。对于劳务许可、可享受的优惠政策、基础设施建设等项目建设重点内容和可能存在的风险点在合同中加以具体说明，并尽量通过"总统令"的方式予以确认，对合同文本仔细推敲，避免发生歧义，使合同文本条款表述准确，责任分工明确，减少后期不必要的纠纷。

七是加强与当地政府的沟通交流。企业在乌兹别克斯坦开展项目时应重视与当地政府的紧密联系，确保资源的及时协调，与政府做好突发情况，比如发生停电等事故的应急处置方案，并在项目合作过程中实现企业利益与当地发展目标的统一。

八是在当地树立良好形象。鉴于乌兹别克斯坦风俗与我国大不相同，企业在开展项目时应充分尊重当地民风民俗和文化禁忌，积极吸收当地劳动力，帮助解决当地就业问题；积极开展热心公益事业，开展"企业开放日"、"企业捐赠日"、节日联欢会等活动，改善当地群众和部门的工作和生活条件，在当地树立良好的企业形象。

九是建议涉及乌国重点支持行业的企业加强在乌投资。从乌国发展阶段看，仍处于推动基础设施建设更新、大力发展国家经济的阶段，由于国家不具有完备的产业全链，同时受到国家人口、气候、面积、土地等因素影响，乌兹别克斯坦的行业发展主要聚焦在采矿、农业、电力、化工、轻纺、水处理等方面，因此涉及该类企业去往乌国投资在投资环境等方面具有更好的优势。

第六篇　以色列

一、概述

以色列国（以下简称"以色列"）是"一带一路"沿线重要国家之一。地处欧、亚、非三大洲交界处，北靠黎巴嫩和叙利亚，东濒约旦，西南部与埃及接壤，西边有着与地中海相连的海岸线，在南边有小部分与红海相连的海岸线，国土面积约为 20 072 平方千米。以色列的总人口约 854.7 万人，大部分是犹太人，占总人口的 74.85%，人口以青年人为主，30 岁以下居民占总人口 50.36%，高于 75 岁的居民仅占 4.89%。以色列居民受教育程度很高，25 到 64 周岁居民中接受高等教育的比例为 48.82%（经合组织 34.97%）。从北部的沙隆（Sharon）地区到南部的雷霍沃特市（Rehovot）、从西部的地中海到东部的佩塔提克瓦市（Petah Tikva）形成以色列的中部地区，这里是以色列人口最密集的地区；中部地区分为两个分区：中央区和特拉维夫区，全国 40.6% 的人口生活在这里。其余人口分布在北部区（16.3%）、南部区（14.4%）、耶路撒冷区（12.5%）和海法区（11.6%），还有 4.6% 的以色列人居住在犹太区和撒马利亚地区。以色列气候比较独特，主要包括两个季节：凉爽多雨的冬季（11 月到次年 5 月）以及炎热干燥的夏季（6 月到 10 月）。以色列的不同地理区域有明显的差异：海岸线的冬季温和、夏季潮湿；山地区域（包括耶路撒冷）的夏季干燥、冬天较冷；（南部）内盖夫全年都处于半沙漠气候，冬季相对较干燥。

以色列吸引外商投资具有比较明显的优势。首先，以色列具有强劲的经济表现与成熟的市场经济体制。以色列保持着高于大多数发达经济体的经济增长速度，稳健的财政政策支撑着经济的高速增长，保持了较低的债务占 GDP 比重。以色列资本和金融市场发育成熟，其拥有 20 亿美元创业基金支持新投资者；货币管制较松，允许资金回流；知识产权保护体制较为完善；是世界上唯一同时与美国、欧盟和欧洲自由贸易区签署了自由贸易协定的国家。其次，以色列具有高素质人

才和低失业率。以色列劳动力受教育程度高，以色列每万人中就有
135 名工程师和技师，在发达国家中名列榜首；20% 居民拥有大学学
士学位，12% 拥有硕士以上学位，仅次于美国和荷兰；强大的国防实
力使得尖端技术很容易转化为民用产品。此外，强劲的经济表现说明
了以色列的低就业率和高劳动力参与率。再次，以色列具有良好的法
治环境。以色列为维护和保障投资者利益，提高社会资本投资积极性，
制定并出台一系列法律法规，如《资本投资鼓励法》。

以色列的创新能力近年来在全球名列前茅。2018 年全球竞争力指
数居于第三位。首先，这得益于以色列领先于世界的投资研发率。在以
色列的出口总额中，高科技商品和服务占比高达 45%。其次，源于以色
列浓烈的创新环境。以色列是第二个硅谷，拥有希伯莱大学、海法大学
等世界一流的教育机构和全世界最著名的跨国公司，也拥有创造"创业
奇迹公司"的光辉历史。与此同时，政府大力支持研发项目，对固定资
产投资者给予补贴，提供长达 10 年的"税收假期"。最后，以色列具有
充满活力的高科技生态系统。以色列是全球最有活力的高科技生态系统
之一。2017 年以色列高科技公司共筹集了 52 亿美元的资本，其中就吸
引了不少中国企业的资金，并且在同一年有 94 家以色列公司在纳斯达
克上市。以色列设立了众多的工业园区和高技术孵化区，是仅次于加
拿大的第二大纳斯达克上市公司大国，也是国际软件业采购的重镇。

基于上述特点，以及中以两国发展前景，研究以色列绿色技术相关
法律政策和对应技术标准体系，将有助于我国"走出去"到以色列的企业
充分掌握其优惠政策和相关要求，进而将业务发展到整个中东地区；同
时，也将帮助国内相关地方和机构进一步了解以色列优势绿色技术产业发
展情况，对于如何有效"引进来"相关产业及推动落地发展奠定基础。

二、法律政策体系概况

（一）整体概况

以色列没有正式的成文宪法。基本法不是正式的宪法，其法律地

位高于普通法律，其制定和修改一般需议会特定多数通过。以色列现有基本法包括《议会法》《国家土地法》《总统法》《政府法》《国家经济法》《国防法》《耶路撒冷法》《司法制度法》《国家审计长法》《人的尊严与自由法》《职业自由法》《公投法》12 部基本法。基本法涵盖了总统、议会、政府的地位、关系、产生、运作等，还有关于以色列国家性质、国土、公民、首领等相关法律，关于司法、经济、国防等领域的基本法律。

总统为国家元首，由议会从候选人中以简单多数选出，任期 7 年，最多可连任两届。总统超越各党派和权力机构，是国家象征，其职责主要是利益性和象征性的，如在选举结束或前任政府辞职后，责成一位议会成员着手组建新政府；接受外国使节的国书；签署议会通过的条约和法律；在有关机关推荐下，任命法官、中央银行行长和以色列驻外大使；应司法部长建议，赦免或减轻对罪犯的刑罚。

议会为一院制，设有 120 个议席，每 4 年选举 1 次。以色列最大的两个政党是前进党和劳工党。议会职能是立法和监督政府工作。政府和议员提交的法律提案须经议会三读通过，方能成为法律：一读之后，议案交有关委员会讨论；二读由全体会议审议；三读时进行最后表决。此后，该议案经主管部长、总理和总统签署后成为法律。

政府以总理为首，由总理组阁经议会简单多数通过产生。总理为国家最高行政长官，掌握国家实权。总理必须是议会议员，通常由议会第一大党党首出任。地方政府方面，市政府和地方政府根据各政党在地方选举中得票多少按"比例代表制"产生，市长和地方政府的领导人由直接选举产生。地方政府的工作受内政部的监督。地方政府资金主要来自市政税收、政府拨款和参与维持全国公用事业的收入。各市政当局和地方政府打交道，监督议会的有关立法，向地方政府提供工作协议和法律事务等方面的指导。

司法系统由最高法院、地区法院和基层法院三层体系结构组成，此外还有军事法院、家庭法庭、劳工法庭、行政法庭和宗教法庭等。以色列法院仅由专业法官组成。世俗法院分为三个级别：地方法院，处理某些民事案件和可处以三年以下有期徒刑的犯罪；四个主要城市的地区法院，对民事和刑事事项具有一般管辖权；耶路撒冷最高法院，裁定下级法院的上诉，并作为一审法院，也是唯一的法院，作为高等法院行使管辖权。

以色列的法律体系深受英美普通法系的影响，并结合了大陆法系优点和犹太法传统，从而形成多种法律渊源并存的混合法律体系。根据 1992 年的两项基本法律，以色列议会通过立法拥有最高的规范地位。以色列司法系统独立，与立法和执法机构完全分离。司法部门享有广泛的司法裁量权和司法权力来制定判例法。根据以色列实行遵照先例的原则，法院制定的规则将指导任何下级法院，最高法院则不受其自身决定的约束。以色列法院不使用陪审团制度，所有关于事实和法律的问题都有法官确定，而且该系统坚持无罪推定原则。最高法院享有特殊地位和影响力。

在私法中，以色列立法包括关于妇女平等权利的法律，关于亲属之间的能力和监护、领养和赡养义务的法律，关于单独拥有公寓的合作房屋的使用权的法律，标准合同法，全面继承法，关于代理、担保的法律，抵押和保释，诽谤法和专利法等等。在行政法中，立法涵盖了现代福利国家立法机构所关注的大多数问题，包括教育、义务兵役（男女）和国民保险。1959 年的《水法》和《鼓励资本投资法》对该国经济尤为重要。涉及集体谈判、劳动交换、工资保护、安全条例、遣散费等的法律是劳动法法典的核心。刑法、侵权行为和证据的发展仅限于对 1948 年以前的法律进行零碎的修正。其中重要的是废除谋杀死刑和实行缓刑；在性犯罪审判中对未成年人采取新的取证方式；以及国家对侵权行为的责任。1965 年，刑事诉讼规则得到了巩固：除其他变化外，初步调查被废除；民事诉讼规则，主要来源于其英文对应版本，也被重新起草和修订。

（二）绿色技术相关法律政策

鉴于绿色技术相关法律的范围定义较为宽泛，因此，本篇仅仅研究与绿色技术关联程度高且较为重要的法律政策。绿色技术相关法律政策主要体现在绿色技术本身的保护问题，绿色技术落地过程中涉及的法律问题，以及后续绿色技术应用所带来的环境社会影响。绿色技术相关法律主要涉及"绿色"法，主要包括《清洁维护法》《消除妨害法》《环境保护法》等；另外涉及"技术"法，主要包括《知识产权法》等；同时还包括绿色技术落地转化相关法律，主要包括《投资法》《公司法》《税法》等。绿色技术相关法律包括绿色技术转移转化全生命周期涉及的法律法规，由于各国的法律法规类别、形式繁多，本篇研究集中介绍以色列绿色技术相关共通的重点法律政策，以期更深入了解绿色技术相关法律政策。

三、绿色技术相关重点法律政策研究

（一）资本投资鼓励法

1. 总体框架与整体内容综合评析

以色列政府提供的资本投资激励措施和一些税费减免政策的依据为《资本投资鼓励法》。该法于 1959 年出台，经过很多次修正，包括在过去 15 年中的三次重大修订：2005 年修订 60 条和 2010 年修订 68 条。2016 年 12 月，该法再次进行了修订，确定了有关科技公司的税费减免规定，投资者应依照最新版本享受优惠政策。该法目的是招商引资，鼓励外国和国内资本进行经济活动和投资。为了实现目的，制定了两个主要计划：拨款计划和税收优惠计划。

首先，关于拨款计划。申请的公司必须符合以下标准：①公司必须是以色列在册的工业企业。②公司必须具备出口能力（25%的销售额来源于出口）。③公司必须位于发展区域 A。（注：以色列按照经济发展情况将开发区划分为 A、B、C 三类，其中 A 区是经济落后地区，C 区是经济发达地区，B 区介于两者之间）③公司不能是服务业、农业（包括冷藏设备行业）、矿业或天然气行业的企业。④公司不能同时申请就业资助；已获就业资助的公司不能申请拨款优惠。⑤政府拨款额最多不超过企业在固定资产、生产设备或设施方面的投资的 24%。

⑥以色列南部内盖夫地区的投资可额外获得最多 10% 的拨款。

经济部投资中心管理局负责拨款申请的审批工作。企业申请拨款时需提交详细的商业计划书，通过申请的企业会获得"核准企业"资格。申请会根据一系列参数进行审查和打分，这些参数会定期修改。

其次，关于税费减免。如果企业被授予"重点企业""特别重点企业""技术型企业"或"特别技术型企业"荣誉，则该公司有资格享受税收优惠（根据《资本投资鼓励法》授权）。每个类型企业所需的资格标准和审批事项如下所述。与此同时，"重点企业""特别重点企业""技术型企业"或"特别技术型企业"的头衔让拥有其他企业的公司，就其所有企业的收入享有降低企业税率、降低股息税率（部分情况下也享有降低资本收益税）的福利。

重点企业的认定资格标准如下——（1）出口达到年销售额的 25%；（2）工业企业：大部分企业活动为生产制造的企业。

被认定为重点企业后，其将会享受到以下福利：①对于在开发区 A 内建立的重点企业，其企业税率为 7.5%；②对于在其他区域内建立的重点企业，其企业税率为 16%；③股息税率为 20%；④加速折旧。

特别重点企业的认定资格标准如下——（1）以色列公司年优先收入总额达到或超过 10 亿新谢克尔；（2）拥有首选企业的公司合并资产负债表达到或超过 100 亿新谢克尔；（3）商业计划书将至少包括以下内容之一：①对以色列中部生产设备投资额至少 8 亿新谢克尔（约 2 亿美元）或自福利批准之日起，三年内在开发区 A 的投资 4 亿新谢克尔（约 1 亿美元）；②在开发区 A 以外其他开发区内"重点领域"的研发活动投资额至少为 1.5 亿新谢克尔（约 3 750 万美元）；③在开发区 A 的研发活动中至少投资 1 亿新谢克尔（约 2 500 万美元）；④在开发区域内聘请至少 500 名员工。

被认定为特别重点企业后，其将会享受到以下福利：①对于在开发区 A 内建立的特别重点企业，其企业税率为 5%；②对于在其他区域内建立的特别重点企业，其企业税率为 8%；③对于直接向母公司（外国公司）支付的股息，股息税率为 5%；④加速折旧。

技术型企业的认定资格标准如下——（1）在纳税年度之前的三年中，企业的研发费用至少平均占据该企业的年销售总额的 7%，每年超过 7 500 万新谢克尔。（2）拥有该企业的公司出现以下一项或多项情况：①企业 20% 或以上的员工为工资总额在企业财务报告中被称为"研发费用"的员工，或企业聘请了超过 200 名具有此特征的员工（即工资被称为"研发费用"的员工）。②风险投资公司已在公司投资了 800 多万新谢克尔（220 万美元），而被投资公司在接受投资后并没有改变其职业领域。③纳税年度前三年内的收入与之前的纳税年度收入相比，平均增长 25% 或以上。只要其税收年度和每年的销售规模超过 1 000 万新谢克尔（275 万美元）或以上。④纳税年度前三年的员工人数比税前年度平均增长了 25% 或以上。只要该公司在纳税年度且在该纳税年度之前的任意一年聘请的员工超过 50 名。（3）该公司获得创新局的批准，确认其为"创新发展企业"。提前设定批准条件。（4）公司母公司在纳税年度的总收入不超过 100 亿新谢克尔（27.5 亿美元）。（5）企业出口超过其年销售额的 25% 以上。对于技术型企业，每个纳税年度中下列条件均适用：条件 1 和 2 一同适用或条件 3 适用；同时，条件 4 和条件 5 也适用。

被认定为技术型企业后，其收入将享有以下福利——（1）企业税收：①对于拥有一家位于开发区 A 的技术型企业的公司，其企业税率为 7.5%。②对于拥有一家非位于开发区 A 的技术型企业的公司，其企业税率为 12%。（2）资本收益税：①资本收益——以色列的研发活动中获得的资本收益以及财政部长规定的资本收益。②对于向外国公司出售无形资产，资本收益税率（针对拥有技术型企业的公司）为 12%。只要该资产是从外国公司购买的，且购买价在 2 亿新谢克尔或以上即可。③上述资本收益税率取决于创新局的审批情况。（3）股息税：①对于拥有技术型企业的公司，其营业收入税税率为 20%。②如果将股息分配给外国居民委员会，则税率为 4%（视情况而定——外国居民委员会拥有 90% 或以上的股份，且股份是在收入产生之前就购买的）。③税收的收入基数应为扣除所支付的其他税收后的优先技术收入或资本收益税。

特别技术型企业的认定资格标准如下，除了以下所述的不同之处，针对"技术型企业"而规定所有条件都适用：将"公司母公司在纳税年度的总收入不超过 100 亿新谢克尔"替换为"总收入达到或超过 100 亿新谢克尔"。

被认定为特别技术型企业后，其收入将享有以下福利——（1）企业税率 6%。（2）资本收益税率（针对拥有特殊技术型企业的公司）：①对于向外国公司出售无形资产，税率 6%。资本收益——以色列的研发活动中获得的资本收益以及财政部规定的资本收益。只要以下任意条件成立，公司就有资格享受税率优惠：属于该资产第一所有人的企业；外国公司购买该资产的企业。②上述资本收益税率取决于创新局的审批情况。（3）股息税率：①对于拥有技术型企业的公司，其营业收入税税率为 20%。②如果将股息分配给外国居民委员会，则税率为 4%（视情况而定——外国居民委员会拥有 90% 或以上的股份，且股份是在收入产生之前就购买的）。

"重点企业"和"技术型企业"的税收优惠由税务机关通过两种方式进行审批：绿色通道或预先裁定。每个企业可决定最适合自己的绿色通道。"特殊技术型企业"的获批过程与重点企业（和技术型企业）的过程相同。"特别重点企业"的获批过程与"重点企业"的获批过程并不相同，也不包含绿色通道。申请将根据上面列出的各项资格标准进行审查。

2. 资本投资鼓励法中绿色技术相关重点条文解读

《资本投资鼓励法》既影响着获益资格判定标准，也调整着获益企业的受益方式。

从获益资格判定标准来看，能够从《资本投资鼓励法》中获益的企业必须是在以色列注册的工业公司，且必须具有一定的国际竞争力（即出口能力）。如果是生物和纳米技术公司，则无需满足此"出口"条件规定。而这些工业企业要么至少雇用 10 名合格员工（软件工程师、系统分析师、生物技术研究人员等等），要么具有首席科学家办公室认可为"工业高科技研发设施"。任何在以色列进行生产制造和研发活动的工业公司有权获得政府全方位的支持，即：投资鼓励、公司税收优惠和首席科学家办公室资助。

从企业获益方式来看，《资本投资鼓励法》主要规定了税收减免、国内基金和国际合作三大类。凡获益企业的企业所得税已从2011年的15%调整至2015年的12%，而被认定为在优先发展区域的工业企业仅为6%。另外，首席科学家办公室的主要方案（即研发基金）则通过提供带有附加条件、最高可达核准研发开支50%的资助，支持以色列企业进行研发项目。国内基金种类包括：技术孵化器、Heznek-种子基金、Tnufa计划、Magneton和Noffar计划等。其中，Tnufa计划基金可为每个项目提供核准研发预算比最高，达到85%。

更富有特色的是国际支持计划，为富有竞争性的研发活动而设立的双边研发基金，以此促使以色列与海外机构合作开展研发项目。如以色列和美国设立的"BIRD"基金，以色列和欧盟设立的"ISRED"，以色列和新加坡设立的"SIIRD"等。参与到该计划中的以色列企业均有资格从首席科学家办公室获得研发资助。

3. 与我国对应法律对比情况

通过与我国涉及投资经营主体法律规范相对比，不难发现，以色列《资本投资鼓励法》与我国的相关规定存在较大的不同。

一方面，针对国内外投资经营者立法选择不同。以色列《资本投资鼓励法》对于本国投资经营者和外国投资经营者，采取的"内外一致"的立法模式，而我国以2020年生效的《外商投资法》为界，过去采取的是"内外有别"，而现在适用的是"内外趋于一致"的立法模式。以《外商投资法》《外商投资法实施条例》《市场监管总局关于贯彻落实〈外商投资法〉做好外商投资企业登记注册工作的通知》《外商投资信息报告办法》等相关规定，大致形成了我国外商投资管理的新体系。其中，《外商投资信息报告办法》废止了《外商投资企业设立及变更备案管理暂行办法》，这改变了我国原有的外商投资管理体系。由"逐案审批"变为"备案＋负面清单"的管理模式，即除个别投资项目需核准外，企业设立，一般投资项目通常不需要审批。另外，新体系对于外商企业组织形式，作了强制性、大幅度的调整。根据《外商投资法》第 42 条和《实施条例》第 44 条，依照三资企业法设立的现有外商投资企业在《外商投资法》施行 5 年内，需依照我国《公司法》《合伙企业法》的规定，调整组织形式、组织机构并依法办理变更登记。到了 2025 年 1 月 1 日以后，不予办理其申请、股权转让、股东变更等登记事项。

另一方面，扶持高新技术产业发展方式不同。以色列《资本投资鼓励法》调整的对象是具备一定外贸能力的工业企业或生物、纳米技术公司，包括其组织形式和财税扶持方式等具体内容，从而促进本国高新技术产业创新和发展外向型经济；而我国没有单独就工业公司或高新技术公司统一立法，但在税收优惠方面也有支持企业改造技术的专门文件。以色列《资本投资鼓励法》属于法律，位阶高，效力稳定。对于"重点企业"和"技术型企业"的认定有明确具体的认定标准和扶持依据，内容细致，但受益范围稍显狭窄，仅局限在工业领域。反观我国，《企业所得税法》只规定了"凡国家需要重点扶持的高新技术企业，减按 15% 的税率征收企业所得税"，并未说明重点扶持的高新技术企业认定标准，条文表述相对抽象。尽管 2012 年国务院颁布《关于促进企业技术改造的指导意见》（国发〔2012〕44 号），指出"对于购置用于环境保护、节能节水、安全生产等专用设备的投资额可按一定比例实行税额抵免，研发费用加计扣除所得税，技术转让减免企业所得税，被认定为高新技术企业的享受企业所得税优惠……稳步推进营业税改征增值税改革，逐步将转让技术专利、商标、品牌等无形资产纳入增值税征收范围，支持企业技术改造"，但并未提出具有实操性的税收减免内容。2018 年《财政部 税务总局 科技部关于提高研究开发费用税前加计扣除比例的通知》（财税〔2018〕99 号）在《企业所得税法》的基础上对所有企业开展的技术科研行为进一步扩大财税优惠幅度。"企业开展研发活动中实际发生的研发费用，未形成无形资产计入当期损益的，在按规定据实扣除的基础上，在 2018 年 1 月 1 日至 2020 年

12 月 31 日期间，再按照实际发生额的 75% 在税前加计扣除；形成无形资产的，在上述期间按照无形资产成本的 175% 在税前摊销。"可见，我国对于技术性企业财税扶持规定往往具有阶段性、时效性。

（二）清洁维护法

1. 法律总体框架与整体内容综合评析

《减少污染法》（Abatement of Environmental NuisancesLaw）[①]，是以色列控制空气质量、气味和噪声的主要立法文书。这项法律规定，"任何来源的影响相当大或不合理的噪声或空气污染（包括气味），如果干扰或可能干扰附近的人或行人，都是非法的"。根据本法，环境保护部有权发布清除妨害令，如不遵守，则有权清除妨害，并向责任人收取双倍费用。根据法律支付的所有款项和罚款均支付给根据《清洁维护法》设立的指定基金。环境保护部长有权向违法者（无论是个人、财产所有人还是地方当局）发出清理令，并要求处置废物和恢复受损区域。而《清洁维护法》（Maintenance of Cleanliness Law）[②] 这项法律禁止向公共领域乱扔垃圾或处置废物、建筑垃圾和车辆废料。它要求地方当局建立处理或收集和处理建筑和拆除（C&D）碎片、堆场废料、轮胎和车辆废料的场所；它还要求这些地方当局公布这些地点的位置。该法设立了一个清洁维护基金，其来源包括根据各种环境法征收的费用和罚款，以资助广泛的环境活动。它还规定任命自愿检查员和清洁委员会，由环境保护部长授权报告乱扔垃圾的违法行为。2007 年，以色列颁布了《清洁维护法修正案》，其规定了垃圾填埋税。该修正案于 2007 年 1 月 16 日通过，自 2007 年 7 月 1 日起生效。该修正案要求垃圾填埋场经营者每填埋一吨垃圾就要缴纳一笔税款。其目的是将废物处理和处置的全部和实际成本（包括土地消耗、空气污染、水污染、土壤污染和废物运输）内化，从而为增加再循环和回收铺平

---

① Israel Ministry of Environmental Protection：https：//www. sviva. gov. il/English/Legislation/Pages/PollutionAndNuisances. aspx，2020 年 5 月 16 日。

② Israel Ministry of Environmental Protection：https：//www. sviva. gov. il/English/Legislation/Pages/WasteAndRecycling. aspx，2020 年 5 月 16 日。

道路。这笔款项将存入维持清洁基金的一个专用账户，财政资源将用于开发和建立回收和回收设施，作为填埋的替代办法。征收标准根据垃圾种类确定：混合垃圾、干垃圾、分类后的废渣、污泥、稳定化工业污泥、建筑拆除垃圾。征收办法分五年逐步递增执行，因此，例如典型的城市固体废物，一吨混合废物的填埋税在 2007 年为 10 新谢克尔，2008 年为 20 新谢克尔，2011 年为 50 新谢克尔；一吨污泥的填埋税在 2007 年为 24 新谢克尔，2011 年增至 120 新谢克尔。2011 年，以色列对《清洁维护法》再次予以修正，其修正案于 2011 年 7 月生效。它旨在打击非法倾倒建筑和拆除（C&D）废物的行为。修正案特别提出，对倾倒 C&D 废物的行为将给予更严厉的处罚，并责成法院在三年内再次定罪的情况下，下令扣押罪犯用于犯罪的车辆。修订后的法律的主要规定包括：①更严厉的处罚。对倾倒 C&D 废物的处罚增加到三年监禁或罚款 404 000 新谢克尔，对一家公司来说是这一数额的两倍。非法丢弃其他类型废物（不属于 C&D 废物的废物：废料、屠宰场废物等）的处罚增加到一年监禁或 226 000 新谢克尔罚款，或是公司的两倍。②扣押。除任何其他处罚外，法院可要求扣押用于犯罪的车辆，如果在三年内再次发生犯罪，法院有义务下令扣押车辆，除非有特殊情况不能这样做。③禁止倾倒废物。修正案授权发出指示，停止或防止损害本身的产生。

《清洁维护法》一共 19 条，包括定义、禁止污染和丢弃废物、对未成年人的责任规定、关于车辆报废的推定、处理车辆废料的权力等内容，详见表 6-1。

表 6-1　《清洁维护法》主要条款

第 1 条	本法适用的基本概念
第 2 条	禁止污染和丢弃废物
第 3 条	对未成年人的责任规定
第 4 条	关于将废物或建筑碎屑扔出车辆的推定
第 5 条	关于将废物或建筑碎屑扔出车辆的推定
第 6 条	在车辆上张贴标志的责任
第 7 条	处置建筑垃圾和车辆废料的场所
第 8 条	处理车辆废料的权力

（续表）

第 8 条 A	在公共领域弃置车辆的责任
第 8 条 B	出售被拖走的车辆或将其归还车主
第 8 条 C	出售拆迁的激励措施
第 8 条 D	报废车辆的法律地位
第 9 条	处理饮料容器的责任
第 10 条	清洁维护基金的设立
第 11 条	清洁维护费
第 12 条	检查员和清洁警卫
第 13 条	罚款及罚款的运用
第 14 条	命令支付清洁费用
第 15 条	法人团体的责任
第 16 条	实施与制定
第 17 条	法律生效的范围
第 18 条	法律效力
第 19 条	附则

2. 清洁维护法中绿色技术相关重点条文解读

《清洁维护法》中涉及绿色技术的主要集中在第 9、10 条，具体见表 6-2。

表 6-2 《清洁维护法》涉及绿色技术相关内容

条文	《清洁维护法》第 9 条	《清洁维护法》第 10 条
具体内容	任何进口商不得销售任何饮料容器，除非在容器上印有或印在其上或贴在其上的标签上有明显的禁止丢弃废物的告示，一切由工业部长和商务部可与卫生部长协商规定。	(a) 兹在环境部的框架内设立了"清洁维持基金"（以下简称"基金"）。 (b) 基金的目的应是集中金钱资源，以保持清洁和防止扔掉废物，包括促进和鼓励教育和宣传活动，检查和执行维护清洁的法律。 (c) 环境部长应制定有关基金运作规则的法规。 (d) 基金的款项应专款专用，并应在环境大臣的指示下经财政大臣同意而支出。 (e) 基金的资金应来自根据第 11 条收取的费用，根据第 13 条收取的罚款，国家预算的拨款和捐款。 (f) 在每一个预算年度结束时，环境部长应向议会内政和生态委员会报告该基金的活动，收入和支出。

粘贴技术标识是《清洁维护法》中贯彻绿色技术的一大体现，能针对流通性极强的物品加强污染防控监管。而《清洁维护法》中的维持清洁基金的主要用途是进行处置固体废物的清洁技术研发，它来源十分广泛，包括：维持清洁费用、罚款、捐款和国家拨款。以色列采取设立专门基金为技术创新提供资金支持的方式已十分成熟，但主要集中在工业、生物等高精尖领域，如前述的《资本投资鼓励法》。维持清洁基金的设立为提高废物循环利用率、降低处置成本提供了技术性保障。此外，不仅基金的使用额度和互动都必须在年度结束汇报，受到环保部门和第三方行业组织的双重监管，还能做到专款专用。

3. 与我国对应法律对比情况

同《清洁维护法》相同的是，我国对于固定污染物的处置也设立了专门的法律，即《固体废物污染环境防治法》。1995 年生效实施的《固体废物污染环境防治法》颁布早于《清洁维护法》，经历了三次修正、两次修订，一共有 126 个条文，分为九章：1. 总则；2. 监督管理；3. 工业固体废物；4. 生活垃圾；5. 建筑垃圾、农业固体废物等；6. 危险废物；7. 保障措施；8. 法律责任；9. 附则。

从整体来看，《清洁维护法》仅有 19 个条文，主要处理的是工业固体废物（如船舶、汽车、饮料容器）、建筑垃圾和生活垃圾，针对的是对上述固体废物的投掷、倾倒、抛弃或放弃行为，采用的是列举式。而我国的《固体废物污染环境防治法》中，除上述三种外，还包括了危险废物、农业固体废物等。调整的法律行为除上述列举的四种外，还包括进口、移送、贮藏等行为。换言之，凡产生、收集、贮存、运输、利用、处置固体废物的单位和个人，应当采取措施，防止或者减少固体废物对环境的污染，对所造成的环境污染依法承担责任。因此，在对污染行为规范上采取的"概括式 + 列举式"的方式，使得环境保护更加严密、完备。

另外，《固体废物污染环境防治法》中所体现的信息技术先进性是《清洁维护法》并不具备的。如本法第 16 条规定"国务院生态环境主管部门应当会同国务院有关部门建立全国危险废物等固体废物污染环境防治信息平台，推进固体废物收集、转移、处置等全过程监控和信息化追溯"，并利用这一平台落实事前监督的效果，真正达到"既防又治"的双重目的。如本法第 28 条规定"生态环境主管部门应当会同有关部门建立产生、收集、贮存、运输、利用、处置固体废物的单位和其他生产经营者信用记录制度，将相关信用记录纳入全国信用信息共享平台"。而在就对生活垃圾处置完善中也进一步凸显了技术的作用，如本法第 56 条"生活垃圾处理单位应当按照国家有关规定，安装使用监测设备，实时监测污染物的排放情况，将污染排放数据实时公开。监测设备应当与所在地生态环境主管部门的监控设备联网"。反观在《清洁维护法》中，第 10、11 条收取的清洁维护基金和清洁维护费可用于清洁技术研发等活动。

　　从内容来看，《清洁维护法》和《固体废物污染环境防治法》都规定了法人和自然人刑事责任，并采取"双罚制"。但固体废物污染环境作为一种典型的民事侵权责任类型，并未在《固体废物污染环境防治法》中规定，而是在《侵权责任法》中设专章规定，这体现出大陆法系中公法与私法分离的立法技术选择。而《清洁维护法》中不仅规定了公法性责任还包括民事侵权责任，这也是因为以色列属于英美法系的缘故。这一点从其免责事由的表述上也能够体现出来，如污染人若实施了一切力所能及的措施防止污染发生或扩大或是自己完全不知情、无法控制，而没有使用"有无过错"一类的表述。另外，《清洁维护法》注重发动公民个人力量，如设立清洁警卫，由其代为实施一定的行政处罚权。而《固体废物污染环境防治法》虽未委以具体执法权力，但在第 31 条同样规定了举报奖励制度。

（三）自由信息保护法

1. 法律总体框架与整体内容综合评析

　　以色列于 1998 年颁布了《自由信息保护法》　　（Freedom of Information Law）①，以确保公开获得公共信息。该法使个人和公共组

---

　　①　Israel Ministry of Environmental Protection：https://www. sviva. gov. il/English/Legislation/Pages/GeneralProvisions. aspx，2020 年 5 月 16 日。

织能够向公共当局申请信息。2005 年《自由信息保护法》修正案特别涉及公布"与公共卫生有关的环境信息，包括排放、泄漏或释放到环境中的物质的数据，以及噪声、气味和辐射的测量结果"，其目的是通过在网站上公布和通过其他方式，使政府机构中存在的环境信息更容易获取，并消除对申请和费用的需要，详见表 6-3。

表 6-3　《自由信息保护法》主要条款

第 1 条　信息自由
第 2 条　定义
第 3 条　总干事
第 4 条　公布公共当局名单
第 5 条　定期报告
第 6 条　行政指导方针和细则
第 6A 条　环境信息
第 7 条　提出请求和处理请求的程序
第 8 条　在某些情况下驳回请求
第 9 条　受限制或无义务提供的信息
第 10 条　权力考虑
第 11 条　披露部分信息和提供信息的条件
第 12 条　对非国民或居民的影响
第 13 条　保护第三方
第 14 条　对法律效力的保留
第 15 条　联合委员会会议记录
第 16 条　更正信息
第 17 条　向法院上诉
第 18 条　费用
第 19 条　实施和规定
第 20 条　法律的保留
第 21 条　开工

　　根据该修正案，环境保护部长、以色列议会内政和环境委员会批准，将颁布条例，确定向公众提供的具体数据类型以及提供和公布这些数据的方式。2009 年《公众获取环境信息条例》是根据《自由信息保护法》第 6A 条制定的，该节规定，法律界定的每个公共当局（包

括所有政府部门、地方当局和数十个公共机构）都必须公开关于环境质量的信息，供公众审查。这将为公众提供有关附近环境状况的重要信息。本法所指的环境信息包括有关排放或释放到环境中的物质以及噪声、气味或辐射测量的结果的数据。

2. 自由信息保护法中绿色技术相关重点条文解读

《自由信息保护法》中涉及绿色技术相关的条款一共有三条，分别是：

第 6A 条：（a）公共当局应提供公众查阅任何有关环境的信息的途径，如该网站存在，应在其网站上提供，并同时以环境部长规定的其他形式提供；为此目的，环境信息包括排放物质的信息，泄漏、移走或扔到环境中，以及不属于私人领域的噪声、气味和辐射测量结果。

第 9 条：（a）公共机关不得提供下列信息：……（6）构成商业秘密或专业秘密或具有经济价值的信息，其公布可能对其价值造成实际损害，以及与个人业务有关的商业或专业事项的信息，其披露可能对其专业、商业造成实际损害，或经济利益，但下列信息除外：（a）关于排放、溢出、移除或排放到环境中的物质的信息；（b）非私人领域的噪声、气味或辐射测量结果。

第 10 条：在考虑根据本法拒绝提供资料时，依据第 8 及 9 条的条文，公共当局除其他外，须考虑申请人在该项要求所引述的资料中的权益，以及为维护公众健康或安全或保护环境而披露此类信息的公众利益。

《自由信息保护法》中涉及绿色技术的条文较多，围绕着"公民知情权"展开。本法单独开设第 6A 条用于规定政府应当公开的环境信息，并从正面规定了环境信息的范围。这是相对其他信息种类而言所绝无仅有的，反映出立法者对于绿色立法的重视和贯彻。不仅如此，为保障这些绿色信息能够顺利公开，而不被行政权力或第三方所架空，第 9 条还特别规定了尽管这些环境信息可能会对其专业、商业造成实际损害时也应当予以公开。这充分说明立法者在追求社会的高速发展和保障公民基本权利上，更偏向于选择保护公民的权利。同时，也旨在通过立法引导从事可能会污染环境的生产者向资源节约、环境友好逐步转型升级。

为了进一步避免政府信息公开机关与企业"合谋"损害公民知情权，造成环境污染恶化，第 10 条再次规定行政机关如果作出不予公开的决定时还需考虑是否保障公众健康或安全需要。这并不是对第 9 条的内容重复，而是程序控制的体现。换言之，在民众申请公开与之健康安全相关的环境信息时，以公开为原则，以不公开为例外。公开暗含推定为保障了公民知情权和生命健康权，因此行政机关在作出不公开决定时，还需再次考虑是否不公开更能保护公民的基本权利。

3. 与我国对应法律对比情况

对比《自由信息保护法》，我国与之相类似的是《政府信息公开条例（以下简称"条例"）》，颁布时间晚于《自由信息保护法》，效力位阶相对较低，但经 2019 年修订后，内容得到充实和完善，在构建信息公开透明的"阳光、服务型"政府上作出了卓越努力。《条例》一共包括六章：1. 总则；2. 公开的主体和范围；3. 主动公开；4. 依申请公开；5. 监督和保障；6. 附则，共计 56 个条款。

为建立起行政机关依法公开政府信息常态化、机制化，《条例》除了同《自由信息保护法》一样设置有利害关系的公民可提起行政诉讼（确立司法外部监督）外，《条例》在信息公开的配套程序设计上别出心裁，既设置了行政复议的内部救济，还将政府信息公开频次、质量与绩效考核挂钩，本着"谁制作、谁公开，谁保存、谁公开"的原则，强化行政机关主体责任。不仅如此，根据《条例》第 49 条，县级以上人民政府部门应当在每年 1 月 31 日前向本级政府信息公开工作主管部门提交本行政机关上一年度政府信息公开工作年度报告并向社会公布，更进一步发挥社会监督的效用。

另外，《条例》在政府信息公开信息化程度上进行创新。政府服务应随着时代发展而改革进步。《条例》要求各级政府应当加强政府信息资源的规范化、标准化、信息化管理，加强互联网政府信息公开平台建设，推进与政务服务平台融合，依托门户网站公开政府信息工作。

　　在保证公民知情权上，删除了"根据自身生产、生活、科研等特殊需要"的限制条件，完善依申请公开程序。对比《自由信息保护法》，其规定在保障公民自身利益相关的知情权时，与生命健康相关的环境信息即使可能造成损害第三方利益情形的，也属于合法公开的内容，并采用了列举方式。而《条例》第15条同样设置了当申请公开的信息涉及商业秘密、个人隐私会对第三方合法权益造成损害时，行政机关不得公开。但是在突破这一规定时并未像《自由信息保护法》一样选择列举式，而是采用概括式，即要么经第三方同意公开，要么行政机关认为不公开会对公共利益造成重大影响的，应予以公开。这意味着将自由裁量的权力交给行政机关。在信息公开机关都能秉承着依法行政、依法公开的假设下，抽象性的规定无疑能让公众的知情权获得更全面的尊重和保障；反之，这就为权力提供了寻租的可能。

（四）鼓励工业研究和发展法

1. 法律总体框架与整体内容综合评析

　　《鼓励工业研究和发展法》主要分为法律的目的、定义、工业研究与开发管理、批准和上诉、利益、技术进步基金、国际工业合作研究与开发、总则八章，详见表6-4。

表6-4　《鼓励工业研究和发展法》主要章节与条款

章节		主要内容
第一章　法律的目的		第1条　本法适用的目的
		第2条　本法使用的保障措施
		第3条　特定部门执行
第二章　定义		第4条　本法专有法律词汇定义
第三章　工业研究与开发管理		第5条　建立行政部门
		第6条　行政机关
		第7条　行政主管
		第8条　行政首长的职能

（续表）

章节	主要内容
第三章　工业研究与开发管理	第9条　研究委员会
	第9A条　任期终止
	第10A条　研究委员会会议
	第14条　保密
	第15条　利益冲突
	第15A条　研究委员会委员不是公务员
第四章　批准和上诉	第16条　批准计划的申请人
	第17条　计划的批准
	第18条　批准对计划的更改
	第19条　计划执行条件
	第19A条　以色列制造和国外制造转移
	第19B条　技术转让
	第20条　报告书
	第21条　特许权使用费
	第22条　中止执行
	第22A条　进一步听证会
	第23条　上诉
	第24条　上诉委员会
	第25条　上诉委员会的程序
第五章　利益	第26条　受益权
	第27条　预防双重利益
	第28条　拨款率
	第29条　有价证券
	第30条　补助金支付时间
	第31条　预付款
	第32条　规则
	第33条　贷款额
	第34条　科学工作者的福利

（续表）

章节	主要内容
第六章　技术进步基金	第 36 条　设立基金
	第 37 条　基金目标
	第 38 条　基金收入
	第 39 条　基金资金的使用
	第 40 条　基金管理
第七章　国际工业合作研究与开发	第 42 条　联合基金和互惠协议
	第 42A 条　关于国际协定框架内计划的特别规定
	第 42B 条　与国际公司达成协议框架内与计划有关的特殊规定
第八章　总则	第 43 条　提供信息的义务
	第 44 条　福利以遵守规定为前提条件
	第 45 条　暂停和撤销
	第 46 条　虚假陈述撤销
	第 47 条　福利返还
	第 47A 条　惩罚
	第 47B 条　财务制裁
	第 47C 条　要求批准接收人的官员给予经济制裁
	第 47D 条　对经济制裁的上诉
	第 48 条　公布研究委员会规则
	第 49 条　公布任命
	第 50 条　行政首长权力下放
	第 51 条　节省权力
	第 52 条　法规和费用
	第 53 条　开始和过渡条款

2. 鼓励工业研究和发展法中绿色技术相关重点条文解读

《鼓励工业研究和发展法》有关绿色技术的条文集中在第 16、36、37 条中，具体见表 6-5。

表 6-5 《鼓励工业研究和发展法》涉及绿色技术相关内容

章（节）	内容
四	第 16 条第 1 项　申请批准计划的申请人，应当向研究委员会提交其拟实施的计划的详细说明，并连同有关所需投资和资金来源的详细信息融资，关于该主题和获得它的可能性，将要开发的产品的新颖性及其相对于其他产品的优势的阐述，如果取得了预期的研究和开发成果，关于产品所在地的声明在以色列和国外制造，在这些地方计划的制造业务，以及为什么计划在国外执行某些制造业务的论证，以及在以色列和国外计划的增值百分比（在本法中称为"关于制造地点和增加值"），包括技术诀窍、制造或销售，以及有关产品销售可能性的总结，以及为确保在以色列制造而作出的安排；申请人应向委员会提交其要求的、审查计划所需的任何其他细节或文件。
六	第 36 条　特此设立技术进步基金 第 37 条　基金的目的是在以色列进一步发展技术，并协助工业研究和发展活动的扩大，其中包括：（1）协助建立技术基础设施，其目的是使某一特定工业部门或整个工业受益，而在目前不存在这种基础设施或这种基础设施不足以满足需要的领域；（2）进行研究、调查和经济及技术调查，以协助制定政府扶持产业研发的政策；（3）协助科技密集型产业的人才培养。

其实，《鼓励工业研究和发展法》第 16 条，在申请人提出财政补助时，暗含对绿色技术上的审查，而第 36、37 条技术进步基金的设立更是直指绿色技术的革命与更新。"对开发的产品的新颖性及其相对于其他产品的优势"是申请补助的必要条件。堪比沙漠变绿洲的以色列"奇迹"，就是经济和工业部对农业科技财政支持所创造的。如利用孵化器项目诞生的 Aleph Farms，开发了一种非激素鱼类饲料，可降低养殖鱼类生长周期，获得巨大利润；利用跨国基金计划诞生的 Netafim，是全球精准灌溉领域的领导者，为全球数百万农业生产者量身定制灌溉和灌溉施肥解决方案；等等。从以色列颁布的官方数据来看，以色列活跃的农业科技公司超过 440 家。2014 年至 2018 年间，以色列农业科技公司获财政投资总额近 5 亿美元，达成 211 笔交易。大部分投资（2.08 亿美元）投向了传感器和数字信息领域，占风险投资的41%。另一个突出领域是植物科学和投入管理，同期筹集了 1.58 亿美元。在过去 5 年间，18 个值得关注的投资中农业科技领域的占比十分瞩目，如 Rootility&CropX 达到 1 000 万美元。

技术进步基金的特定性使得从事科技创新项目研发和人员真正受

益。这种基金设立同清洁维护基金一样来源广泛。但与之所不同的是，技术进步基金的主要来源是政府投入、跨国融资。大数额投资的背后却有着详尽精细的法律制度作为后盾和保障，以防止权力腐败与滥用。这同时是以色列在绿色经济中拔得头筹的重要原因。

3. 与我国对应法律对比情况

与《鼓励工业研究和发展法》相似，同属国家法律层面的，在我国立法体系中主要是《科学技术进步法》。它于 1993 年颁布，经 2007 年、2021 年两次修订，共有 117 个条款，包括十二章：1. 总则；2. 基础研究；3. 应用研究与成果转化；4. 企业科技创新；5. 科学技术研究开发机构；6. 科学技术人员；7. 区域科技创新；8. 国际科学技术合作；9. 保障措施；10. 监督管理；11. 法律责任；12. 附则。

《鼓励工业研究和发展法》与《科学技术进步法》立法的本质都在于举政府财力以促进本国科学技术创新，释放科技活力，突破并掌握核心关键技术。因而，两者在制度设计上，存在许多相似之处，如：

一是国家财政性科学技术资金的主要用途。根据《科学技术进步法》第 87 条，包括：①科学技术基础条件与设施建设；②基础研究和前沿交叉学科研究；③对经济建设和社会发展具有战略性、基础性、前瞻性作用的前沿技术研究、社会公益性技术研究和重大共性关键技术研究；④重大共性关键技术应用和高新技术产业化示范；⑤关系生态环境和人民生命健康的科学技术研究开发和成果的应用推广；⑥农业新品种、新技术的研究开发和农业科技成果的应用、推广；⑦科学技术人员的培养、吸引和使用；⑧科学技术普及。

二是建立多方联合评议制度。《鼓励工业研究和发展法》第 9 条设置了研究委员会，在研究委员会开会时必须包括召开研究委员会会议的法定人数为至少四名成员，其中三名是政府代表，包括委员会主席或其替代人和一名公众代表。无独有偶，《科学技术进步法》第 94 条同样规定了本着由统筹规划、突出共享、优化配置、综合集成、政府主导、多方共建的原则，在制定购置大型科学仪器、设备的规划，并开展对以财政性资金为主购置的大型科学仪器、设备时，应当进行联合评议。

三是为科学技术人员提供更高待遇。《鼓励工业研究和发展法》第

34 条不仅规定了科学工作者的范围，还确定了其最优待遇的上限，即科学工作者受雇于经批准的计划或行政首长为此目的批准的研究和发展计划所得的税率，不得超过该项收入的百分之三十五；该收入应被视为其应课税收入的最高等级；该福利的发放期限不得超过 18 个月。条文规范内容具体、实操性强。反观《科学技术进步法》第 60、65 条，则只是做了原则性的规定，"对有突出贡献的科学技术人员给予优厚待遇和荣誉激励""在艰苦、边远地区或者恶劣、危险环境中工作，所在单位应当按照国家规定给予补贴"。具体落实的权力交给了地方人大及其政府。如广东省出台的《广东省自主创新促进条例》、重庆市出台的《科技创新促进条例》，等等。

但二者之间也有许多不同之处，最为显著的就是，《鼓励工业研究和发展法》将国家资金扶助纳入行政诉讼之中，属于可诉的具体行政行为。而《科学技术进步法》并没有采取此做法，没有对未受到扶助的企业提供诉讼救济的渠道，而是对行政机关内部监管规定了相对严格的监管责任。如在第 11 章法律责任中，有 7 个条文分别规定了监管机关可能存在失职的各种情形。因而，《科学技术进步法》并未规定任何与程序法相关的内容，但在《鼓励工业研究和发展法》中实体法与程序法混合规定的特点却十分明显。

（五）消除妨害法
1. 法律总体框架与整体内容综合评价
《消除妨害法》主要有 18 项条款，具体内容如表 6-6 所示。

表 6-6　《消除妨害法》主要条款

第 1 条	总则
第 2 条	防止噪声
第 3 条	防止异味
第 4 条	防止空气污染
第 5 条	实施细则
第 6 条	附例
第 7 条	一般指示
第 8 条	个人指示

（续表）

第9条　工厂许可证
第9A条　视察员的任命
第9B条　检查员的权力
第10条　证据
第10A条　法院的权力
第11条　罚则
第11A条　关于车辆警报的功率
第11B条　妨害清除令
第11B1条　法院撤销命令的申请
第11C条　法人团体中职务人员的责任
第11D条　罚款率
第11E条　投诉
第11F条　适用于国家/对国家的适用性
第13条　私人妨害
第14条　引起行为
第15条　保存有效性
第16条　免除
第17条　法律不适用
第18条　实施和法规

2. 消除妨害法中绿色技术相关重点条文解读

表6-7　《消除妨害法》涉及绿色技术相关内容

涉及绿色技术重点条款	第9A条	第10A（f）	第11A（c）
主要内容	根据《商业许可法》（第5728—1968号）获得的所有许可或任何成文法规定的工厂运营所需的任何其他许可，均应被视为以遵守本法为条件的。	因违反本法而被判处的罚款，应按《第5744—1984号清洁维护法》的规定，向清洁维持基金支付（以下简称：清洁维持基金）。	（2）如第（1）款所述，命令造成妨害的人或造成妨害的财产拥有人停止妨害行为，并恢复先前状况。如果某人不遵守根据本条发布的命令的规定，则部长或为此目的而被授权的人可以执行该命令所要求的一切；完成后，接到命令但未遵守命令规定的人必须向清洁维持基金支付两倍的费用。

《消除妨害法》中涉及绿色技术的共有两大制度，一是第 9A 条规定的商业许可制，二是第 10A、11A 条规定的与《清洁维护法》相同的清洁维持基金制度，详见表 6-7。

前者的商业许可类似于排污许可制度，凡在工厂取得排污许可范围内从事排污的，视为没有违反法律规定，不存在不法行为。继而监管机关可根据本国实际，结合清洁生产的能力和发挥绿色生产引导需要，通过调整许可证上排污总量达到控制工业企业排污的目的。商业许可制度是世界上绝大多数国家运用绿色技术带动经济发展的普遍做法。其优越性主要有：一方面，从源头控制污染，形成企业内部自我管理、自我约束、自我激励的协调发展机制。监管部门能够利用这一制度掌握企业排污准确数据，合理适时调整排放限度，发挥许可证的经济刺激作用，继而发挥市场在环境保护中的作用。另一方面，引入排污量这一客观判定依据，能够最大限度保证公平公正。排污许可证制度是把国家控制污染的法律、政策、标准、管理措施具体化，使之成为更具有操作性的法律手段，是一项融法律、经济、行政管理于一体的具有法律约束效力的行政管理制度，在践行绿色环保理念上举足轻重。

而清洁维持基金制度所包含的绿色技术已经在《清洁维护法》中作出说明，它能为绿色技术研发、创新提供持续性的资金支持。但与《清洁维护法》不同的是，《消除妨害法》第 11A（c）明确规定噪声、大气等环境污染所处罚款两倍上缴至清洁维持基金中。

3. 与我国对应法律对比情况

我国与之相类似的有两部法律，分别是《大气污染防治法》和《噪声污染防治法》。《大气污染防治法》1988 年生效，经历了三次修订一次修正，目前共有 129 个条文，包括八章：1. 总则；2. 大气污染防治标准和限期达标规划；3. 大气污染防治的监督管理；4. 大气污染防治措施；5. 重点区域大气污染联合防治；6. 重污染天气应对；7. 法律责任；8. 附则。《噪声污染防治法》2022 年生效，共有 90 个条文，包括九章：1. 总则；2. 噪声污染防治标准和规划；3. 噪声污染防治的监督管理；4. 工业噪声污染防治；5. 建筑施工噪声污染防治；6. 交通运输噪声污染防治；7. 社会生活噪声污染防治；8. 法律责任；9. 附则。

《大气污染防治法》和《噪声污染防治法》都属于建设美丽中国大背景之下而修订的新法，集中展示出我国创新、协调、绿色、开放、共享的理念。新的《大气污染防治法》涉及法律责任条文有 30 条，具体的处罚行为和种类接近 90 种，提高了这部新法的操作性和针对性。不仅如此，在新修订的环境保护法规定的基础上，细化并增加了按日计罚的行为。如《大气污染防治法》第 123 条规定违反本法规定，企业事业单位和其他生产经营者有下列行为之一，受到罚款处罚，被责令改正，拒不改正的，依法作出处罚决定的行政机关可以自责令改正之日的次日起，按照原处罚数额按日连续处罚。在主动公开提高公众参与方面，有关于信息公开的表述 11 项，如第 15 条城市大气环境质量限期达标规划、第 16 条城市大气环境质量限期达标执行情况、第 18 条环境影响评价文件等，而公众参与的有 2 项目。

《噪声污染防治法》与废止的《环境噪声污染防治法》相比，调整内容较多。比如增加了"噪声污染防治应当坚持统筹规划、源头防控、分类管理、社会共治、损害担责的原则"。并明确各级相关职能部门对建筑施工、交通运输和社会生活噪音无法防治实施监督管理，基层群众性自治组织应当协助地方人民政府及其有关部门做好噪声污染防治工作。本法第 71 条"违反本法规定，拒绝、阻挠监督检查，或者在接受监督检查时弄虚作假的，由生态环境主管部门或者其他负有噪声污染防治监督管理职责的部门责令改正，处二万元以上二十万元以下的罚款"。明确了对违法行为主体的罚款金额；并规定生产、进口、销售超过噪声限值的产品，不仅会责令改正，没收违法所得，还要处货值金额一倍以上三倍以下的罚款；情节严重的，报经有批准权的人民政府批准，责令停业、关闭。

对比我国相关立法和以色列《消除妨害法》，大致存在以下几个方面的显著区别：①立法对于其调整范围所采用的表述方式不同。《消除妨害法》所调整的对象包括噪声、气味或空气污染以及环保部长确定的与之相当大或不合理的噪声、气味或空气污染，并未就噪声污染和大气污染的种类再作划分，相当具有开放性，给法律的调整适用预留出一定空间。反观我国《大气污染防治法》和《噪声污染防治法》，都对大气污染和环境噪声作了更深层的划分，均单独列章规定，以此突出各小类之间的差异性和特点。更加体现出立法的精细化和明确性，降低人为裁量介入的可能。②法律责任规定方式不同。《消除妨害法》与《清洁维护法》一样都将刑事和民事责任归拢在一起，还穿插着公民针对行政处罚决定的司法救济途径。总之，是以法律行为作为而不以公、私法为依据进行立法调整。并将汽车警报单独作为一种噪声污染加以规定，充分体现出英美法系中判例法特色。而我国《大气污染防治法》和《噪声污染防治法》都是属于行政监管的公法领域立法，其民事侵权行为均规定在《侵权行为法》中的环境侵权一章之中。这种严谨周密的分类模式、公私分明的立法方式都展示着大陆法系的特色。

（六）其他相关法律介绍

1992 年，以色列颁布了《防止环境污染（民事诉讼）法》(Prevention of Environmental Nuisances (Civil Action) Law)①，这项法律授权公民在环境污染或妨害的情况下，代表自己或他们所属的非营利组织提起环境诉讼。这些可能包括空气、海洋和水污染、固体废物、危险物质和放射性污染以及可能威胁人类健康或造成重大损害的环境污染。受害公民必须提前（60 天）向环境保护部长和违反者提出投诉的意图。如果在此期间没有采取消除妨害的行动，可以提出申诉。法律规定了三种法律补救措施供公民使用：限制令、防止再次发生的命令和纠正命令。此外，法律还规定了环保组织的地位。（本法授权公民在环境受到污染或者有滋扰的情况下，以自己或者所在的非营利组织的名义提起环境诉讼。这些可能包括空气、海洋和水污染、固体废物、有害物质和放射性污染，以及可能威胁人类健康或造成重大危害的环境公害。受害公民必须提前［60 天］告知其向环境保护部长和违法者提起诉讼的意图。如果在

---

① Israel Ministry of Environmental Protection：https://www.sviva.gov.il/English/Legislation/Pages/PollutionAndNuisances.aspx,2020 年 5 月 16 日。

此期间没有采取行动消除公害，则可提出投诉。)

2002 年，以色列颁布了《环境公共机构代表法》（立法修正案）[Representation of Environmental Public Bodies Law（Legislative Amendments）]①，该法的目的是"在依法设立的委员会中增加与环境保护有关的公共机构的代表，以便在这些委员会中强调环境考虑因素，以维持和保护环境，防止对环境的损害"。该法包括对海洋污染、领水、土地使用规划、水、溪流和泉水管理以及自然保护等领域的若干法律的一系列修正。修正案要求在这些法律框架内设立的委员会中增加环境代表。该法附件所列的公共机构是：生命和环境、以色列环境保护联盟、以色列自然保护协会和犹太国家基金。

以色列议会于 2008 年 6 月颁布了《地方当局环境执法法》[Local Authorities Law（Environmental Enforcement-Authorities of Inspectors）]②，该法公布一年后生效，赋予地方当局执行一系列环境法的深远权力，这些法律以前由中央政府执行。该法的主要目的是授权地方当局视察员，地方当局视察员经过必要的培训后，将有权获得警察权力，进行视察、调查和搜查，以防止或发现违法行为。为了行使权力，市政检查员将能够要求个人提供身份证明、进行取样或测量、并进入实地。如果怀疑发生了环境违法行为，市政检查员也将有权进行调查，没收与犯罪有关的任何物品，并请求法院发出搜查令。并且，罚款所得将支付给地方当局本身，从而激励地方当局在其管辖范围内加紧执行环境法。因此，该法建立了一种经济机制，既能加强环境执法，又能加强以色列地方政府。

2008 年 7 月，以色列颁布了《环境保护法》③（Environmental Protection Law），其目的主要是保护和保持环境的适当质量，改善环境，防止对环境或公共卫生的损害，并否定对环境造成损害的经济利

---

① Israel Ministry of Environmental Protection：https://www. sviva. gov. il/English/Legislation/Pages/GeneralProvisions. aspx，2020 年 5 月 16 日。

② Israel Ministry of Environmental Protection：https://www. sviva. gov. il/English/Legislation/Pages/GeneralProvisions. aspx，2020 年 5 月 16 日。

③ Israel Ministry of Environmental Protection。

益，特别是通过考虑所造成的损害价值的惩罚，从实施处理上述损害的罪行中获得的收益或获得的利润。该法力求确保企业污染不再比处理和预防污染更经济可行。为此，法律修订了 14 项不同的法律，大大增加了违反这些法律的罚款，有时高达 240 万谢克尔，并规定最高可判处 3 年监禁。此外，公司现在可以在法院以刑事指控定罪之前被罚款。

四、中以重点合作领域案例分析

中国对于以色列的投资，目前主要集中在高科技产业项目，不过形式主要是收购或控股以色列高科技企业，比如 2013 年上海复星医药集团控股收购以色列阿尔玛激光公司，2015 年中国上海光明集团控股收购以色列最大乳业食品公司 Tnuva，2016 年阿里巴巴收购以色列在线搜索公司 Twiggle，2019 年中国港湾泛地中海工程有限公司以企业组成的联合体向以色列国家电力公司收购了阿隆塔沃燃气电站项目。据统计，2019 年中国资本共参与 22 期以色列投资并购项目，总额达 6.4 亿美元，在以色列外来投资中位列第三，涉及生物医药、电子商务、无人驾驶等科技领域。另外，近年来中国企业参与以色列铁路、公路、港口等工程承建项目也比较多，比如 2019 年中国国际建设有限公司签署了特拉维夫绿线 G3-2 段地铁项目 EPC 合同，合同金额约为 5.17 亿美元。

以色列对于中国的投资，主要集中在现代农业、电子信息等产业，其中电子信息领域主要是通过中以创投基金投资占股的方式进行，而现代农业领域除了基金投资以外，还开展了示范农场、产业园等方式的实际项目合作。鉴于引进外方先进绿色技术开展实际项目投资的方式，对于国内相关产业发展具有更强的借鉴作用，因此本篇将重点研究以色列投资中国绿色农业领域案例。

(一)绿色农业领域——中以（酒泉）绿色生态产业园
1. 案例背景
我国约有 8.5 亿亩戈壁，占全球戈壁面积的 1/7，主要分布在西北内陆盆地和河西走廊。戈壁最明显的特点是光热资源充足、但是水资源和耕地资源匮乏，如何在戈壁地区发展农业成为困扰我国农业发展的难题，也是学术界研究的热点问题之一。同时，以色列沙漠占国土面积60%，年降水量不足200 mm，面对如此恶劣的环境，当地传统农业根本无法发展；但是，以色列利用传统农业积累的经验形成了现代沙漠农业技术体系，拥有专业的知识和技术，扬长避短，充分发挥光热等优势，农业产品生产效率高、品质优良。在中以两国政府加强法制战略对接合作的大背景下，现代农业合作成为两国战略合作的重要内容之一。

酒泉市是"一带一路"的重要节点城市和国家布局的陆港型物流枢纽载体城市，是我国农业产品打入中亚、西亚等国内市场的必经之路，发展农产品物流冷链仓储前景广阔。而且，酒泉市戈壁荒漠面积占74%，日照充足，具有较好的农业基础，已经建成的戈壁生态农业面积超过7万亩，半沙漠干旱的地域气候特征与以色列十分相似，是引进推广以色列先进高效节水农业技术的有利区域。

2. 项目详情

2018年11月，在中国-以色列农业创新合作部长级会议上，以色列农业部长重点介绍了以在节水农业领域的创新经验，并在会议期间举办了中以企业对接会，宣介了中以（酒泉）绿色生态产业园项目。会后，甘肃省政府及酒泉市政府对该项目非常重视，将其定位为"提高甘肃省现代农业发展水平、加快突破农业关键核心技术、提升戈壁农业治理效益"的头等大事，并确定为"2019年甘肃省列重大项目"进行推进建设。

同年12月，甘肃省批复《中国-以色列（酒泉）绿色生态产业园建设方案》。根据方案，该产业园近期目标是2020年建成1平方千米示范起步区，对敦煌种业等先期企业引进和吸收以色列成套先进农业技术和管理经验，使其产量和质量达到或接近以色列水平；远期目标是2025年将建成总面积12平方千米，争取建成西北地区规模最大、科技含量最高、示范创新最强的绿色生态产业园和国际合作示范基地。

产业园包括戈壁农业示范、高效节水装备制造、信息化智能化控制系统研发、农产品深加工、农产品物流贸易5大功能领域，重点培育优质特色农产品种植产业、高效节水及循环利用设备制造业、特色农产品精深加工产业、农业智能化控制系统研发产业、生态旅游和生产性服务产业、高新技术产业及医药产业6大产业。

2019年4月，中以（酒泉）绿色生态产业园揭牌暨入园项目开工仪式举行，先期入园的敦煌种业智能连栋温室、甘肃龙源戈壁农业万吨气调库、肃州高标准戈壁农业园区综合服务中心3个入园项目集中开工建设，标志着该产业园正式落成开园。

此前，酒泉市政府结合本市农业发展现状及生态环境实况，成立了戈壁农业建设协调推进领导小组，编制了《酒泉市戈壁生态农业发展总体规划（2018—2022）》，制定了《酒泉市关于加快发展戈壁生态农业的实施意见》，出台了《酒泉市发展戈壁生态农业扶持办法》，采取务实措施，加大推进戈壁生态农业建设。在此基础上，酒泉市政府增加专项投入，加快产业园基础设施建设，已经实现实施产业园核心区供水、供电、供气、供暖、道路、绿化及附属配套设施和总寨、东洞戈壁农业产业园综合服务中心、戈壁农业高科技展示中心及工厂化育苗中心、产品加工及冷链物流配送中心等基础设施项目建设，完善了园区的服务功能，提升了园区的产业承载能力。

2020年12月，酒泉市专题召开中以（酒泉）绿色生态产业园建设推进会，对产业园建设工作进行调度，进一步查漏补缺，细化推进措施，确保项目如期完工，并进一步规划园区围绕六大产业的招商引资和入驻园区工作，要求在达成近期目标的基础上大力推动远期目标落实。

酒泉市戈壁生态农业本就有比较好的发展基础，已经成为酒泉市经济新的增长点和农业转型升级的支撑点，获得过国务院的通报表扬。主要体现在种植管理技术体系搭建，日光温室结构设计、集约生产育苗技术、创新无土栽培技术、遥控电动采摘车、生物质增温炉、物联网远程控制、手机实施监控等多项实用技术在河西地区乃至甘肃全省推广应用。而且，与以色列共同发展现代高效农业也有比较明显的合作优势，酒泉敦煌种业、大禹节水等当地企业多年来与以色列的耐特菲姆公司、施拉特公司等农业优势企业在生物育种、高效节水、水肥一体化、智慧农业等方面合作频繁，积累了丰富的经验和市场资源。同时，产业园运营公司股东方正在积极扩大合作，股东方之一的大禹节水集团，就正在以色列申请成立全资公司，开展研发创新、技术引进和产品供应。加之与"戈壁雪润""玉门臻好"等农产品区域公用品牌商标加盟合作、与本地大型规模化生产经营主体开展品牌开发推介，市场开拓方面效果显著，供港、出口蔬菜通道逐步打开，生产、加工、流通体系持续健全，产业园建设和推动当地农业发展效果显著。

3. 案例经验和启示

中以（酒泉）绿色生态产业园项目的落地，是比较典型的政企合作型建设项目。在政企合作模式下，凭借政府与企业的双方资源优势，产业园不仅能够吸引多元投资主体，获得众多资本投入，还能协调多方资源推进园区建设；同时产业布局能满足市场需求，进而有效提升园区经营效益，降低园区经营风险。中以（酒泉）绿色生态产业园项目能够顺利推进主要呈现出以下几点特征。

一是项目本身发展方向符合国家战略。

中以（酒泉）绿色生态产业园项目之所以能够作为中以两国国家层面推动的合作项目，很重要的一个原因就是项目本身代表的戈壁生态农业是符合国家发展政策方向的。党的十八大以来国家着重提出"推行绿色生产方式，增强农业可持续发展能力"，同时在《能源发展战略行动计划（2014—2020年）》中提出"加快戈壁沙漠地区光能风能的产业开发和利用"。甘肃省更是明确提出在河西戈壁地区实施发展戈壁农业，突出高新技术应用，绿色环保发展理念，并出台系列政策为甘肃省农村经济的改革和发展提供保障，这也为酒泉市发展戈壁生态农业指明了路径。

二是项目建设具有比较扎实的现实基础。

戈壁生态农业项目充分利用戈壁上的光热资源和温差等条件，将育苗栽培、机械种植、高效节水、远程控制等先进技术组合起来，属于知识密集型的现代化农业产业，并不能一蹴而就，需要有比较深厚的产业基础。而酒泉戈壁生态农业的经验做法在 2018 年就被国务院通报表扬过，更是在甘肃全省乡村振兴推进会上作为"典型"交流过，足以看出酒泉在戈壁生态农业方面的基础深厚，这也是产业园项目能够落地酒泉并有序推动的关键因素。

三是项目能够得到当地政策以及政府部门的大力支持。

戈壁生态农业项目的建设，不仅得到了当地政府的政策支持，酒泉市制定了全市戈壁生态农业发展实施意见和发展规划，出台了土地、节水、资金扶持等七个方面的支持政策；还得到了当地政府部门的全力推动，酒泉市成立了中以（酒泉）绿色生态产业园建设工作领导小组，市直相关部门全部集中规划、配合落实；另外，还获得了以色列方面的优惠贷款支持，对整个产业园戈壁农业项目工程建设全生命周期的工程咨询服务开展政策贷款服务。

4. 相关标准体系情况

借鉴以色列经验发展的现代农业特别是"戈壁农业"，相较于传统农业来说，对新科技发展要求比较高，而且还与合作发展模式、研发服务体系、市场销售体系、政策监管体系等配套发展密切相关。单纯从技术发展角度来说，最核心的问题之一就是水资源的持续高效利用，还有就是各类抗旱节水新品种研发培育、病虫害防治、无土栽培基质等先进技术的研究应用。

水资源应用方面，国内有系列国标规范，主要是农业部和国家质量监督检验检疫总局发布的系列农业灌溉设备产品标准，比如滴灌装置、微喷带、灌溉管、喷灌机、隔离阀、止回阀、进排气阀、控制阀、过滤器、压力调节阀等灌溉设备或零部件的标准，而单纯从这些设备要求并不能体现水资源高效应用的水平。所以，本篇将不再将此类标准进行细致解读。但是，以色列政府针对水资源短缺现状采取的系列措施却是我们可以借鉴的，比如鼓励科研单位和企业开发新的节水灌溉技术和产品、研发应用海水淡化（或称为苦咸水淡化）、严控污水排放标准、鼓励再生水处理后利用等系列措施，来提升戈壁农业的经济收益以及显著的节水效益。

（二）科技创新领域——中以（上海）创新园

1. 案例背景

中国、以色列两国有着深厚的历史渊源和真挚友谊。尤其是近年来，在"一带一路"倡议下，中以之间保持着深入的交流与合作。而以色列作为资源短缺、环境恶劣、甚至战争不断的一个国家，却以经济发展和科技创新闻名于世，创造了非常多的商业和科技奇迹，甚至被国际社会公认为"创业的国度"①。我国也非常重视科技创新，正在以更加开放的态度加强国际科技交流合作，推动全球科技创新协作。

上海是我国的科技和创新重镇，依托上海本地高校院所、高科技企业、科技服务机构等创新资源，在联合研发、平台建设、成果转化、人才交流等方面，与以色列开展了多层次、多模式、双向性的科技创新合作②，有着与以色列开展科技创新合作的良好基础。

2. 项目详情

2018年6月，上海市市长访问以色列并表示，上海愿进一步做实中以创新中心，努力打造中以创新园区和产业园区，希望把上海建成中以创新全面伙伴关系的示范区。2018年10月，国家副主席王岐山和以色列总理内塔尼亚胡在中以创新合作联委会第四次会议上签署了《中以创新合作行动计划（2018—2021）》，提出在上海市建设"中以（上海）创新园"。为了对接以色列先进技术，将"中以"科技创新合作成效最大化，上海市委、市政府经研究决定，集聚全市优质创新创业资源，深化与以色列创新合作关系，全力建设中以（上海）创新园。普陀区承接了该园区建设，选址桃浦智创城。普陀区按照上海市委、市政府的要求，围绕"人工智能特色产业集聚区"和"国际创新城"的定位，全力推进桃浦智创城建设。

---

① 丹·塞诺，索尔·辛格：《创业的国度：以色列的经济奇迹》，北京：中信出版社，2010：6。

② 舒凯：《中以（上海）创新园建设启动》，《服务外包》，2019（06）：64—65。

　　2019 年初，普陀区成立了"推进中以（上海）创新园建设领导小组"，由区委、区政府主要领导"挂帅"，全力以赴建设中以（上海）创新园。为加快中以（上海）创新园建设，普陀区加强与科技部国际合作司、中科交、上海市科委等部门汇报沟通，做好科技部、以色列驻华大使访问等工作。在市科委指导下，协调将中以（上海）创新园建设纳入科技部中以创新合作"十四五"规划，争取国家、市级支持，形成了《中以（上海）创新园建设方案》和《中以（上海）创新园行动方案（2019—2021）》。《行动方案》提出了创新园建设的总体思路和基本原则，明确了载体建设、协同合作、基金设立等 18 项重点任务，以及双边科技创新合作机制、建设市区联动工作机制、建立双向载体运行平台、成立中以专家指导委员会等 6 项保障措施。

　　2019 年 5 月，中以（上海）创新园建设推进会暨首批合作机构签约仪式在普陀桃浦智创城举行。雷哈韦（上海）众创空间管理有限公司等 10 家首批入驻企业和合作机构代表签约。上海创新中心（海法）公司、中以创新园（上海）有限公司等揭牌。

　　2019 年 12 月，中以（上海）创新园开园暨第三届中以创新创业大赛总决赛启动仪式举行。中以创新创业大赛是中以创新合作联委会机制下的唯一创赛平台，已成为以色列创新企业连接中国市场的重要载体。第三届大赛聚焦生命科学、智能技术、清洁技术等领域，共吸引了中以两国 600 余家企业参赛、观摩。此时，创新园已完成一期载体建设，具备企业入驻条件，首批 20 家中以创新企业、机构、项目已入驻园区。

　　同时，普陀区制定了一揽子专项发展政策，已形成 9 大类 18 条政策措施（《普陀区支持"中以（上海）创新园"建设若干政策措施》），包括功能平台、专业服务、鼓励引进创新主体、创新创业创造、创新项目转化落地、高层次人才集聚、中介机构参与建设、融资方式创新及其他等进行奖励，在开园当天正式对外发布。目标是完善园区国际创新服务生态，为入驻企业提供金融投资、知识产权等一站式、定制化服务；并对创新园 2020 年前进驻的企业和机构，给予办公资助、税收奖励、装修补贴等优惠政策。同时，普陀成立了专项 1.5 亿元的天使投资基金，对落地在园区内的中以联合研发、成果转化和创业发展的早期企业进行天使投资。此外，普陀区加强与政府部门及国企如市场监督管理局、临港集团等签署共同推动中以（上海）创新园建设的战略合作协议，发挥上海市政府和国有企业的资源优势，共同推动园区开发建设；普陀政府积极导入各类高端峰会、赛事活动，为园区集聚各类资源和智慧。

2021年11月17日，国家主席习近平同以色列总统赫尔佐格通电话，提到了中以（上海）创新园是两国互利共赢合作的标志性项目之一。截至2022年1月，中以（上海）创新园一期约2万平方米载体（原英雄金笔厂）已全部投入使用，桃浦智创城核心区4 427.8亩土地也已完成收储，"智创TOP"约100万平方米商办、科研项目正逐步投入使用，桃浦中央绿地北三块、托马斯实验学校等重点项目建成并投入使用。桃浦科创服务中心项目总建筑面积1.1万平方米，建成后将成为桃浦智创城智能制造产业科创服务平台①。近两年来举办"以色列日"、中以医疗科技投资大会、中以创新创业大赛、上海-以色列创新合作研讨会、上海数字创新大会、知识产权沙龙、线上路演等项目活动30多场，以及"创新园·国金杯"国际围棋邀请赛、以色列科技文化沙龙等文化活动若干次。开园两年来，中以（上海）创新园先后荣获"上海市特色产业园区（智能制造）""普陀区商标品牌指导站""上海市商标品牌创新创业基地""中国（上海）知识产权维权援助中心工作站""普陀区创业孵化基地""境外人员服务站""移民融入服务站""上海生物医药产品注册指导服务工作站""上海市海聚英才创新创业示范基地"等多项荣誉资质。园区品牌效应初显，已经成为中国和以色列交流合作、创新发展的标杆②。

3. 案例经验和启示

中以（上海）创新园是属于政府主导、市场化运作的政企合作性

① 龚福星：《普陀：聚力科技创新策源 赋能高质量发展》，《上海科技报》，2021-12-22（002）。

② 上海市普陀区人民政府：《总书记都提过的这个科创园区》，2022-01-13。http://www.shpt.gov.cn/shpt/zt-zycxy/20220113/827912.html，访问日期：2022.3.16。

建设项目，而且政府层面比较高，是国家层面的导向。科技部曾表示，中以（上海）创新园"自 2019 年开园以来，科技部和上海市持续推进园区建设，积极促进科技产业集聚、高质量开展中以联合人才培养、项目合作和友好交流。'十四五'期间，科技部将继续支持中以（上海）创新园建设，树立中以创新合作标杆，推动中以合作不断走向更高水平"。分析来看，中以（上海）创新园能够顺利推进且效果显著，主要呈现以下几点特征。

一是项目落地得到国家相关政府部门的大力支持。

首先，项目被列入中以两国创新合作计划。该项目是中以两国政府共同协商提出，并在 2018 年签署的《中以创新合作行动计划（2018—2021）》中明确。其次，科技部对项目落地给予了大力支持。2019 年 12 月，开园会上，科技部部长致辞时提到①："科技创新合作是中以两国深入发展的重点领域，建设中以（上海）创新园是两国科技创新合作的又一重要内容。上海是中国的科技和创新重镇，在全球科技创新版图中的重要性日益凸显。创新园选择落户上海，既是上海与以色列深厚历史渊源和真挚友谊的重要体现，也是推动上海加快科创中心建设的具体行动。"同时，后期园区主办的多场活动如 2020 上海数字创新大会都得到了科技部的指导和支持。最后，项目在落地过程中，园区的目标定位、主要任务基本明确，开发体制机制、保障措施基本形成，都得到了国家相关部委和上海市领导的全程指导与帮助。可以说，没有国家层面的总体规划，整个项目就不可能落地。

二是项目推进得到地方政府的全力支撑和统筹规划②。

从 2018 年 10 月开始筹备以来，普陀区以使命为导向，围绕创新园建设方案，开展多方联动，多措并举加快推进创新园建设。首先，

---

① 上海市普陀区人民政府：《中以（上海）创新园启动建设！科技部长、以色列驻华大使、上海市长共同出席》，2019-12-12。http://www.shpt.gov.cn/shpt/zt-zycxy/20200102/466861.html，访问日期：2022.3.16。

② 上海市普陀区人民政府：《下一个创新乐园！关于中以（上海）创新园，你想知道的都在这里！》，2019-12-05。http://www.shpt.gov.cn/shpt/zt-zycxy/20191206/459476.html，访问日期：2022.3.16。

解决"筑巢引凤"必先有"巢"的问题，分三期推进中以（上海）创新园载体建设。其次，落实落细服务"引凤来"的事情，专门成立中以创新园（上海）有限公司，负责中以（上海）创新园建设、政策落实、园区服务。再次，在市场服务方面，通过双城机制，以"哑铃状"服务结构串联起中国与以色列的创新要素互通互动；在金融服务方面，设立天使基金支持企业落地；在科技服务方面，积极与国家知识产权国际运营（上海）平台对接，为创新园内企业提供国际知识产权及技术转移转化服务。最后，聚焦中以（上海）创新园建设，普陀区制定了一揽子专项发展政策，支持园区内企业的长远发展；还成立了中以双方专家组成的中以（上海）创新园专家指导委员会，指导园区发展方向和评估引进项目。

三是项目发展与科技创新氛围和社会基础有很大的关系。

《大众日报》的记者曾调研报道了上海在科技创新方面的优势①，主要包括上海科技创中心规划和建设的研发与转化功能性平台，能更快推动科技成果转化；对科技领域加强对科技创新审批权的改革，大力发展科技成果研发、转化的孵化器等新型研发组织；加强科技创新人才特别是国际人才的引进，提供科技创新职业清单，还依靠环境留住人才。实现高质量发展，离不开科技创新的助力，中以（上海）创新园，聚焦人工智能和机器人、医疗健康与生命科学、互联网与信息技术等领域，打造具有"寻-研-匹-转-孵-投-产"能力的完整技术转移生态链，打造中以技术"联合创新研发＋双向技术转移＋创业企业孵化"的平台。

五、投资风险与防范

（一）投资风险

以色列的法治程度很高，而且鼓励吸收外国投资，欢迎外国企业

---

① 《大众日报》，《科技创新看上海》，2018-04-15。http://paper.dzwww.com/dzrb/content/20180415/Articel01003MT.htm，访问日期：2022.3.16。

或合作企业在以色列投资政策允许范围内的所有产业，并允许将投资合法所得汇出境外，对外商投资基本没有外汇控制。不过，投资以色列同样存在商业风险和政治风险。

一是以色列法律法规关于外商投资的特殊规定或限制。以色列未就外商投资专门立法，外商投资者予以并购，无需经过专门的审查或批准。但是，若有必要，以色列反垄断审查机关将进行反垄断审查。在航空、航海、电信、广播、能源等部分领域，基于安全或者公共利益的考虑，以色列对外国投资也有一定程度的限制，包括人员的限制和资金的限制两个方面。例如，以色列法律规定，外国资本在电信领域的最高出资比例不超过74%；对于固定电话领域服务，3/4的董事会成员必须是以色列公民或者居民。目前，以色列与包括中国在内的40个国家签订了双边投资保护协定。

二是以色列被投资行业是否属于以色列限制或禁止外资准入的行业。博彩业属于禁止的行业；国防工业、通信、发电和铁路运输的某些领域属于限制的行业。由于以色列在科技水平、劳动力素质、政府对研发鼓励政策、培育环境等方面的领先优势，外商特别适合投资高科技产业，尤其是在以色列设立研发中心。以色列科技产业和技术创新企业是外资投资重点。以色列政府特别鼓励有利于以色列产品竞争力、创造就业机会、推动工业研发型企业和技术创新型企业发展的长期投资。

根据以色列《鼓励工业研究和发展法》的规定，以经济部下属首席科学家办公室负责为研发企业提供政府资金支持，支持金额最多可高达项目研发预算的50%。政府提供的资金不要求企业偿还本金，无利息要求，政府不要求参股，也不参与经营。但是，研发项目投入运营并获得收益的时候，以色列政府要求按照销售比例获取提成。

中国企业在并购此类受以色列政府资助的研发企业时，需要注意这类企业的生产地点、控制权转让、专有技术转让等受到了严格的限制，根据以色列法律规定，受政府资助的研发企业通常不能在以色列境外开展生产活动。若计划转移控制权，必须经过以色列政府批准。

研发所获得的专有技术必须保存在以色列境内，若因为并购导致专有技术的权属转移，需缴纳一定数量的罚金。此外，若中国企业获得受政府资助的研发企业股份超过5%，仍然需要获得以色列政府的批准。

三是关于以色列劳动用工的风险。以色列拥有强大的工会组织，根据法律规定，以色列每个单位均设有工会，可以与雇主就员工的福利、待遇、薪资等问题进行谈判。在谈判未果的情况下，工会有权组织全体员工罢工，以示抗议。中国企业并购以色列企业，首先面临的问题是工会组织对失业的担心。2011年，中国化工集团并购马克西姆农业化工集团时，因担心中化集团从中国引进员工而导致以色列员工失业，马克西姆公司工会曾扬言要罢工以示抗议，我驻以色列使馆经商处专程赶赴200千米外的工地，与该公司高层和工会主席磋商，并做工作。

四是海外并购相关的税收风险。中国投资者在开展以色列项目并购时，往往需要与业务部门进行长期谈判。而并购完成，企业项目有可能会被当地税务机关进行审计，政府税务机关可能会对企业并购涉及的相关税务合规性如资产税务处理等提出疑问和异议。因此，在开展并购业务前，投资者应该充分了解当地相关的税收政策，降低相关风险。

五是以色列的政府政策影响给外国投资带来的风险。以色列政府以往存在官僚主义、低效率以及规章制度不透明等问题，直接影响了外国资本的流入。政府政策的合法性也容易受到民众的质疑，以色列工人罢工运动频繁，经常通过游行、示威来表达自己的诉求，导致一些合作项目因此受到干扰。

（二）风险防范

中资企业在以色列开展投资、工程等合作的过程中，要注意调查分析相关风险，做好风险规避，保护自身合法权益。基于上述风险分析，我国企业去以色列投资应做到：

一是充分做好市场调研，选择合适投资领域。以色列是一个发达经济体，但本国市场容量较小，劳动力成本高，因此制造业急剧萎缩，生产大部分转移到新兴工业化国家。与此同时，农业、医药和高科技产业等高附加值行业发展迅猛。以色列拥有大批中小企业和高科技创新公司，具有很强的技术和研发优势，中国投资者可以适时投资和并购这些企业，提高自身的创新研发能力，同时利用犹太人在全球的营销网络，使企业迅速走向国际市场。

二是适应并严格执行当地法律。以色列为 WTO 成员，法律体系健全，法律变动相对较小。中资企业在以色列投资应严格执行相关法律法规。以色列本国法律咨询服务业发达完善，据统计以色列每百人拥有律师比例为世界第一，因此中资企业投资以色列时可聘请当地资深专业法律顾问，处理与法律相关的事宜。

三是妥善处理与工会的关系。以色列劳动法规保护严密，中国企业在以色列经营，在劳动用工方面应注意：①严格遵守以色列劳动法规、依法签订劳动合同；解除员工时应按规定提前通知员工并支付补偿金；按时足额发放工资并缴纳医疗保险、工伤保险等。②与工会组织建立正常沟通渠道，妥善处理好与工会的关系。

四是充分核算税赋成本。以色列是一个高税收国家，除政府正常开支外，每年还要负担高额军费开支。故自建国以来，与其收入相比，以色列居民一直承担着世界上最高的赋税。以色列的税收主要分直接税和间接税两种。直接税是指所得税、公司税、资本收益税和土地增值税。间接税包括增值税、关税、消费税和印花税；目前，间接税在税收中所占比例有越来越大的趋势。中国投资者要认真了解当地税收政策，充分核算税赋成本。

五是对涉及领土争议及金融等敏感行业投资要慎重。以色列地理位置特殊，以巴历史问题复杂，中国企业在以打算投资并购的企业，若是处于争议地区，一定要进行全方位考察和全面评估，慎重决定是否投资，避免因政治等非商业因素造成投资受损。同时，以色列对于涉及国民经济命脉的能源、资源、金融等领域仍然存在本土保护的现象，对于投资此类敏感行业，一定要做足前期调研和风险评估，避免造成意外损失。

六是遵守以色列环境与文物保护相关的法律法规。以色列资源匮乏，因此特别重视节约资源和保护环境，环境保护的法律法规较为严格。企业对生产经营中可能产生的废气、废水和其他环保影响，要事先进行科学评估，在规划设计过程中选择好解决方案，并在投资预算中考虑环境保护支出项目。另外，犹太民族历史悠久，以色列境内文物众多，在以色列开展过程中要注意遵守有关文物保护的法律法规。

七是远离商业贿赂。腐败和商业贿赂在以色列将会受到严厉的制裁，而且会严重影响企业的信誉和公众形象。

(三) 关于引进以色列项目建设产业园的建议

以色列对于中国的投资，除了上文案例介绍的农业产业园外，还有一些环保和综合产业园，比如"中以国际科技合作产业园"——以色列授权在中国筹建的以水处理为主题的合作产业园，"中以常州创新园"——涵盖健康医疗、电子信息、新材料及科技服务等诸多领域的合作产业园。鉴于以色列对中国开展投资建设合作产业园的发展经验，国内地方应该做到：

一是健全产业园国际化发展政策。完善国际园区建设相关法律法规、政策体系，建立相应的技术标准规范，做好知识产权保护等工作，"引进来"更多国际机构进入中国市场。加强对外投资促进政策和相应服务体系，鼓励企业开展产品出口和海外投资等活动，为园区内有实力有意愿"走出去"的企业提供政策保障、风险预警、资金配套等服务。

二是继续发挥政府引导、市场运作的创新作用。政府引导对于"引进来"企业顺利落地并快速发展，具有非常重要的作用，相当于是以政府的公信力为企业先进技术进行背书。市场运作是所有引进项目必经之路，企业必须以实际需求为导向，真正尊重市场行为，开展商业化运行。

三是建设常态化合作机制和平台。加强政府间的联络和交流，将园区打造成国内外专业领域人才和技术的交流对接平台，推动园区专业领域服务能力提升。探索园区形成"政、产、学、研、用、金"融合发展模式，即政府引导，将产业发展方向、高校人才培养、院所技术研发、新产品用户方、金融机构支撑等有效整合起来，各方资源形成合力，共同推动产业领域进行优化升级。

后 记

《绿色技术法规政策国别研究》是上海"科技创新行动计划"支持形成的研究成果。该项目主要针对落实联合国 2030 年可持续发展议程，推进绿色技术国际转移转化的需要进行研究，项目确立时间为2018 年。

本书的研究过程中遇到了绿色范围难以界定、法规政策更迭频繁、官方语言不一致等问题。从题目分析，绿色技术本身涉及的范围非常广泛，各国都不存在专门的法律法规，相关理念和规定散落在各法律条文中，相关政策繁多且具有很强的时效性，圈定研究内容遇到困难，于是，项目组通过交流与查阅相关资料，选取了重点合作国家的重点合作领域，将研究范围进行聚焦，开展了新加坡、越南、泰国、哈萨克斯坦、乌兹别克斯坦、以色列六国的研究。所选国家的官方语言不太统一，有越南文、俄文、英文等，存在研究内容语言翻译上的障碍，项目组组织专业研究团队，发挥外籍在华研究生的语言和资源优势，并联络各国相关机构和驻华、驻沪机构，进行深入交流，克服种种困难。

本书的研究还有进一步提升的空间。在"一带一路"倡议深入推进和"双碳"背景之下，绿色技术国际合作具有广阔的发展空间，也是未来中国与国际社会进行科技合作的重点，因此，持续开展研究具有十分重要的意义。本书第四篇、第五篇由席芙蓉完成，第二篇、第六篇由任海龙完成，绪论、第一篇由刘佳丽完成，第三篇由左秀婷完成。本书的研究受到上海市科学技术委员会、上海科学技术交流中心、上海社会科学院等单位和领导的大力支持。在此一并感谢。